U0955472

INTERPRETATION AND ENLIGTENMENT OF
INTERNATIONAL DEVELOPMENT OF
CULTURAL AND CREATIVE INDUSTRIES IN JAPAN AND KOREA

日韩文化创意产业国际化发展经验解读及启示

陈桂玲　牛继舜　白 静 著

本书出版得到2014年北京服装学院创新团队与优秀人才培养计划项目
（The Project of Construction of Innovative Teams and Selection and Development of Excellent Talents for Beijing Institute of Fashion Technology）
“世界城市背景下北京文化创意产品出口策略研究”（项目编号：PTTBIFT_XZ_006）资助

经济日报出版社

图书在版编目（CIP）数据

日韩文化创意产业国际化发展经验解读及启示 / 陈桂玲，牛继舜，白静著. -- 北京：经济日报出版社，2018. 1

ISBN 978 - 7 - 5196 - 0246 - 8

Ⅰ. ①日… Ⅱ. ①陈… ②牛… ③白… Ⅲ. ①文化产业 - 国际化 - 研究 - 日本②文化产业 - 国际化 - 研究 - 韩国 Ⅳ. ①G131. 34②G131. 264

中国版本图书馆 CIP 数据核字（2017）第 295362 号

书　　名：日韩文化创意产业国际化发展经验解读及启示
作　　者：陈桂玲　牛继舜　白　静
责任编辑：王　含
责任校对：刘妙怡
出版发行：经济日报出版社
地　　址：北京市西城区白纸坊东街 2 号 A 座综合楼 710（邮政编码：100054）
电　　话：010 - 63567690（编辑部）　63567687（邮购部）
010 - 63516959　63559665　83558469（发行部）
网　　址：www. edpbook. com. cn
E - mail：jjrbcbsbjb@163. com
经　　销：全国新华书店
印　　刷：北京九州迅驰传媒文化有限公司
开　　本：710 × 1000 mm　1/16
成品尺寸：170 × 240 mm
印　　张：15. 50
字　　数：230 千字
版　　次：2018 年 1 月第一版
印　　次：2018 年 1 月第一次印刷
书　　号：ISBN 978 - 7 - 5196 - 0246 - 8
定　　价：46. 00 元

前　言

在全球化的趋势下，文化创意产业作为新兴产业在中国被寄予厚望，然而，中国文化创意产业在国际化发展的进程中遇到了一系列的问题。我国文化创意产业虽然起步晚，但发展速度快。以北京为例，在 2005 年到 2012 年这 7 年的时间里，北京市文化创意产业增加值从 674.1 亿元增加到 2205.2 亿元，占地区生产总值比重从 9.7%提高到 12.3%，成为第三产业中仅次于金融业和批发零售业的第三大支柱产业。《2013 创意城市蓝皮书》总编张京成研究员曾在阐述中国创意城市产业发展特点时表示，中国创意文化产业保持持续高增长，各地产业规模正日益扩大。但另一方面，相较于海外文化产业国际化发展仍存在一定的差距。

首先，目前国内相关企业、投资者甚至政府对这一行业的挖掘还尚浅。文化创意产业不仅自身具有多种形式，更能服务其他产业，从而相互促进共同发展。日韩文化产业涉及绘画与造型艺术、音乐、表演、电影、电视、广播、电游、图书、报刊等领域，而其总营业额有 80% 来源于文化产业的核心环节，如创意、生产、发行等，还有 20% 来自于与上述领域有着紧密关系的服务性收入。据了解，文化创意产业同时推动日韩旅游业的发展。我国文化创意产业加速向传统产业渗透，正逐步提升传统产业附加值，文化创意产业还有很多挖掘的空间。

其次，日韩文化创意产业的国际化发展经验显示，文化创意产业能够迅速发展并形成巨大的产业规模，离不开相关政策与法律法规的支持，而对于我国文化创意产业而言，最急需得到的政策支持离不开一个词——“知识产权”。只有注重知识产权，才能为文化创意产业提供更好的国际化发展环境，从而进一步扩大我国文化创意产业的规模与效益。

再次，以日韩文化创意产业的发展来看，当其发展到一定规模将会形成成熟的产业链，并带来一定的社会效益和公益效益。

本书通过总结日本和韩国文化创意产业发展的经验，得出一些对我国的有益启示，为我国文化创意产业的发展做出贡献。

本书出版得到2013年北京服装学院创新团队与优秀人才培养计划项目（The Project of Construction of Innovative Teams and Selection and Development of Excellent Talents for Beijing Institute of Fashion Technology）“世界城市背景下北京文化创意产品出口策略研究”（项目编号：PTTBIFT_XZ_006）资助。

本书共八章，第一、第八章由陈桂玲撰写，第二、第三、第四章由白静撰写，第五、第六、第七章由牛继舜撰写。全书由陈桂玲负责统稿。

本书参考借鉴了国内外学者的大量研究成果，对这些学者表示感谢。

作者

2017年6月于北京

目 录

第一章　文化创意产业概述

随着全球经济浪潮知识化趋势的不断加强，社会资本积累的主要来源不再是重工业产品，甚至不再仅仅是物质形态产品，而是非物质形态产品。在此背景下，文化创意产业成为引领新一轮国际经济竞争的主角，成为新的经济增长点，成为社会资本积累的主要源泉之一。世界各国主动或被动地先后开始从国家高度对该产业予以关注，这种关注最初体现在文化创意产业的概念、范围、特征、社会和经济价值及相关政策方面。

第一节　文化创意产业的含义

一、文化创意产业的概念

文化创意产业是一个新兴的产业门类，关于它的研究处于不断深入的过程中。文化创意产业的概念不一而足，在国际上很少有“文化创意产业”这一词汇的表述，更多的是创意产业、内容产业、版权产业等提法，只是在内涵和外延上各国所指却又有相似之处。本书把这些不同的说法梳理出来，给学习者和研究者提供一个认识和探讨文化创意产业的概念框架，以便于总结和借鉴。

（一）国外对文化创意产业的定义

追溯文化创意产业的历史可以发现，当代文化创意产业的兴起源于英语 Creative Industries 或 Creative Economy。1997 年 5 月，英国为振兴本国经济，成立了创意产业特别工作小组，并于 1998 年在一份名为《英国创意产业路径文件》的报告中，英国特别工作组对“创意产业”作了如下定义：“源自个人文化创意（individual creativity）、技巧（skill）及才华（talent），通过知识产权（intellectual property）的开发和运用，具有创造财富和就业潜力的行业。”英国所提出的创意产业的概念是政策性的，其目的是以创意产业概念为政策导向，增强其在全球化经济中的竞争力，推动英国经济迅速发展。2001 年，英国经济学家约翰·霍金斯（John Howkins）在其《创意经济》一书中，提出了创意产业的学术性定义，把创意产业界定为其产品都在知识产权的保护范围内的经济部门，他认为，知识产权包括专利、版权、商标和设计四大类，每一类都有自己的法律实体和管理机构，每一类都产生于保护不同种类的创造性产品的愿望，每一类都有庞大的工业与之相应，加在一起，“这四类所涉及的四种产业就组成了创造性产业和创造性经济”。根据上述定义，创意产业这一概念主要强调三大特色：第一，创意产业活动的核心资源为“个人的创造力、技能和天分”，这一点不同于一般文化产业所强调的作为整体的文化资源禀赋；第二，创意的成果往往会形成知识产权，因此创意产业价值形式是无形资产，其产业的附加值和经济的辐射力与带动力很强；第三，创意产业是后工业化国家重要的经济增长点，是一种有利于增加财富和就业并保持经济长期和谐增长的新型经济模式。

在美国，文化创意产业称为“版权产业”，并将其分为四大类，即核心版权产业、交叉版权产业、部分版权产业、边缘版权产业。其中，核心版权产业多指那些主要目的是为了受版权保护的作品或其他物品的创造、生产与制造、表演、宣传、展示和销售的产业；交叉版权产业指那些生产、制造和销售其功能主要是为了促进有版权作品的创造、生产或使用的设备产业；部分版权产业指那些有部分产品为版权产品的产业；边缘版权产业是指主要目的是为了便于受保护的作品或其他物品的宣传、传播、分销或销售而又没有被归为核心版权产业的产业。美国的文化经济理论家理查德·E. 凯福斯将创意产业定义为：“创意产业提供我们宽泛地与文化的、艺术的或仅仅是娱乐价值相联系的产品和服务。”它们包括书籍杂志印刷业、视觉艺术（油画与雕刻）、表演艺术（戏剧、歌剧、演唱会、舞蹈）、有声唱片、电影和电视节目，以及时装、玩具和游戏等。该定义在国际文化创意产业领域有着很大的影响，引用频率较高。

在日本，文化创意产业被称为感性产业，更倾向文化产业和产业服务，主要包括时尚产业、休闲产业以和制造产业。其中，动漫产业在日本的文化创意产业中占有举足轻重的地位。

1992 年 2 月，韩国颁布的《文化产业振兴基本法》将文化产业界定为与文化商品生产、流通、消费有关的产业，具体的行业种类有：影视、广播、音像、游戏、动画、卡通形象、演出、文物、美术、广告、出版印刷、创意性设计、传统工艺品、传统服装、传统食品、多媒体影像软件、网络以及与其相关的产业，此外，还有根据国家总统令指定的相关产业。

联合国教科文组织也对文化创意产业进行了界定，即依靠创意人的智慧、技能和天赋，借助于高科技对文化资源进行创造与提升，通过知识产权的开发与运用，产生出高附加值产品，具有创造财富和就业潜力的产业就是文化创意产业，它包括包含文化产品、文化服务与智能产权三项内容。

（二）国内对文化创意产业的定义

当文化创意产业在国际上方兴未艾发展的时候，中国的文化创意产业也悄然萌动。我国文化创意产业的概念比较复杂，国家层面主要使用“文化产业”，而许多地区则使用诸如“创意产业”、“文化创意产业”的概念。

2000 年 10 月，在党的十五届五中全会通过的《中共中央关于制定国民经济和社会发展第十个五个计划的建议》中，“文化产业”这一概念第一次在中央正式文件中提出。随后，党的十六大报告又明确指出：“发展文化产业是市场经济条件下繁荣社会主义文化、满足人民群众精神文化需求的重要途径。”2004 年 4 月，由中央宣传部牵头，国家统计局、文化部、国家广电总局、新闻出版总署等单位组成的“文化产业统计研究课题组”共同完成的《文化及相关产业分类》正式印发。至此，我国有了一个认同度较高的、法定的“文化产业”概念。由此可见，我国的文化产业概念的形成是在中国自己的语境中被界定的，相比“文化产业”，我国的“文化创意产业”有更多的外来因素和背景。

在香港，文化创意产业以英国创意产业的概念为架构，在第二届特区政府的首份《施政报告》中，文化创意产业被定义为：文化艺术创意和商品生产的结合，包括表演艺术、电影电视、出版、艺术品及古董市场、音乐、建筑、广告、数码娱乐、电脑软件开发、动画制作、时装及产品设计等行业。在该定义里，强调“文化创意产业是文化艺术创意和商品生产的结合”，这一定义力图统一文化和创意的融合，推动香港文化及创意产业的长远发展。

台湾地区也受英国创意产业发展的影响，提出发展文化创意产业，将其界定为：源自创意或文化累积，透过智慧财产的形成与运用，具有创造财富与就业机会潜力，并促进整体生活提升的行业。

上海主要使用“创意产业”的提法，将创意产业界定为：以创新思想、技巧和先进技术等知识和智力密集型要素为核心，通过一系列创造活动，引起生产和消费环节的价值增值，为社会创造财富和提供广泛就业机会的产业，主要包括研发设计、建筑设计、文化艺术、咨询策划和时尚消费等几大类。

北京使用了“文化创意产业”的概念，从产业链的角度将文化创意产业定义为以创作、创造、创新为根本手段，以文化内容和创意成果为核心价值，以知识产权实现或消费为交易特征，为社会公众提供文化体验的具有内在联系的行业集群。

二、文化创意产业的范畴

（一）英国创意产业的分类

英国可以说是最早提倡创意产业的国家，其列出了 13 个行业，涉及广告、建筑、艺术与古玩市场、工艺、设计、时装设计、电影与录像、互动休闲软件、音乐、表演艺术、出版、软件开发、电视与广播等方面。具体内容如下表所示：

表 1–1　英国创意产业分类表

序号	范畴	具体内容
1	广告	消费者研究、客户市场营销计划管理、消费者品位与反映识别、广告创作、促销、公关策划、媒体规划、购买与评估、广告资产生产
2	建筑	建筑设计、计划审批、信息制作
3	艺术与古玩市场	艺术品古玩交易
4	工艺	纺织品、陶器、珠宝、金属、玻璃等的创作、生产与发展

续表

序号	范畴	具体内容
5	设计	设计咨询、工业零部件设计、室内设计与环境设计
6	时装设计	服装设计、展览用服装的制作、咨询与分销途径
7	电影与录像	电影剧本创作、制作、分销、展演
8	互动休闲软件	游戏开发、出版、分销、零售
9	音乐	录音产品的制造、分销与零售，录音产品与作曲的著作权管理、现场表演、管理、翻录及促销、作词与作曲
10	表演艺术	内容原创、表演制作、芭蕾、当代舞蹈、戏剧、音乐剧及歌剧的现场表演、旅游、服装设计与制造、灯光
11	出版	原创，书籍出版：一般类、儿童类、教育类、学习类期刊，报纸，杂志，数字读物
12	软件开发	软件开发：系统软件、合约、解决方案、系统整合、系统设计与分析、软件结构与设计、项目管理、基础设计
13	电视与广播	节目制作与配套（资料库、销售、频道）、广播（节目单与媒体销售）、发送

资料来源：金冠军，郑涵. 文化创意产业引论［M］. 中国书籍出版社，2011.3，P20–21。

（二）美国版权产业的分类

文化创意产业在美国被称为版权产业，版权产业可以进一步划分为：核心版权产业、交叉版权产业、部分版权产业、边缘版权产业，如表 1–2 所示。

表 1–2　美国版权产业分类表

序号	范畴	具体内容
1	核心版权产业	出版与文学，音乐、现场制作、歌剧，电影与录像，广播电视，摄影，软件与数据库，视觉艺术与绘画艺术，广告服务，版权中介服务
2	交叉版权产业	电视机，收音机，录像机，CD 机，DVD，录音机，电子游戏设备以及其他相关设备的制作、批发、零售
3	部分版权产业	服装，纺织品与鞋类，珠宝与钱币，其他工艺品，家具，家用物品，瓷器与玻璃，墙纸与地毯，玩具和游戏，建筑，工程与测量，室内设计，博物馆
4	边缘版权产业	版权产品的一般批发与零售，大众运输服务，电信与网络服务

资料来源：美国国际知识产权联盟：《版权产业报告》，2004。

（三）日本感性产业的分类

在日本，文化创意产业统称为“娱乐观光业”或“感性产业”，具体来讲，包括内容产业、休闲产业和时尚产业三大类别，基本上涵盖了所有与文化有关的产业，其中“内容产业”尤为受到重视（见表 1–3）。

表 1–3 日本感性产业分类表

产业	内容制造产业	休闲产业	时尚产业
分类	1. 个人电脑、工作站、网络电视 2. 电视 3. 多媒体系统构建 4. 数码影像处理 5. 数码影像数字发送 6. 录像软件 7. 音乐录制 8. 书籍杂志 9. 新闻 10. 汽车导航	1. 学习休闲 2. 鉴赏休闲 3. 运动设施、学校、补习班 4. 体育比赛 5. 国内旅游 6. 电子游戏 7. 音乐伴唱	1. 时尚设计 2. 化妆品
	10 项	7 项	2 项
共 19 项			

（四）我国文化创意产业的分类

我国在国家层面上使用的主要是“文化产业”的说法，根据国家统计局《文化及相关产业分类》，将文化产业分为核心层、外围层和相关层，具体内容见表 1–4。

表 1–4 我国文化产业分类表

层次	类别	具体内容
核心层	新闻服务	新闻服务
	出版发行和版权服务	书、报、刊出版发行 音像及电子出版物出版发行 版权服务
	广播、电视、电影服务	广播、电视服务 广播、电视传输 电影服务
	文化艺术服务	文艺创作、表演及演出场所 文化保护和文化设施服务 群众文化服务 文化研究与文化社团服务 其他文化艺术服务

续表

层次	类别	具体内容
外围层	网络文化服务	互联网信息服务
	文化休闲娱乐服务	旅游文化服务 娱乐文化服务
	其他文化服务	文化艺术商务代理服务 文化产品出租与拍卖服务 广告和会展服务
相关层	文化用品设备及相关文化产品的生产	文化用品生产 文化设备生产 相关文化产品生产
	文化用品、设备及相关文化产品的销售	文化用品销售 文化设备销售 相关文化产品销售

资料来源：国家统计局网站。

（五）其他国家和地区文化创意产业的分类

其他国家和地区关于文化创意产业的分类见表 1–6。

表 1–6 其他国家和地区文化创意产业分类表

定义	国家（地区）	分 类
创意产业	澳大利亚	7 类：制造（出版、印刷等）、批发与销售（音乐或书籍销售）、财务资产与商务（建筑、广告及其商务）、公共管理与国防、社区服务、休闲服务、其他产业
	新西兰	10 类：广告、软件与资讯服务业、出版、广播电视、建筑、设计、实施设计、音乐与表演艺术、视觉艺术、电影与录像制作
	新加坡	3 类：文化艺术、设计、媒体
	中国香港	11 类：广告、建筑、设计、出版、数码娱乐、电影、古董与艺术品、音乐、表演艺术、软件与资讯服务业、电视与电台
文化产业	韩国	17 类：影视、广播、音像、游戏、动画、卡通形象、演出、文物市场、美术、广告、出版印刷、创意性设计、传统工艺品、传统服装、传统食品、多媒体影像软件、网络
	芬兰	9 类：文学、雕塑、建筑、戏剧、舞蹈、影像、电影、工业设计、媒体
	联合国教科文组织	6 类：印刷、出版、多媒体、视听产品、影视产品、工艺设计
文化创意产业	中国台湾	13 类：视觉艺术、音乐与表演艺术、文化展演设施、工艺、电影、广播电视、出版、广告、设计、品牌时尚设计、建议 – 设计、创意生活、数字休闲娱乐

资料来源：蒋三庚. 文化创意产业研究［M］. 首都经济贸易大学出版社，2006。

三、文化创意产业的特征

文化创意产业属于知识密集型产业，它的出现意味着社会财富的创造形式发生了历史性变化，人类社会开始了一种崭新的生产方式，外在于劳动过程的创意已成为商品价值形式的重要因素。这种创造价值的活动把抽象的、无形的创意作为产业链的源头，改变了以往只有资本以及劳动力等实体才能生产的观念。它兴起至今，虽然时间不长，却刷新了传统的产业发展演变趋势，展现其不同于传统产业的特征。

（一）文化创意产业具有创新性

传统产业虽然也离不开创新，但是与它们不同的是，创新是文化创意产业的本质特征。文化创意产业的创新性，即以文化、创意为核心，运用知识和技术，创造出新的价值，是创意在特定行业的物化表现，成为推动市场供需的重要因素。创意产品的原材料是每个人的思想和整个人类的精神资源以及技术和灵感。具有想象力、判断力和品位的个人或团队是创意过程的主体，其心智模式往往不同，致使创意性产品的特性、基调、风格独立于购买者对产品质量评估之外。由创意决定的产品差异对创造高附加值的贡献远超过产品质量的贡献，创新成为第一生产力，成为经济发展的主导力量。在文化创意产业中，只有严格的知识产权保护，建立高度市场的交易平台，创意才可能渗透到经济之中，参与经济循环，为社会创造财富。

（二）文化创意产业具有文化性

实际上，文化创意产业都必须以一定的文化为基础，任何创意既是对一定文化的创新，同时创意本身也都是带有文化的。任何文化创意活动，都是以知识和智慧创造为特征的文化符号的积累、生产、交换和消费的产业活动，是人的知识、智慧和灵感在特定行业的物化表现，它与传统的以自然资源为基础的物质生产活动相区别。文化创意产业生产的是无形的文化产品，而传统产业生产的是有形的物质产品。文化创意产业既有经济属性，又有意识形态属性。文化产品不仅具有商品属性，具有知识性和娱乐性，而且更重要的是它还对公众的价值取向和情感产生重要的影响力，对整个社会的伦理道德、文化环境、人文精神、科学文化等产生重要影响，可以产生一般物质产品无法比拟的社会效应。文化创意产业与信息技术、传播技术及自动化技术等的广泛应用密切相关，呈现出高知识性、数字化、网络化的特征，它既可成为一个国家实实在在的强大经济实体，又是一个国家软实力的表现，是具有无限生机的经济增长点。

（三）文化创意产业具有高附加值性

文化创意产业处于技术创新和研发等产业价值链的高端环节，是一种高附加值的产业。文化创意产业通过创意策划极大地改变了产品原有的形态及其在市场中的地位，形成创意产品极为可观的附加值。创意可以增值归根到底是对文化内涵的挖掘，具有大众认可的文化内涵的创意经过技术的加工便可产生巨大的价值。在经济发展水平低下、技术相对落后、物质还比较短缺的时代，人们重视的是商品的使用价值，当我们在走向知识经济时代时，技术交流与扩散的速度大大加快，商品日益丰富并趋向同质化，于是商品中“精神性”的观念价值所占比重就越来越大。因此，当文化创意产业向传统的制造业渗透时，便有利于推动传统制造业向高附加值升级。以服装行业为例，服装行业本是一个高传统行业，但当我们把很多创意加进去之后，服装价值飙升，服装行业又成为一个高附加值行业。

（四）文化创意产业具有产业融合性

文化创意产业具有广泛的融合性，这种融合性就把技术、文化、制造和服务融为一体，有利于产业的延伸，大大地拓展了经济的发展空间。一方面，文化创意产业与传统文化产业在互动中纵向融合，信息化催生的文化创意产业对传统产业高速渗透；另一方面，文化创意产业各个部门之间横向融合，信息技术的广泛应用及其生产方式的转变，传统的各个文化部门之间的界限被逐渐打破，导致了各个部门之间的渗透和融合，并使与买卖双方密切相关的市场区域概念转变为市场空间概念。文化创意产业具有强大的前后影响力和旁侧影响力。一部电影的拍摄、一个唱片的出版都涉及各个行业，如基础拍摄工具的需求、道具的投入、后期制作等都会带动相关产业的发展。创意产业可以通过“越界”促进不同行业、不同领域的重组与合作，寻找新的增长点，开拓艺术型、精神型、知识型、心理型、休闲型、体验型、娱乐型等新的产业增长模态，培育新的文化消费市场，涵养新一代创意消费群体，推动文化发展与经济发展。

（五）文化创意产业的组织形态特征

文化创意产业的组织形态要解决一个带有双向性的问题，即经济活动如何通过文化创意来实现增值，以及创意如何运用文化创意活动获得增值。为了解决这一问题，创意产业的发展客观上要求建立起一系列服务中介组织，以保证双向增值的实现。因此，在发展创意产业的过程中必须增加相当一部分新的企业组织，包括猎头公司、投融资公司、知识产权保护组织、市场拍卖机构等，形成一个完整的服务体系。以知识产权保护为例，文化创意产业当中有形资产较少，其核心生产要素是信息、知识、文化和技术等无形资产，这就将其与知识产权紧密联系在一起。知识产权的生产和利用成为文化创意产业的核心资产和创造社会财富的主要方式，如果没有知识产权，文化创意产业将面临任意仿制和随意复制的混乱局面，整个产业都将面临生存和发展的危机。

（六）文化创意产业的人才特征

文化创意产业是一种以人为本的情智产业。一方面，创意人才决定着文化创意产业的生死存亡和发展；另一方面，创意人才十分难得，他们的培养和形成有别于传统产业人才。创意人才主要是知识型劳动者，是以创新的方式解决复杂的问题，是能激发出创意灵感的设计高手和特殊人才，工作具有不可替代性。因此他们可以要求很大的自主权和灵活性，这与其他按照指令进行的工作是不同的。创意工作者的工作时间比较自由，但他们必须具备能力来迅速完成高难度的工作，在精神和智力上承受着巨大的压力。他们不断创造新观念、新技术和新的创造性内容，职业能力既来自于个人经验积累，也来自于个人灵感的迸发。生产方式是以脑力与体力、手工与信息化等现代化手段相结合，实现智能生产与实时敏捷生产。

第二节　文化创意产业的社会和经济价值

文化创意产业的社会价值是指文化创意产业对国家、民族和人民的物质或精神的贡献，主要体现在增进国富民强、提升国际形象、增强城市软实力、扩大就业、促进文化传播等方面；文化创意产业的经济价值是指文化创意产业对于人和社会在经济上的意义，比如有利于转变经济发展方式、促进产业结构升级、推动消费方式转型等。

一、文化创意产业的社会价值

（一）文化创意产业有利于增进民富国强

当前一些与国民财富分配相关的社会问题的产生原因，并不仅仅与政治社会相关，也与发展方式的选择，甚至与产业选择、产业组织方式相关。我们倡导转变发展方式，文化创意产业不仅要实现 GDP 数字增加，形成庞大的经济数据，更要实现根植于个体以及个人组织通过劳动带来国民和社会财富增加，从而改变旧的财富分配方式和结构，实现全体国民共享的包容式增长和科学发展。

从历史唯物观的角度来看，我们强调创造发展人们精神，文化创意产业必然有人类、社会、个体基于福祉改善需求和生活改善需求，而不断发挥灵动性和创造性，形成财富增加及地位改变的一种公平性社会制度。所以，在社会成员运用智慧创造财富的自由生长过程，就是社会民族不断建构的过程，是国民幸福不断增强的过程。

从国家和社会的角度来看，持久的创新是支持企业不断发展的重要源泉。创新、创造、发现和发明等作为产业发展动因，形成一股改变传统结构的内生力量，一种分担失败成本的社会安排和宽容失败的社会认知问题，使社会和城市充满了活力，彰显着一种人文精神，表现出较强的把握引领变化的能力。而文化创意产业发展必然伴随大量的创新和创造，产业自身发展需求与社会发展的动力结构和价值目标的诉求是高度一致的。也就是说，文化创意产业越发展，创意意识越普及，创新能力越强，社会就会越和谐，国家就会越富强。

（二）文化创意产业有利于提升国际形象

一个文明的国家一定是有文化积淀的国家，一个有品牌形象图腾的国家，一个有创造力、凝聚力和产业驱动力的国家。文化创意产业是有利于增强民族文化国际领导力的产业，不仅能带来真金白银，还能传播价值理念。几年来，日本文化创意产业已经在全球范围内居于领先地位，尤其重要的是，日本文化创意产业在获取巨额经济利润的同时，还给国内民众带来了丰富的文化生活方式，并通过 Hello Kitty、机器猫等动漫形象大使，推动了日本文化走向国际，极大地提升了日本的国际形象。

法国学者马特尔说过一句话：世界文化大战已经爆发，各国之间为了国家利益已然不复动用传统意义上的军事手段，而是通过电影、电视、时尚服饰、流行音乐、媒体、餐饮等各种文化创意产业的手段展开博弈和竞争。比如美国通过销售好莱坞大片、百老汇歌剧、米老鼠卡通、NBA 篮球，以及星巴克、麦当劳、可口可乐等传播美国文化和价值观。由此可见，在现代经济发展中，品牌已经成为一种战略性资源，企业和产品在市场上的竞争实质上是其所体现的品牌文化之间的竞争，品牌正主导世界财富的分配。

在国际市场上营销“中华牌”文化创意产品，不仅能够提升中国的制造业和产品附加值，还能够输出中华文化品牌，形成持续的区域竞争优势。文化创意产业的发展，有助于我们以全球的视角、时代的眼光、创意的手段演绎大中华区域的国际形象，围绕中华文化的核心价值，用世界语言叙述中国故事，用创意建立起鲜明的中华文化形象识别体系，包括理念识别、行为识别和视觉识别，实现中华文化形象的创新发展，提升中华文化的国际认知度和认同度。

（三）文化创意产业有利于增强城市软实力

软实力，是指文化水平、人文环境、体制机制等。随着现代经济社会的发展，软实力对城市发展的影响越发突出。文化创意产业作为一种新型的产业形态，对提升城市软实力发挥重要作用。

文化创意产业具有较强的集聚效应，吸引相关产业在城市形成创意产业园区，提升了城市的文化品位和城市形象。世界文化创意产业区发展的经验表明，文化创意产业区主要建立于大城市的内城和旧城区历史建筑内，通过智力创新和对空间资源的集约利用，使得面临废弃的老城区从衰退走向繁荣。北京酒仙桥 798 艺术区是在原有工业建筑闲置空间的基础上逐渐发展起来的艺术区，成为北京重要的文化创意产业园区。上海 M50、8 号桥、田子坊、红坊、老码头等创意产业集聚区是在原有旧厂房、仓库的基础上改造而成，文化创意产业与旧城区改造形成有机互动。又如，被列入“世界文化遗产名录”的澳门历史城区，保存了百年中西文化交流的历史精髓，展示了独特的文化魅力，而澳门特区的望德堂区仁慈堂婆仔屋最近经重新改造也成为创意产业区，这些文化创意空间将为澳门吸引更多的游客。

这些文化创意产业集聚区，一方面，通过保留具有历史文化价值的建筑避免了城市文脉的中断，将古今中外的多元文化融入城市空间建设，引导城市功能由生产型向服务型转变，实现城市功能与空间结构相吻合；另一方面，孕育了新的产业业态，避免了产业的空心化，对城市经济的更新和持续发展，以及就业率的提高等产生了巨大的推动作用。同时，文化创意产业是零污染、低能耗产业，为人们生活提供了良好的生活环境。伴随文化创意产业的不断发展，城市品位、城市活力、城市人口素质、城市综合竞争力等不断提升，从而大大增强了城市软实力。

（四）文化创意产业有利于扩大就业

文化创意产业的生产和消费具有全民性特征，凡是有创意活动的人都有可能成为这一行业的从业者，比如一个新闻从业者、一个 flash 的爱好者等，都是文化创意工作者。文化创意产业的强关联性和辐射力，使其可以吸纳大量的劳动力，从而有效扩大就业。

联合国教科文组织、国际作家与作曲家联合会、安永会计师事务所于 2015 年 12 月共同发布了文化与创意产业最新报告《文化时代——首张文化创意产业全球地图》，这份报告对亚太、欧洲、北美、拉美、非洲和中东地区的广告、视觉艺术、电影、电子游戏、建筑、书籍、音乐、报纸杂志、表演艺术、广播、电视等 11 个文化创意产业领域进行了分析研究。相关数据显示，文化创意产业每年创造的产值可达 2.25 万亿美元，相当于全球 GDP 的 3%；可以提供 2950 万个工作岗位，相当于雇佣全球 1% 的劳动人口，对于就业的贡献已经超过电信产业。

当前，国家正在大力开展产业结构调整和升级，产业结构的调整升级必然造成大量失业人员，而文化创意产业的发展则可以开辟新的就业空间。文化创意人员的就业形态与传统产业有很多的不同，表现为典型的 SOHO（small office home office）特征，不同于传统的相对固定集中的办公方式，文化创意从业者的工作形式灵活、工作地点分散、工作联系网络化，形成了一种生态化的灵活就业新格局，一定程度上缓解了经济结构调整带来的社会就业压力，扮演了社会稳定器角色。

（五）文化创意产业有利于促进文化传播

当前，世界范围内文化产品、文化消费和文化市场日益成为人们的生活方式，在这一背景下，文化创意产业被赋予了文化的社会动员和社会价值引导的意义。比如 3D 电影《阿凡达》取得了很好的票房，其 DVD 热卖 4 天销量 670 万张，创收 1.3 亿美元。观众之所以乐意观看，是因为“保护生态”的主题是人类共同面临的问题。但是吸引眼球的宏大叙述中渗透了美国的主流价值观，观众在无形中接受了。无独有偶，韩国也是通过其文化创意精品，如泡菜、烤肉、流行音乐、偶像剧、服饰等“韩流”，推广韩国产品和价值理念。

由此可见，文化创意精品的传播影响远大于说教式的宣传。优秀的创意产品不仅可以传播和普及文化知识，而且会潜移默化地影响人们的思想观念、价值判断和道德情操。然而，只有提升创意转化力，才能将资源优势转为经济优势，并借势扩大中华文化影响力，这其中的关键环节就是对历史文化资源的创意性转化。比如《花木兰》、《功夫熊猫》中的人物、动物原本是中国特有的文化和生物资源，但却被创造力强大的好莱坞所开发和利用，成为美国人获取财富的资源。以美国的梦工厂《功夫熊猫》为例，导演花 30 年时间研究中国文化，使整部电影充满了中国元素。《功夫熊猫 2》全球票房高达 6.5 亿美元，其衍生出来的产业市场还在不断扩大，后续效应也在持续发酵。

再如，中国的一些具有历史积淀的物质载体（如哥德堡号沉船、上海的石库门建筑）、民间传说（如南海观音、牛郎织女）、民俗风尚（如节庆祭祀、对歌）等加以开发和利用，都可以成为文化创意资源。而开发和利用的成功与效果则取决于人的创意发挥和文化演绎。文化演绎形式多种多样，近年来，中国各地纷纷涌现了各种类型结合地方特色的“秀”演出，河南嵩山少林寺的“禅宗少林·音乐大典”、开封清明上河园的“大宋东京梦华”等全球首创的山水实景演出文化创意产业项目，使当地的历史文化传遍大江南北。

二、文化创意产业的经济价值

（一）文化创意产业有助于转变经济发展方式

后工业国家的经济增长实践表明，单纯追求 GDP 的经济增长模式日益被综合考虑环境与可持续发展的增长模式所替代，发展从主要依靠外需向依靠内需转变，从主要依靠粗放式发展方式转变为依靠人的创意、挖掘人的潜力的内涵式发展、集约式发展，依靠科技发展，内在的技术创新机制成为经济保持长期增长的引擎。而对于科技教育的长期投入和人力资源水平的提升是形成内在技术创新机制的基础，这是内生经济增长理论的基本观点。具体来说，一是经济发展主要依托内部市场，即满足内需以切实增进国民福利；二是经济发展主要依靠内部技术，即自主创新的技术；三是经济发展的过程同时也是涵养内部资源的过程，即实行可持续发展；四是经济发展主要是建立在开发内部资本，包括自然资本、物质资本、人力资本的基础上。

在促进社会经济发展模式转型的过程中，文化创意产业具有特殊的作用。文化创意产业通过对其他产业的渗透促进产业融合，促进文化理念渗透到传统产业的设计、生产、营销、品牌和经营管理等环节，使传统产业融入更多的文化元素；通过增加文化含量、文化品位，从而改变传统产业的价值链条；通过提升工业、服务业的文化含量与经济价值，提升整个社会经济的质量。比尔·盖茨曾经这样评价文化创意产业：“创意具有裂变效应，一盎司创意能够带来无法计数的商业利益和商业奇迹。”文化创意产业有助于解决城市经济发展与能源节约之间的矛盾，从而有利于城市经济的可持续发展。它主要不是依赖由物质、生态、环境等有限的自生性资源，而是依赖于文化资源和智力资源等再生性资源，这类资源主要来源于人的创造力、技能和才华等非物质因素，能够通过教育、培训和社会环境的激发实现资源的创造和再生，体现出边际效益递增的趋势，形成内生发展机制。

（二）文化创意产业有助于促进产业结构升级

随着收入水平的提高，人们对第一、二产业的产品需求比重相对下降，而对第三产业的需求则相对上升。因为第一、二产业的产品主要是人们的基本生活需求，其弹性不大，而且随着收入和生活水平的提高，这种需求在整个消费需求总量中会趋于下降，会对第三产业的产品提出更高和更大的需求。这就必须在加强第一产业的同时，调整产业结构，使产业结构逐步由“一、二、三”向“三、二、一”的方向转变。

需求结构的上游化及高档化导致产业结构高级化，经济增长的主导力量不断向那些能够更有效配置资源、生产力水平更高、能带来更大经济收益与增加就业的产业部门转移。经济增长的历史表明，带动产业结构高级化的产业部门总是与科技的创新和进步联系密切。在现代经济的发展进程中，以信息技术、生命技术等为代表的科技创新推动了新一轮的产业结构融合升级，使不同的产业链有机地整合在一起，延伸了价值链，整体提升了产业效益。作为科技创新与内容创新融合的新兴经济业态，文化创意产业代表了一种新的经济增长模式和发展趋势。

文化创意产业对产业结构的升级作用通过三种形式体现出来：一是通过产业渗透的方式对传统产业加以改造，以延长产品生命周期的形式拉长产业的生命周期，从而拉长了产业的价值链；二是文化创意产业的快速发展，将带动相关的一系列产业的发展，形成促进经济快速发展的新的驱动力；三是以独立的产业形式存在，并成为国民经济的主导产业。

以第一种形式为例，文化创意产业借助于转换功能促进社会资源逐步从传统产业融入现代服务行业，从而促进传统产业的结构升级。基本路径是：文化创意产业——文化渗透产业——产业结构升级。在这一路径下，文化创意产业直接作用于传统产业，对传统产业的发展产生影响，进而推动产业结构升级。如艺术产业的发展，使艺术直接成为服装业（文化提升产业）的文化内涵和竞争力的组成部分，服装业的发展又推动纺织业、制造业等的发展，演变路径为：文化创意产业——文化提升产业——文化渗透产业——产业结构升级。

（三）文化创意产业有助于推动消费方式转型

收入及其结构的变化，带来了需求结构的变化。根据恩格尔系数所揭示的规律，需求结构变化表现为物质产品效用的下降和精神文化产品效用的提高。消费者更加注重生活品质，更讲究精神文化方面需要的满足，非实用性的审美、娱乐、休闲的需求比例上升。除了物质商品的消费外，还出现了对符号、形象与美的消费。于是兴起了所谓“休闲娱乐业”、“美丽工业”、“身体工业”、“精神经济”等等，而这些都是通过产业化方式生产大批量的消费、娱乐和“开心”的产品、设施和服务。

根据公开数据，2014 年全球电影票房总计达到约 375 亿美元，其中北美地区约 103 亿美元，占全球票房的 27%；中国约 48 亿美元，占 13%。从全球电影票房增量看，2014 年增长 16 亿美元，中国贡献增量的 75%；而 2013 年增长 12 亿美元，中国市场贡献率为 67%。由此可见，中国对全球电影票房增量市场起主引擎作用，在世界电影版图中的地位越来越突出。2014 年度电影总票房达到 296.39 亿元，同比增长 36.15%，新增银幕 5397 块，观影人次达 8.3 亿，这表明越来越多的人参与文化消费，居民的文化消费理念在增强。

当代社会特别是都市社会的消费，在文化时尚、文化符号和文化价值的引导下实现了消费方式的转型：“过去我们把钱用在实实在在的生活中，今天我们把钱花在自信心、自我感觉的购买上，如穿名牌的服装，开名贵的汽车，用名贵的包包等。人们对这些昂贵的商品肯投入巨资，并非商品本身的使用价值有所增长，而往往是追求这些商品的符号价值。”人们的消费理念从免费消费文化到花钱消费文化，文化成为时尚，激励文化人们消费的意愿，并成为推动市场结构转型的重要力量：“非物质形态商品和物质形态商品中的非物质因素，以及符号消费在今天的消费中占据了越来越大的比重。而这种生产与消费的变化反映在文化领域里，就是消费文化在文化多样化中凸显出来，并反过来引导促进消费和生产。”

第三节　支持文化创意产业的政策

任何产业的发展都离不开一套规范行业与部门运作的行为准则。而这些行为准则是通过国家的相关制度、政策和法律法规来实现的。文化创意产业同样也需要相关的产业政策与其相配套。20 世纪 90 年代以来，为应对全球性文化创意产业发展的新形势，经济发达国家和地区普遍出现了体制和政策创新浪潮，其基本趋势是体制上放松管制、政策上加强支持，改变了国家与市场的传统关系。

一、欧盟的文化创意产业相关政策

欧盟委员会围绕共同体的文化保护、文化合作和开放市场出台了一系列文化经济政策。

（一）促进文化艺术的保护与合作

欧盟针对欧洲文化艺术的合作交流、文化遗产的保护等共同目标，出台了一系列文化计划，比较重要的有：

1. 万花筒计划（Kaleidoscope）

此计划是一项鼓励欧洲范围内的艺术与文化创造、支持各种文化活动与文化交流的大型计划。它支持一些高水平的文化活动，如闻名欧洲的“青年交响乐团”、“巴洛克交响乐团”等。

2. 埃瑞阿纳计划（Program Ariane）

此计划主要支持图书翻译、出版与阅读等。1996 ~ 2000 年，该计划共支出 3400 多万欧元。

3. 拉斐尔计划（Program Raphael）

此计划旨在完善成员国的文化遗产政策，保护欧洲文化遗产，总支出为 6700 多万欧元，主要涵盖以下内容：第一，“欧洲文化资产工程”，研究欧盟共同议题；第二，推动民众对文化的认知，在欧洲日（5 月 9 日）的框架下，举办各种“欧洲文化资产日”活动，成立“欧洲建筑奖”；第三，以多种语言介绍博物馆与具有历史价值的古迹，辅助跨国多媒体计划；第四，辅助文化资产专业人士交换计划。

此外，欧盟还开展了另外一些文化推广与宣传活动，例如评选“欧洲文化之都”活动，每年挑选一个具有深厚文化背景的城市作为欧洲文化城，并对其文化活动给予赞助。欧盟还设立各种奖项，如“文艺奖”、“翻译奖”等。

（二）出台中长期的文化发展规划

欧盟《2000 文化发展纲要》（简称《文化 2000》）是 2000 年 2 月 14 日根据欧洲议会和欧盟理事会 2000 年 508 号决议确立的 5 年（2000 ~ 2004 年）项目，总预算达 1.67 亿欧元。第 508 号决议就此指出，文化既是经济因素，也是社会居民的综合因素之一，基于这一理由，它在迎接诸如全球化、信息社会、社会凝聚力和创造就业机会等社会新挑战时，扮演着一个重要角色。

2004年12月31日，欧洲议会和欧盟理事会的2004年第626号决议决定将该项目延长至2006年，这样《文化2000》的实施期限为7年（2000～2006年），总预算为2.365亿欧元。《文化2000》为整个文化艺术领域的文化合作项目提供资助，包括表演艺术、雕塑视觉艺术、文学、文化历史遗产等，鼓励整个文化领域的文化创作、文化艺术的传播和跨文化对话，以丰富欧洲人民的历史文化知识。《文化2000》旨在为欧洲人民建立一个文化共同区域，既强调文化遗产的共享性，又强调文化艺术的差异性。另外，《文化2000》还将文化视为社会整体和社会经济发展的重要组成部分，提出文化的固有价值可以加强社会联系，创造经济财富。

从2003年开始，欧盟委员会着手起草"未来新一代发展纲要指导方针"，提出《欧盟2007文化发展纲要》（简称《文化2007》），以替代将要结束的《文化2000》。根据欧盟委员会的提议，《文化2007》的实施期限从2007年1月1日至2013年12月31日，项目总预算为4.08亿欧元。其中，项目支持费占77%，组织支持费占10%，信息分析费占5%，项目管理费占8%。欧盟理事会指出，新计划是指导欧洲进行多元文化合作的工具，具有连贯性、全球性和全面性特点，它将为扩大欧洲普通民众树立"欧洲公民"意识起到推动作用。《文化2007》的三个具体目标是：促进文化领域人员的跨国流动；鼓励文化艺术作品和产品的跨国流通；鼓励跨文化的对话。该计划还强调要为欧盟的横向目标做出贡献，重点在于加强自由言论的基本原则；鼓励提高对持续发展做贡献重要性的认识；寻求促进欧盟内部的相互理解和容忍；努力消除各种歧视，如性别、种族、民族、宗教、信仰、残疾、年龄、性别倾向。《文化2007》的各项目标与欧洲一体化紧密相关，是一种思想上潜移默化的渗透和教育。欧盟感到，要进一步推动欧洲一体化的发展，必须从人心和意识形态着手，而开展文化艺术交流活动，进行欧洲国家间的文化合作是争取民心的最好手段。

（三）重点发展传媒产业

传媒是文化创意产业中创造价值的关键环节，优秀的文化创意内容主要通过传媒来实现价值最大化。欧盟非常重视传媒产业发展，为此制定了许多法令和推进计划。

1. 建立共同传媒市场

1984 年，欧洲共同体颁布名为“通过卫星和有线电视建立共同市场”的指令，该指令要求在欧盟内部电视节目可以自由流通、发行，促进欧盟本土的电视节目制作，同时为电视广告的播放也制定了统一规定（包括禁播香烟广告）。1986 年欧盟的《单一欧洲法案》出台，许多欧洲国家也纷纷制定法规，开放媒体市场。这些法律法规导致了商业广播电视公司的出现。这些公司要求打破法规束缚、拓宽融资渠道以便采用新技术。在这一背景下，1989 年欧洲共同体出台“电视无国界指令”，要求成员国据此修订广播电视法规。但是，这一条例由于不能完全与各成员国原来的广播电视法规相适应，因此在执行过程中遇到各种障碍。该指令在 1997 年、2000 年曾两度修改。

近年来，欧盟为了进一步规范和完善视听媒体业市场，2005 年底提出了对欧盟现有的“电视无国界指令”的修改建议草案。草案内容包括：扩大“电视无国界指令”的适用范围，将网站和其他在线流媒体视听业务纳入适用范围。第二，对视听内容的监管引入两层义务概念：第一层，基本义务，尤其是保护未成人和人类尊严的义务，所有视听内容业务都必须履行；第二层，与“电视无国界指令”设定的义务类似，但做了简化和更新。第三，将“电视无国界指令”改名为“视听媒介业务指令”，使其成为未来欧洲视听管制政策的指导。

2. 制定一系列媒体发展计划

欧盟给予影视产品以特定支持，防止这一市场被美国厂商垄断。2001 年 1 月 1 日，欧盟启动了《媒体追加项目（Media Plus 2001 ~ 2005）》。这一项目主要目标是支持欧洲影视作品的发展、传播和推销，发展新技术，增强和提高欧洲影视企业（特别是中小企业）在本土及国际市场的竞争力；帮助促进欧洲影视产品的流通；尊重欧洲语言与文化差异性；发扬光大欧洲影视传统，尤其是数字形式和网络形式；帮助在影视领域低生产能力和受语言地理限制的国家或地区的影视发展，加强中小企业的跨国合作和网络联系；采用新技术，促进新型影视内容的传播。该项目原计划执行到 2005 年底，预算为 3.5 亿欧元，后延长到 2006 年，预算追加到 4.53 亿欧元。

《媒体追加项目 2001～2006》执行完毕后，欧盟立即启动了《关于支持欧洲影视业的计划》(简称“媒体 2007”)。“媒体 2007”的总体目标与《媒体追加项目 2001～2006》基本一致，但包括更加丰富的内容，涵盖了影视人才培养、项目开发、作品发行、电影推广以及数字技术等方面。“媒体 2007”的实施期限从 2007 年 1 月 1 日至 2013 年 12 月 31 日，项目总预算为 7.55 亿欧元。其中 65% 的资金将被用于提高欧洲本土影视在欧盟以及海外市场的份额。此外，约 4% 的资金将用于支持数字技术的前沿研究。新传媒计划还将为影视业融资提供便利，并重点帮助中小型电影公司，通过融资支持以期带动整个行业的投资，保证更多的欧洲电影免受好莱坞商业片的影响。

3. 大力发展“数字内容产业”

欧盟很早就着手推进欧洲数字内容产业的发展。1996 年 5 月，欧盟颁布了《关于促进欧洲多媒体内容产业发展和鼓励在信息社会中使用多媒体内容的决定》，明确了数字内容产业的内涵，它涉及移动内容、互联网服务、游戏、动画、影音、数字出版和数字化教育培训等多个领域。2000 年 12 月，欧盟又颁布了《关于在全球网络发展欧盟电子内容与信息社会发展多样化语言的决定》，目标是提高欧盟数字内容产品的使用率和出口能力。

欧盟成员国也相继出台了发展数字内容产业的政策措施。英国于 2000 年 2 月颁布了《英国数字内容产业发展行动计划》，提出要从以下方面促进数字内容产业发展：建立相应的门户网站；建立数字内容论坛；提高从业人员的信息技术水平；为创业者和中小企业提供资金支持；建立长效机制；提高出口能力；鼓励开发政府信息资源。爱尔兰于 2002 年 11 月出台了《爱尔兰数字内容产业发展战略》，文件提出了发展数字内容产业的若干措施：降低增值税税率，设立专项风险资金；加强知识产权保护；加速宽带基础设施建设；加大人才培养力度，提高从业人员素质；成立数字内容产业指导小组，指导和协调产业发展战略的实施；开放国家控制的内容资源，鼓励公共领域更有效地开发现有数字内容，等等。文件强调数字内容产业正在蓬勃兴起，极具吸引力，发展迅速，市场价值极高，会给爱尔兰带来极大商机。

二、北美的文化创意产业相关政策

在北美地区的文化创意产业中，以美国和加拿大最为代表。两国在地理位置上紧密相邻，在经济上高度依存，彼此语言一致，市场相通，在国家文化创意产业发展方面均实行多元文化政策，两国对“多元文化”的理解不同，所采取的文化创意产业政策也不尽相同。

（一）美国的文化创意产业政策

1. 重视知识产权保护

美国的版权产业无可匹敌，即使在政策制定方面也显得与众不同——坚持“无为而治”的版权产业政策。美国没有文化部，在版权产业政策方面一贯奉行自由贸易政策，强调市场调节和政府有限干预，但美国又采取了一系列的法律措施，不断地规范产业的生产行为。1790 年，美国制定《版权法》，自此，对《版权法》不断修订与完善。为了增加对音乐作品、戏剧作品和摄影作品的保护，扩大版权保护受益者的权利，美国先后于 1831 年、1856 年和 1865 年对《版权法》做出修订。1980 年，美国出台了《计算机软件保护法》，该法为美国软件产业的勃兴做出了重要贡献。作为版权法的补充，美国国会于 1982 年颁布了《反盗版和假冒修正法案》，加大对涉及电影及录音制造业的版权侵权的处罚力度。此外，为了适应数字化时代对文化创意产业发展的需要，美国于 1997 年颁布了《反电子盗版法》，1998 年颁布了《跨世纪数字版权法》，以加强数字化知识产权的保护。从宪法层面保障出版自由权可追溯到 1871 年的美国宪法，而后相继增补了对其他文化创意产品著作权的保护条款。2003 年，美国高院裁定并增补了 1998 年国会通过的有关著作、音乐、电影及卡通人物等文化创意产品的相关法律条款，并将著作权保护期限延长 20 年。至此，美国的版权保护制度成为世界各国版权法中规定较为详尽、立法技术较高、保护范围较广的知识产权制度。

美国在加强国内相关立法的同时，还大力推动知识产权保护的国际化进程，以推进其文化产品的国际化发展。美国于 1988 年通过了《伯尔尼公约实施法》，为其成员国提供版权保护，接着美国通过国际贸易的双边和多边机制，不断促成文化创意产品的国际化。1988 年，美国利用《综合贸易与竞争法》中的特别301条款强化了国际版权保护。1994年，美国全力推动建立与国际贸易相关的国际版权保护体制和机制，最终达成了TRIPS协议，使美国日益强大的版权产业获得了广泛有效的国际保护机制。

2. 鼓励多方投资

美国没有专门管理文化产业的部门，对文化创意产业的财政支持坚持自由主义取向，主要是对某些非营利性机构和文化基础设施提供必要的资金投入，文化创意产业的市场化运作几乎未受到干预。美国的文化创意产业采取多方投资和多重经营的方式，文化创意产业所需资金小部分来源于国内资金投入，其余都来自于国际市场的文化资本。在国际贸易政策上，美国对文化创意产品进口课以重税，国际文化资本要打入美国市场，就只能采取直接投资方式，以获取较高资本利润回报率，这突显了美国文化创意产业的跨国经营形态。另外，通过设立文化基金会吸收企业、社会团体及个人对美国文化产业的资助。美国的这种文化基金会有独立基金会、项目动作基金会、公司基金会、社会基金会等四大类型。独立基金会一般是个人或家庭捐赠所得的文化基金组织，该基金只资助不实施文化项目策划；项目动作基金会也主要来源于个人或家庭捐赠，但它实施对文化项目的策划活动；公司基金会来源于乐于支持公益文化事业的公司捐赠；社会基金会主要来源于社区捐赠。

（二）加拿大的文化创意产业政策

为了保护和发展加拿大自己的文化创意产业，加拿大政府一方面与法国等国家在WTO框架下鼓吹和坚持“文化例外”的国际贸易主张，另一方面出台了旨在扩大本土文化创意产业市场份额的“加拿大内容”政策。“加拿大内容”政策保证了表现加拿大内容的视听文化产品在国内的播出时段，有利于“加拿大内容”内容的传播与认同，保护并扶持了“加拿大内容”的生产者和传播者，实现了文化和经济的双重效益。这一政策的实施有效地保障了加拿大本土内容和文化在与汹涌而来的美国影视节目的竞争之中保有一席之地，并慢慢赢得更多的本国观众。

除此之外，加拿大还通过税收减免优惠、提供公共经费资助、建立各类文化基金、设立奖项等方式激励本国文化创意产业发展。

政府对文化投资和文化产品创新实行税收减免优惠。按照加拿大税务总署界定的“健康福利”、“教育”、“宗教”和“有益社会”4类可申请减免税情况，文化艺术机构接受投资款和捐赠款，根据前列“有益社会”类可享受政府税务部门免税待遇。加拿大国家税务总署每年用于对申请减免税注册的机构免征所得税、对捐赠者按“善款捐助信用”减免税以及对享受减免税优惠机构退税总费用支出达19亿加元。此外，加拿大文化方面各专业门类的企业经文化、税务等主管部门同意，还有某些其他税赋优待。如电影界的“加拿大电影录像片制作税赋信用”制度，制片总成本中人工开支费用的60%将享受“税赋信用”和“税款优待”。

联邦文化遗产部通过艺术理事会对全加各类艺术家和艺术机构文化生产和艺术创新提供公共经费资助。加拿大包括享有政府财政定额拨款的芭蕾舞、歌剧、交响乐等为数很少的大型骨干文化团体在内的所有文化艺术机构开展艺术活动或项目，均可向其申请政府文化经费资助。各省和市也设有同类或相应机构。联邦文化遗产部每年面向全加推出近50个带经费的项目计划，如加拿大艺术与遗产支持计划、国家电影录像培训计划、出版扶助计划、加拿大旅行展览补偿计划、可移动文化财产计划、互动媒体应用研究计划、加拿大虚拟博物馆投资计划、多元文化计划等，供业内人员和机构申请。

政府注资与吸纳社会资金建立各类文化基金。除加拿大政府建立的联邦层级法人机构“加拿大创新基金会”之外，加拿大全国性和地方性纯文化基金名类繁多。影视方面如加拿大故事片基金、加拿大独立电影和录像基金、加拿大电视剧基金；音乐方面如加拿大音乐基金；出版方面如加拿大期刊基金；数字技术方面如加拿大新媒体基金、加拿大信息存储基金、加拿大新媒体研究网络基金、合作伙伴基金、门户基金。吸纳外资参与建立的基金，如1988年建立的“日本－加拿大基金”，主要用于加强日、加两国之间艺术交流。

政府与企业出资设立奖项（各自设奖或共同设奖），对成绩突出的文化个人或机构进行褒奖。不计各省、市地方各种奖项，仅联邦设立的全国性常设文化艺术奖项就有35个。其中，以加拿大总督名义建立的奖有“总督视觉与传媒艺术奖”、“总督文学奖”、“总督建筑奖”。加拿大政府奖项有“John G.Diefenbaker艺术奖”、“公爵和公爵夫人摄影奖”。其他奖项，如音乐类“Eckhardt–Gramatte国家音乐竞赛奖”、舞蹈类“Jacqueline Lemieux奖”、戏剧类“John Hirsch奖”、工艺美术类“Saidye Virginia–Parker奖”等。

三、大洋洲的文化创意产业政策

大洋洲的文化创意产业以澳大利亚最为代表，在全球文化创意产业方面占有一席之地。

1994年，澳大利亚政府提出创意国家（creative nation）的文化经济发展战略。政府投入大笔经费，产学研联合开发创意产业，探索文化创意产业的发展之路。在这一政策引导下，澳大利亚联邦政府的各个部门，包括外贸部、劳动部、教育部、环境部、体育部和国土部等都开始致力于文化投入及其经济产出，彻底打破了文化和经济在官方政策制定方面的疆界。进入21世纪，作为对新兴科技引领下文化创意产业发展潮流的应对，澳大利亚政府于2005年出台了《澳大利亚数字内容产业行动纲领》、2008年出台了《国家创新系统回顾》、2009年出台了《推动创意·21世纪创新发展日程》和《澳大利亚数字经济的未来》等发展规划和战略，这些战略进一步加深了澳大利亚的政策转型，将文化进一步推向创意新革命。在这样的政策引导下，社会各部门都更加重视对创意和创新的投入。至此，2011年8月，澳大利亚联邦文化部联手宽带、通讯与数字经济部，创新、工业、科学与研究部，外交贸易部以及教育、就业与工作关系部等联邦政府部门，共同出台了《澳大利亚创意产业21世纪发展战略》（简称《战略》），第一次从国家层面肯定了创意产业在国家经济发展中做出的显著贡献以及在经济与文化持续发展中的重要地位。

《战略》将推动创新、加强基础建设、培育人才和加强产业研究成果利用等4个方面确定为战略发展重点，并出台相应政策保证创意产业的持续发展，其中有6个特别突出的亮点。

1. 政府注资与税收优惠结合。2009年，澳大利亚政府宣布“澳大利亚商业化”计划对包括创意产业在内的各行业创新提供资助，前4年总额为1.961亿澳元，之后每年为8200万澳元，以确保创新的可持续发展。同时，澳大利亚政府还推出了“研发税收优惠政策”，营业额在2000万澳元以下的企业在研发上的投入总额的45%可用于抵消企业应缴税款，超出应缴税部分还可获现金返还；2000万澳元以上企业的研发总额的40%可用于抵消企业应缴税款，超出应缴税部分无现金返还，但可用于第二年抵税。

2. 加强基础设施建设。澳大利亚政府决定至2020年投资430亿澳元用于国家宽带网的建设，帮助各行业更好地融入数字经济。

3. 促进创意人才就业。针对创意人才和企业在创业之初面临的困难，澳大利亚政府制定了“艺术启动”计划，通过澳大利亚委员会，每年向从事创意产业的艺术专业毕业生、艺术家个人及专业机构提供创业资助。

4. 加强研究成果利用。2005年9月，澳政府设立了澳大利亚研究委员会创意产业创新研究中心。该中心依据研究成果制定“创意企业标准”，帮助从事创意产业的企业从中了解全澳同类企业的经营情况，了解行业发展动态与趋势，以促进自身的发展。

5. 推动中小企业发展。针对创意产业以中小企业为主的特点，澳大利亚政府对创意产业创新中心还特别提供了1700万澳元资助，以帮助创意产业的中小企业提高生产力，提高开发创新内容与创新服务的能力。针对位于偏远地区的创意产业，政府提供额外的1000万澳元资助。此外，创意产业的从业者还可以通过其他相关的政府项目获得资助，如小企业顾问服务（政府资助4600万澳元）、澳大利亚商业艺术基金等。政府还设立了小企业在线，帮助小企业提高上网能力，完善上网设施，降低运营成本，更好地利用数字技术带来的机遇。

6. 鼓励本土文化产品创作。为充分发挥广播影视在帮助公众了解和应用新媒体方面的巨大影响力，澳大利亚政府对广播公司、地方电视台和电影业均推出了新的资助计划，推动其运用数字技术，为公众提供更多的新媒体内容，创作更多本土节目。

四、东亚的文化创意产业政策

无论在文化特色还是经济实力与影响力方面，日本和韩国的文化创意产业都可以成为东亚地区的代表。

（一）日本的文化创意产业政策

二战后，日本创造了世界的经济奇迹。但随着发展问题的出现，日本经济增长受环境与资源的约束越来越严重，日本开始考虑新的经济增长方式。日本学者日下公人在《新文化产业论》中指出：基础工业复苏的奇迹不会再出现，日本的产业结构应转向以最终需求为主的产业，这种产业结构重心的转移是各国经济发展的必由之路；文化产业是最终需要产业中最有前途的产业之一；日本人要利用文化资源，创造新文化，从人的大脑中寻找资源，开辟市场，用人文精神去创造经济奇迹。《新文化产业论》对于日本文化经济政策的制定产生了深刻的影响。

1995 年，日本政府就明确提出，将在 21 世纪实施名为“文化立国”的新发展战略，开启了“文化立国”战略的初步设想。1996 年，日本文化厅正式提出了《21 世纪文化立国方案》，标志着日本“文化立国”战略的正式确立。1998 年 3 月，文化政策促进会议提交了《文化振兴基本计划——为实现文化立国》报告，提出了日本文化产业的对外传播。2004 年，日本经济产业省为了鼓励日本文化创意产业在全球市场的扩张，财政出资特别建立“产业海外展开基金”，用以帮助日本文化创意产业在海外市场的扩张。2009 年，日本政府发表《日本品牌战略——让软实力成为经济增长动力》的报告，将动漫、游戏、电影、电视剧、音乐、饮食、时装、设计等产业定位为“软实力产业”，提出通过综合性推进这些产业的振兴和海外拓展。2010 年，日本出台《新增长战略》把“酷日本”在海外展开业务作为重点增长领域，强调通过节目交易、数字传输的强化、放宽海外内容流通规定、防止盗版等措施，以民间企业为中心在海外拓展与“酷日本”相关的业务。“酷日本”战略涵盖了包括传统文化、现代流行文化、饮食、旅游、日常生活用品、日式生活方式等在内的内容产业（文化产业）、时尚产业、餐饮业、旅游业、日用品业、设计制造业等多个产业，产业范畴十分广泛。

此外，日本政府非常重视文化创意产业人才培养，通过制定专业人才培养计划，支持举办各类研习班、竞赛等方式，提升国民文化产业意识，为文化产业创造积极的社会氛围。日本知识产权战略本部在 2005 年 6 月公布的《知识产权推进计划 2005》中就将创意产业人才的培养作为一项很重要的课题来进行研究。

（二）韩国的文化创意产业政策

韩国原文化观光部长官南宫镇曾经说过："19世纪是军事征服世界的世纪，20世纪是经济发展的世纪，21世纪是以文化建立新时代的世纪。"在短短的10多年内，韩国文化产业以惊人的速度迅猛发展，韩国由此成为世界公认的文化出口大国。这除了政府的高度重视之外，与具体的产业政策也是分不开的。

1998年，韩国就正式提出"文化立国"方针，提出重新认识文化产业，明确文化产业作为国家战略支柱性产业。1999年2月，韩国出台《文化产业振兴基本法》，界定了文化产业范围，明确了文化产业延伸产业。1999年，韩国出台《文化产业发展五年计划》，制定了韩国文化产业发展三步走计划、基本思路、构建振兴文化产业的框架。2002年，韩国先后出台了《文化产业前景21》、《文化产业发展推进计划》、《影像振兴基本法》和《著作权法》等，为文化产业的发展提供了全面的法律法规保障。

韩国注重健全优化文化创意产业管理机制。1994年韩国文化体育观光部设立了专门管理文化产业的"文化产业局"；2000年成立"韩国文化产业振兴委员会"，专门负责文化产业政策制定的宏观把控；2001年成立"文化内容产业振兴院"，作为事业性的半官方机构，致力于文化创意产业的发展与推广。值得注意的一点是，韩国采用"三位一体"的文化创意产业管理机制，首先文化体育观光部下设具体的运营机构，如委托的运营机构、委员会以及营利的公司企业，在具体的运营机构之下再设一些特殊法人，如韩国文化艺术教育振兴院（KACES）、韩国文化内容产业振兴院（KOCCA）、电影振兴委员会（KOFIC）等，最下一层是社团法人、财团法人等民间中介机构。三个管理层级各司其职，共同推进韩国文化创意产业的发展。

韩国还设立了专项基金，在投融资方面扶持相关文化创意产业的发展，如文艺振兴基金、文化产业振兴基金、信息化促进基金、广播发展基金、电影振兴基金、出版基金等。采取一系列措施多渠道筹措文化发展基金，按照"集中与选择"原则，有目的、有重点地实施资金支持，在经费上确保文化产业的发展。

韩国文化创意产业发展成功的深层原因，是韩国政府摆正了自己的位置，处理好了与企业间的关系，放松对文化产业的苛刻规制。以电影为例，韩国通过废除电影审查制度、开放电影题材、设立电影等级制度、颁布电影法案等一系列举措，赋予电影人创作自由，随着电影题材拓宽，韩国电影逐渐迈入了复兴的新时代。

五、东南亚的文化创意产业政策

提到东南亚，肯定会想到新加坡。新加坡在大胆地探索创意产业上，在策划实施的举措上，展现了自身立足于东南亚，又努力作为东方与西方、传统与现代文化的交汇点的发展特色，并根据自身的特点量体裁衣，制定了适合自己的创意产业政策。

1998 年，新加坡就将创意产业定为 21 世纪的战略产业，作为推动经济快速增长的引擎之一。2000 年 3 月，新加坡信息与艺术部提出一份《文艺复兴城市报告：文艺复兴新加坡的文化与艺术》，报告提出将新加坡建设成为一座充满文化艺术的城市，通过文化艺术的开发带动创意产业的发展。2002 年 9 月，新加坡政府成立了创意工作小组，提出第一份针对新加坡的创意产业发展策略——《创意产业发展策略：推动新加坡的创意经济》。此报告将新加坡发展文化创意产业重点锁定在文化艺术、设计和媒体三个领域，并制定了三个领域的具体发展规划：《文艺复兴城市 2.0》规划、《设计新加坡》规划和《媒体 21》规划，构建了完善的目标体系和步骤。

新加坡政府为创意产业发展提供支持。新加坡充分利用政府的力量来全面推动创意产业的发展。从需求到生产，从政策到资金，政府大力支持。政府通过参与及推动多项社会活动或文化活动来激发创意的需求；对创意产业的企业给予多方位的扶持，降低创业成本，予以政策优惠，建立产业园区等；还注重对创意产业的资金投入。在具体措施方面，在吸引全球各种资本来新加坡投资发展创意产业的同时，新加坡政府还致力于帮助在新加坡注册成立的各类创意公司，积极开拓海外市场。

重视创意人才的教育和培养。新加坡在培养创意产业人才上做了很大的投入，重视软环境建设和软力量培育。新加坡着力营造健康向上的人文环境，廉洁高效的治理环境，透明公正的法制环境，规范诚信的市场环境，安定团结的社会环境，绿化洁净的生活环境，逐步开放的国际环境，整体优化的人口环境，以充分培育和发挥本土的文化力、科技力、管理力、制度力、秩序力、开放力、凝聚力、人才力等软竞争力。

第二章　日本文化创意产业主要政策及其实绩

日本文化创意产业在本国的经济发展中占有重要的地位，并日渐成为日本提高创新能力、经济实力以及国际竞争力的重要因素。在日本泡沫经济之后出现的经济衰退过程中，日本文化创意产业作为新的经济增长点，获得了可观的收益并迅速扩大了其国内外的市场规模，把日本的历史、文化、意识形态和价值观有效地输送到海外市场。进入21世纪以来，日本政府给予文化创意产业极大的重视，并将扶植文化创意产业的发展提升到国家战略层面，制定了一系列较为完善的法律法规，并实施了多项保障措施，为文化创意产业的健康、有序发展提供了良好的外部环境，并通过出台产业政策来引导和扶持文化创意产业的发展。

第一节 日本文化创意产业的现状

一、规模居亚洲之首

二战以后，日本高举“科技与贸易”的大旗，实施“经济立国”战略，日本经济发展，由此跻身世界发达国家行列，成为世界范围内仅次于美国的第二经济大国。但到了20世纪90年代后，随着泡沫经济的破灭，一些传统支柱产业逐渐衰落，日本经济走向持续低迷。为了摆脱这种困境，日本政府进行了产业结构调整，于1996年提出“文化立国”战略，开始从一个制造业大国向文化之国迈进。自从日本实施“文化立国”的战略以来，政府一直积极发展创意产业，以动漫、游戏、音乐等为主体的创意产业快速发展，不仅使国内经济发展迅猛，同时也带动了相关产业的发展，文化成为拉动日本经济发展的重要引擎。

目前，日本是亚洲创意产业发展最为发达的国家。根据日本经济产业省商务情报政策局的数据显示，日本的创意产业在2006年时达到一个顶峰时期，当年市场规模达到13.989万亿日元。2006年之后有小幅减少，2007年达到13.818万亿日元，2008年为13.828万亿日元。2008年之后，日本的文化创意产业出现明显下滑趋势，这是因为日本国内的文化创意市场已经接近于饱和，再加上日本社会的少子高龄化，任何企业若是想通过扩大内需来增加市场份额，在国内激烈的市场竞争中可以说是难上加难。2011年爆发的"东日本大地震"和与之伴生的核事故，对日本的有形设施、电视、网络、食品安全及旅游等造成极大的影响，也造成了日本文化创意产业产值的下降。在"酷日本"战略推动下，2013年市场规模较2012年提高约0.4%，为11.909亿日元，文化创意产业整体市场有所回暖。日本文化创意产业正在成为日本除汽车产业之外，具有拉动国内经济增长，同时又具有国际竞争力的又一支柱产业。

二、以内容产业为主导

日本文化创意产业以内容产业为主导。据经济产业省商务信息政策局媒体和内容课提供的数据，2010年日本内容产业市场规模为12.641万亿日元，比2009年下降0.8%，并未达到15万亿日元的预期目标。2011年6月，经济产业省商务信息政策局媒体和内容课确定了日本内容产业今后的发展方向和目标。其主要目标是：到2020年市场规模扩大到15万～20万亿日元，其海外销售额达到0.7万～2.3万亿日元，同比增长约3倍。海外销售比率将从5%提高到12%，内容产业的就业人数从31万增加到36万人。另据PWC（Price Waterhouse Coopers）发布的《2012–2016年全球娱乐和媒体展望》（Global Entertainment and Media Outlook）报告称，2011年日本广告、出版、广播电视、电影、游戏和音乐等行业的市场规模为1958.08亿美元，仅次于美国，居世界第二。

（一）动漫业

内容产业中最具代表性的是动漫行业。日本素有"动漫王国"之称，是世界上最大的动漫制作和输出国，目前全球播放的动漫作品中有六成以上出自日本，在欧洲这个比例更高，达到八成以上。在日本各式各样的文化产业当中，在电影院、电视台播放的各类动漫节目格外引人注目，各种动漫的人物形象充斥街头，从铁臂阿童木、花仙子到火影忍者、奥特曼、圣战士，从机器猫、樱桃小丸子到网球王子、Hello Kitty，从《龙猫》到《千与千寻》，许多日本动漫作品和动漫形象早已超越了杂志和电视的范畴，渗透到日本社会的各个角落。近10年来，日本动漫产业平均每年的销售收入达到2000亿日元左右，已经成为日本经济的三大支柱产业之一。实际上，加上动漫衍生品的销售收入，广义的动漫产业在日本GDP中的比例平均在6%以上，2005年整个动漫产业占日本GDP的比例甚至达到16%，超过了汽车工业。

（二）游戏业

除了动漫业，日本游戏业一直在世界游戏业范围内占据霸主地位。游戏产业作为日本创意产业的传统强项，一直保持着两位数的增长势头，在GNP中占据着举足轻重的地位。《数字内容白皮书2014》显示，2013年日本内容产业市场规模达到了119094亿日元，其中游戏市场规模为14819亿日元，占比12.4%。在细项分类中，社交类游戏的增长更是排名第一，增长率达到了59.2%，游戏收入的增长也达到了51.3%。在线游戏运营增速排名第三，在游戏内容持续增长的同时，整个内容产业市场中数字内容的占比也在不停提升。整个日本内容市场规模保持稳定的同时，更多优质内容也从线下转移至线上。日本游戏业的辉煌为日本带来了源源不断的财富。日本游戏产业对社会各方面产生了积极的影响和促进，在推动传统娱乐业变革的同时，也推动了整个信息产业的发展。

三、前景喜忧参半

日本文化创意产业在过去10多年的发展中取得了可喜的成绩，在其日益受到重视的同时，产业内部各领域也存在很多亟待解决的问题，日本文化创意产业未来发展喜忧参半。

在当前日本文化创意产业中，以互联网、智能手机等新型媒体为流通手段的内容产业的经济增长率最为引人注目。其中包括音乐、影像、文字等通过互联网的发布以及网络游戏等途径进行的传播，同时以DVD、互联网等作为流通形式的电影、电视节目、动画等的多渠道利用的倾向也在逐年扩大。这些迅速发展的文化创意产业领域，属于文化创意产业中的数字内容产业部分。虽然文化创意产业在日本的经济总量中所占的比重仍有待提高，但是文化创意产业对日本国内相关产业的渗透作用已经非常明显。

然而，随着中国等新兴国家文化创意产业市场的不断扩大，面临着少子化、老龄化等严峻社会问题的日本，国内需求饱和，市场发展有所停滞。日本的人口自2006年起开始呈减少趋势，预计到2035年将减少到1.1068亿人。动画、漫画等的主要受众群体——14岁以下人口从1980～2005年间减少约1000万人。预计今后20年内还将减少650万人。这种少子、高龄化现象会严重影响日本产业结构调整，增加政府财政和国民负担。

不可忽视的是，日本的文化创意产业中的传统领域仍未能够发挥出其应有的市场潜力，与全球文化创意产业的领头国家美国相比，仍旧有很大的不足。同时，在出口的分类中，家庭游戏软件的海外销售额占到97%以上，游戏产业以外的领域基本上没有海外市场的扩展。内容产业则由于盗版、山寨版等问题以及跨境的版权交易等影响，加之本国内容市场本身规模较大等原因，对于国内的内容产业从业者来说海外市场的魅力尚未完全体现；由于缺乏能够准确预测海外市场状况的企划、人才培养和销售渠道，在进军海外方面停滞不前。在时尚领域，尽管中小企业认识到了创新的重要性，设计师与经营店的职责分工不明确的现象仍较为常见。此外，除了一些国际化品牌和大企业，行业内部大多是小品牌和小微企业，在市场与店铺投资上存在种种困难，导致大多数企业缺乏对流通的应变能力和品牌力，企业效益低下，海外营业网点匮乏，陷入艰难经营的苦战之中；再加上日本惯行的贸易习惯，国际贸易主要是依靠商社进行，企业自身没有开辟独立的海外网点销售渠道，在扩大销路上受到很大制约。

第二节　日本文化创意产业政策的成果

文化创意产业政策在日本的成功实践，促进了文化创意产业的加速发展，引导了文化创意产业的结构调整，规范了文化创意市场的竞争秩序，提升了文化创意产业的国际竞争力，推动了经济增长。日本动漫产业风靡世界，游戏产业长盛不衰，无不与本国政府采取积极有效的产业政策鼎力扶持有关。具体来讲，日本文化创意产业政策的成果主要体现在以下几个方面：

一、通过立法与制度改革，优化了文化创意产业发展的制度环境

为保证文化创意产业健康有序发展，日本政府注重文化创意立法和制度改革，加强对其的政策支持。

（一）完备的知识产权保护体系

日本文化创意产业迅速发展，得益于意识或观念先行。文化创意产业归根到底是人的创意，但对创意的保护往往十分困难，如果没有一个完善的知识产权保护体系，文化创意产业势必会遭受到极大的损失。因此，日本政府建立了一套比较完备的知识产权保护体系，重点打击各种侵权行为。

早在1970年5月，日本政府出台了《著作权法》，旨在保护和规范利用含有著作权的文化产品，为有效保护著作权所有者的合法权益提供了法律上的依据。该法律经多次修改，于2001年10月更名为《著作权管理法》，旨在引导人们公正使用文化创意成果，有效维护作者权利，使文化创意产业得以健康发展。2002年12月，日本政府通过了《知识产权基本法》，该法律为知识产权的保护以及有效利用提供了法律依据，明确了国家、地方政府以及大学、研究院、企事业单位等机构的责任，并对知识财产的创造、保护及运用的推进做了详细的规划。2003年，日本政府成立了“知识财富战略本部”，要求对文化创意产业放宽限制、增加预算等。

知识产权保护体系的建立促进了文化创意产业版权制度的发展，构建了能够迅速应对受众需求的产业模式，有效解决了版权所有者不明时出现的问题。与此同时，该体系还注重保障文化创意产业从业人员获取相应报酬的权利，进行从业人员权利的集中管理，加强外包合同签订的法制化建设，形成了公平、公正、透明的文化创意产业市场。

（二）宽松的投融资环境

日本政府往往不直接运用法律手段，常常依据国内外经济技术的特点及其发展变化来指导产业的发展计划，并包括对文化创意产业在内的创新

产业实行较多的政策倾斜和材料扶持，即政府通过信贷、财政补贴、税收优惠等积极手段，促进其建立和发展。努力促进也是政府对文化创意产业进行“行政指导”的有力手段，在日本形成了中央政府推动、地方政府和民间一起投入的机制。

日本欢迎个人或企业赞助文化艺术活动，个人或企业可以单独赞助，也可联手参加赞助活动。但是，赞助方不能将钱直接交付给受捐的个人或团体，须经过企业知识产权协会的审核批准，以增加赞助活动的规范合理性。凡是捐款赞助振兴文化艺术事业的企业或个人，国家将减少其应缴纳的所得税或是将捐款计入企业开支，在经国家指定的文化遗产建筑物或占地内建造建筑物者，将对其免税。

现在，企业是日本文化创意产业发展壮大的主要投融资来源，而且所占比例越来越大。在日本，大型文化活动的举办多依赖于企业、公司的投资和资金赞助，日本几乎所有的一流大型企业都以各种不同形式支持、参与文化活动，它们将此视为改善企业形象的重要举措。此外，日本政府在促进文化创意产业创业投资方面，还积极鼓励文化投资同 IT 产业的深度结合。在这一方向指导下，许多日本企业将自己的未来押在了娱乐、信息和通讯业的交汇点，从而使传播信息、知识和提供娱乐的文化创意产业兴旺起来。

（三）成熟的文化中介组织和管理制度

日本文化创意产业行业协会很多，几乎每个文化行业都有自己的行业协会，这些行业自律性的组织在制定行业规则、审查文化产品、进行行业统计、维护会员的合法权益方面起到了非常重要的作用，被看作是政府职能的延伸。

日本音乐著作权协会成立于 1939 年，其主要职能是根据《著作权中介业务法》，负责征收电视、广播、卡拉 OK、CD 等所使用的音乐著作权的使用费。该协会拥有作曲家和作词家会员 1.2 万余人，管理 160 多万首曲目。2000 年度征收的音乐著作权的使用费为 1063 亿日元。

日本电脑娱乐提供者协会成立于 1994 年，现有会员 200 多家。该协会除了负责对行业的发展进行调查研究、行业统计之外，还于 2002 年制定了游戏软件分级制度，并对游戏的内容进行严格审查。

日本影协属下的电影伦理管理委员会负责电影审查，该委员会由 5 位管理委员及电影业各领域的 8 位审查员组成，每年约审查 500 部长篇电影和剧院用电影。凡未经该机构审查的作品，一律不能在影院公映。

另外，日本的演员、歌手、画家等文化工作者都有自己的经纪人，签约和相关法律问题都委托经纪人和律师负责。日本的文化经纪人对于发掘培养新人、规范文化市场起到了非常重要的作用。

二、进一步开拓了新兴市场，扩大了文化创意产业的发展空间

日本政府积极推进产业结构改革与新兴市场的拓展，扩大创意参与者阶层，制定创意数字化、产业链经营、创意文化参与和消费等方面的政府指导方针，引导产业灵活、健康发展。

（一）数字化的创意拓展

数字化对创意的影响、对创意领域的扩展具有政策性意义。现实生活中的商务活动出现在网络上作为创意的来临，开拓了新的创意领域。通过电子商务网站进行的洽谈和交易规模急剧扩大。2003 年的 B2C 市场规模达 1.91 亿日元，比 2002 年增加 20.5%，自 2000 年起 3 年增长了 4.3 倍。B2B 为 77.4 兆日元，比 2002 年增加 67.2%，3 年增长了 3.6 倍。数字化扩展了创意的表达样式，进一步加快了新兴市场的开拓，加快国内外数字化阅读的推广，大规模建设数字化影院，推出更多 3D 影视作品的播放平台，提高 3D 影视、动画作品的制作水平，积极向文化创意产业的国际化标准靠拢。

（二）综合经营多种文化创意产业

凡是可以市场化的文化，都应通过市场运作方式来发展，这是日本促进文化创意产业发展的重要经验。电影、出版和音乐综合经营是文化创意产业和市场深入结合的一个典型。在日本，一部小说出版获得成功之后，马上被改编成电影，电影音乐磁带发行部门也闻风而动，相辅相成，形成规模效应，由此所得到的综合经济效益要比单独发展某一项文化创意产业高得多。2001 年，中国影片《那山那人那狗》在日本推出时，采用的就是这种模式。这部影片在东京岩波电影厅上映，迄今已动员观众近 40 万人次。在影片上映前，同名小说先由日本出版社出版发行，已先后再版 8

次，共销售 7.6 万多册。电影的营业额目前已达 3 亿多日元，小说销售额为 1.2 亿日元。

类似商业模式的例子还有东京迪士尼乐园和大阪好莱坞电影城，其综合经营漫画图书、动漫影视、游戏软件、卡通玩具、音乐唱片、网络资源以及主题公园等多种文化产业，形成了一个庞大的产业链条。显然，这样做可以充分地利用和挖掘文化资源，从而带动整个文化创意产业发展的全产业链条模式。

三、加大对技术开发的政策支持力度，提高了文化创意产业的国际竞争力

技术开发对于任何新兴产业来说都是十分重要的。日本在文化创意产业的发展中注重新技术的研究与开发，以及新技术与优势产业的结合，确保了文化创意产业在创造增加值和国民财富持续增长方面的作用，有效提高了日本文化创意产业的国际竞争力。

（一）产官学相结合的协作发展机制

日本在文化创意产业的发展中，成功地运用了“产官学”模式，由政府提供政策支持和行政指导，学术机构和研究机构负责提供市场预测、前景分析等信息支持，企业通过与政府及研究机构的合作来谋求发展。产官学三者相结合的方式加强了新技术的研究和开发，推动了以增强国际竞争力为目的基本技术的共享，构建了硬件和软件相结合的产业模式，提升了与文化创意产业相关的基础设施建设。如随着 2011 年开始全面普及地上数字化，日本真正进入了数字内容产业时代，进一步加强地面数字化的建设，能够为数字内容产业创造更好的发展条件。同时，政府大力推进面向国际的技术规格的标准化改革，构筑能够灵活运用高新技术的产业模式。

（二）注重新技术与优势产业的结合

日本注重引进新技术与自己的文化创意产业相结合来发展。日本将动画漫画制作与自己的优势产业相结合，如将动画制作与网络技术结合，从以 2D 为中心的制作方式迅速扩大到 Full3D、2D&3D 的合成方式，并且迅速发展数码动画。通过网络技术，不断推出新款在线游戏以及创新业务模式，不断吸引着新的在线游戏玩家并在最大程度上刺激了现有游戏玩家

的消费。一些公司又通过将互联网在线游戏移植到手机上，使用户时时在线，享受游戏的乐趣。日本音乐产业也与数字技术紧密结合，呈现网络化发展的趋势。同时，日本善于将本国的文化融入现代科技中，像风靡世界的日本游戏软件中常用日本传统的三弦和长笛作为背景音乐，而日本武士及古代日本战刀的频频出现，更是颇受游戏爱好者尤其是西方游戏爱好者的欢迎。

四、进一步开拓了国际市场，发挥了日本文化创意产业的特色

日本文化开放性、兼容性的特色使其能够兼收并蓄、锐意求新，特别适应当前这样一个全球化时代的要求，因而具有得天独厚的优势。近年来，日本打造的“Cool Japan”征服了全球，世界范围内的“哈日风”极大地刺激了日本文化创意产品的出口，带来了可观的经济收入，而这些经济效益又进一步推动了“Cool Japan”战略中日本文化创意产业的全球化可持续发展。体现着日本独特生活方式和价值观的文化创意产品与服务，是凭借从中体现出的生活方式和价值观而长期得到国外消费者的认可，从而渗透到其日常生活中去。政府通过对这种独具日本特色的本国创意产业的扶植，不仅提高了日本文化创意产业的市场占有率，还有效地发挥了文化创意产业的全球战略作用，在世界范围内树立起良好国家形象。

以内容产业、饮食、旅游等为代表的日本文化创意产业都风靡全球，在“中华文化圈”范围内更受欢迎。2010 年 10 月在美国纽约举办的 New York Anime Festival，吸引了美国 1.8 万余名日本动漫爱好者前去参观。而作为欧洲最大规模的日本动漫、音乐的相关活动，2011 年 6 月在法国巴黎举办的 Japan Expo 展会在 4 天内共接待参观者 20 万人次，足以见得日本文化创意产业在海外的人气之高。被全球动漫游戏爱好者所熟知的《口袋妖怪》，其游戏软件在全球范围内已经销售了 2.3 亿件，而动画片则在全球 160 多个国家以 30 多种语言播出，其剧场版动画于美国上映后反响热烈，全 3 部剧场版动画的海外票房收入约为 380 亿日元，约为日本国内票房的两倍。在饮食方面，来自日本九州熊本县的味千拉面，已经成为中国各大城市家喻户晓的餐饮品牌，截至 2012 年 9 月，中国境内已有 667 家专门店。而在美国境内，打出“日本料理”招牌的餐厅就有 9000

余家。旅游业也是日本文化创意产业的重要支柱之一，日本2010年接待海外游客861万人次，年增26.8%，创30年来最大年度增幅，尽管当年日元大幅上涨令赴日旅游成本增加。由于“Cool Japan”战略仍处于刚起步的阶段，今后应进一步加大宣传力度，从而更好地发扬日本本土文化的特色。

日本在全球文化大发展的形势下，调整发展战略，全体行业的齐心发展，可谓“天时、地利、人和”，又通过政府提出发展战略，制定国策，确定了文化创意产业发展的方向；立法施政，优化了文化创意产业发展的制度环境；开拓新兴市场，扩大了文化创意产业的发展空间；加强人才培养，保障了文化创意产业发展的人才需求；加大技术开发的政策支持，提高了文化创意产业的国际竞争力；开拓国际市场，发挥了日本文化创意产业的特色等6个方面，突显了日本文化创意产业政策的效果。当然，日本文化创意产业在获得巨大经济利益的同时，也在一定程度上忽视了社会效益，从而带来了不容忽视的负面影响，特别是大量包含暴力、色情内容的文化产品，在社会上日益产生不良影响。通过网络相约自杀和引诱中学生卖淫就是新出现的一大社会问题。这些问题作为前车之鉴，也是我们在发展文化产业时要及时避免的。

第三节　日本文化创意产业政策的方向

日本从中央到地方各级政府都对文化创意产业非常支持，并制定了一系列法规、政策来扶持文化创意产业发展。这些政策的基本方向是把发展文化创意产业作为国家的战略支柱，把文化创意产业提升到国家战略层面进行统筹规划；日本文化创意产业政策的另一方向是加大文化输出，大力开拓海外市场和新兴市场，以解决国内文化创意产业市场发展缓慢、内需下降等状况；“酷日本”战略是伴随着日本文化产业的发展而形成的，是日本政府为适应全球化和国内政治经济社会发展变化而做出的战略选择，新时期的政策大多为推进“酷日本”战略而制定；文化创意产业的精髓是创意，人才作为创意的载体，加强创意人才的培养一直是日本政府制定政策的考虑因素。

一、基本方向：把发展文化创意产业作为国家的战略支柱

日本的“文化产业”概念形成于20世纪70年代的工业经济鼎盛时期，当时作为新的经济增长点，其产业发展政策是由日本通商产业省制定，由各企业组织主导的。企业通过提高产品的文化含量，使自己的品牌在国际市场上独具特色，从而增强产品的竞争力。进入90年代，日本的工业经济逐渐走向衰落，这在日本被称为“丢失的十年”。但与此同时，那些站在世界经济前沿的企业家们敏感地发现，文化主导型产品，如动漫、游戏、小说等，受到经济危机的冲击很小，甚至有逆势增长的市场表现。这些发现很快汇总至日本政府。1995年7月，日本政府就明确提出将在21世纪实施名为“文化立国”的新发展战略，开启了“文化立国”战略的初步设想。1996年7月，日本文化厅正式提出了《21世纪文化立国方案》，标志着日本“文化立国”战略的正式确立。

自日本提出“文化立国”的国家战略以来，日本政府高度重视文化创意产业，一直积极致力于扶植文化创意产业的发展，对文化创意产业的财政投入也在逐年增加，并通过政府出资与民间捐款相结合的方式设立了“艺术文化振兴基金”，对各领域的文化艺术活动进行资金援助。进入21世纪以来，日本政府更是进一步出台了一系列支持文化创意产业发展的政策，并将促进文化创意产业的发展提高到了国家发展战略的新高度。例如，2001年全力打造知识产权立国方略，明确提出10年内把日本建成世界第一知识产权国，希望通过知识产权内容产品的创造，带动国家社会经济的全面发展，提升国家形象，打造国家软实力。另外，以时尚、饮食、动漫、游戏、音乐、影视等为主体的日本文化创意产业，不仅带动了日本国内经济的恢复与提升，同时也带动了相关产业的发展。日本的各级地方政府从现实中认识到发展文化创意产业对振兴地方经济的重要作用，因而更加积极地支持文化创意产业的发展。

可以说，日本文化创意产业的飞速发展与日本政府所制定的一系列切实可行的产业政策是密不可分的。这一系列措施均显示了文化创意产业在日本国家产业战略上所处的重要地位。为了在文化创意产业的全球化竞争中取得决定性优势，日本政府还以法律手段为先导，进一步明确将文化创

意产业作为国家战略支柱，积极地进行根本性的制度改革与创新。

二、大力拓展海外市场和新兴市场

日本“文化立国”战略自制定就带有一定的海外拓展意图。1998 年 3 月，文化政策促进会议提交了《文化振兴基本计划——为实现文化立国》报告，对文化立国战略进行阐释。报告里提出了关于振兴日本文化的六大课题：搞活艺术创造活动；继承和发展传统文化；振兴地域文化与生活文化；培育和确保继承文化的人才；在文化上做出国际贡献并传播文化；加强基础设施建设以利于文化的对外传播。在这六大课题中，就有两项与文化对外传播有关。2007 年 5 月的《日本文化产业战略》再次明确写道：“文化产业直接关系到我国的经济利益，以及通过软实力吸引别国民众而获得的外交利益。”“文化产业对海外的影响，可以促进受众对日本生活方式以及文化产业背景中的价值观、审美意识的共鸣，加深其对日本文化、艺术和传统的理解。这种受众对日本综合文化实力的‘憧憬’，能够为各种产业带来中长期正面效果。”在这一战略的指导下，日本一方面注重提供与国外进行共同制作的平台，如举办东京国际动画展、东京国际游戏展、东京国际电影节等日本国际创意节，实现建立世界最大的国际共同制作市场的目标，使日本的文化创意产业市场不仅适用于创意产品的交易，还应在策划、剧本、拍摄等方面开发出日本独有的、多功能的、独占的市场；另一方面，在国外，日本在电影、电视节目、游戏、出版、音乐等领域召开了许多与内容相关的国际交易会，并注意调查与交易对象国家之间存在的制度和法规差异，建议日本驻外使馆、日本贸易振兴机构、国际交流基金会等机构对日本文化创意产业的海外事业进行各方面的支持，加强国际交流来树立日本的国家品牌，增强产业自身的商业性质和全球化的竞争力。2009 年 3 月，日本政府发表《日本品牌战略——让软实力成为经济增长动力》的报告，将动漫、游戏、电影、电视剧、音乐、饮食、时装、设计等产业定位为“软实力产业”，提出通过综合性推进这些产业的振兴和海外拓展，到 2015 年使日本的内容产业达到 20 万亿日元的市场规模。

在新兴市场的拓展方面，日本依赖于数字化、网络化技术的发展，消息的传播速度有了爆炸式的增长，地球村的概念得到了很好的诠释。信息全球化的加速使得文化创意产业迅猛发展。日本在文化创意产业的信息化方面颁布了一系列法律，旨在通过宽带网络等新兴途径，进一步推动文化创意产业的发展，使人们更好地感受到文化创意产业的乐趣和便利性。

三、积极推进"Cool Japan"战略

"酷日本"一词是从美国政治分析家道格拉斯·麦克格雷2002年发表在《外交政策》杂志上的《日本国民酷总值》一文引申而来。该文高度评价了日本在美食、动漫、流行音乐、时装、电子游戏等领域的国际影响力，指出"国民酷总值"是软实力的一种形态，可与国内生产总值一样作为国家软实力的衡量指标。2003年，美国《时代周刊》亚洲版刊发日本文化特辑，不仅认同了道格拉斯的观点，而且进一步指出日本正从一个产品制造大国向一个"酷文化"输出大国转变。此后，"酷日本"这一说法逐渐流行起来。

日本政府将"酷日本"升级为国家文化和文化产业发展战略，旨在创造经济附加值的同时打造日本"酷"的国家形象。"酷日本"战略涵盖了包括传统文化、现代流行文化、饮食、旅游、日常生活用品、日式生活方式等在内的内容产业、时尚产业、餐饮业、旅游业、日用品业、设计制造业等多个产业，产业范畴十分广泛（详见图2-1）。日本经济产业省媒介内容课的横仓干人介绍，"酷日本"战略主要分为三个阶段：第一阶段是向海外传达日本的魅力，包括动漫、时尚、饮食文化等内容；第二阶段是让本国企业通过在海外开发动漫、时尚等关联产业的商品而获利；第三阶段则是吸引更多的海外游客来日本观光消费。

2010年6月8日，日本政府设立"酷日本室"，真正地将发展文化创意产业摆在了国家发展战略的层面。6月18日，日本出台的《新增长战略》又把"酷日本"在海外展开业务作为重点增长领域，强调通过节目交易、数字传输的强化、放宽海外内容流通规定、防止盗版等措施，以民间企业为中心在海外拓展与"酷日本"相关的业务，到2020年，文化产业在亚洲实现收益1万亿日元的目标。2010年11月至2011年5月，约30人组成的"酷日本官民有识之士会议"举行8次会议，发表了题为《新日本的创造——为了连接"文化与产业"、"日本与海外"》的建议书，明确提

出发展文化创意产业六大重点领域，即将时装、美食、内容、地域产品、住宅、观光纳入在内。2011 年 5 月，日本知识产权战略本部企业策划委员会明确提出了打造“酷日本”的发展目标，即要扩大日本时尚、美食、动漫和地区特产在海外的销售额，要力争使“酷日本”的相关产业市场规模由 2009 年的 4.5 兆日元扩大到 2020 年的 17 兆日元。

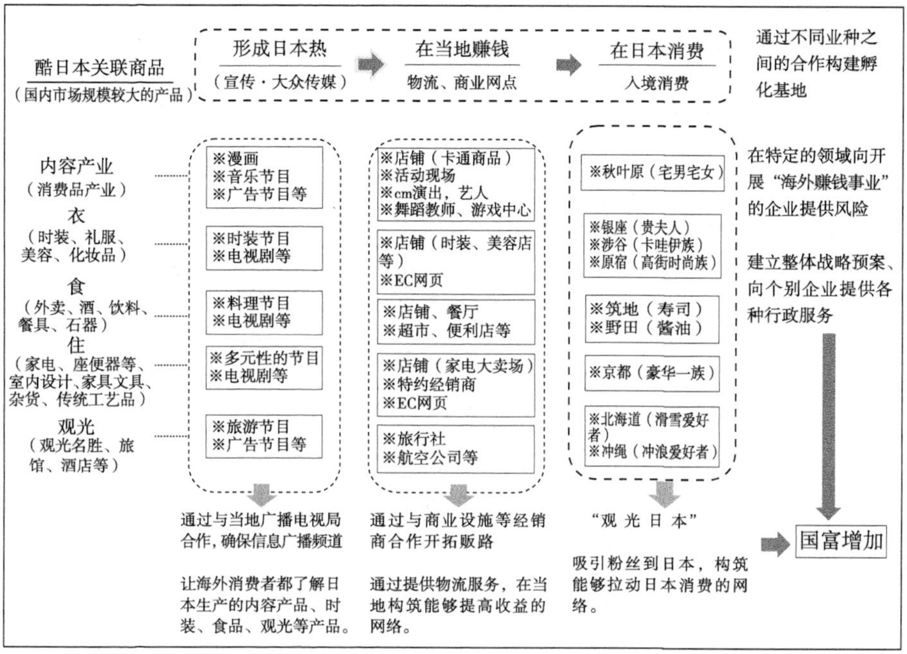

图 2–1　“酷日本”战略内部结构

图表来源：日本经济产业省“酷日本战略报告”（2012 年 6 月）；白如纯，唐永亮．试析“酷日本”战略及其影响［J］．国际论坛，2015.1。

2011 年 3 月，日本东北部海域发生里氏 9.0 级地震。地震后，日本政府及时调整了“酷日本”战略的阶段性方向，以“复兴”为主要目标，采取多方面的措施积极恢复遭受重创的旅游业：自 2011 年 7 月 1 日起，日本施行了新旅游政策，赴日个人自由行可申办三年有效、多次往返、每次最多停留 90 天的观光旅游签证；作为振兴观光产业的一环，从 2011 年 9 月 1 日至 2012 年 3 月 31 日期间，举办“VISIT JAPAN 优惠”大型活动，通过网络向海外游客发送在日本国内旅游设施使用的各类优惠券、折扣券，以“提高日本接待外国游客的能力”。由此可见，“酷日本”战略在客观已经超出了单纯的“文化产业战略”的范畴，其着眼点发生了由“文化”到“文化周边产品”再到“观光旅游产品”的转变，在旅游目的地的视角看来，这将影响甚至重塑旅游者和潜在旅游者对日本的印象和感知，进而影响其旅游决策和旅游体验，最终作用于整个日本的旅游经济。就这个意义而言，“酷日本”战略可被视为一种“文化导向”的旅游发展战略。

总体来说，“酷日本”是日本政府适应全球化和国内政治经济社会发展变化而做出的战略选择。发展“酷日本”产业，对拉动长期低迷的日本国民经济、促进国家权力的整合、维护国家安全、增加国家影响力都具有重要意义。

四、加强培养文化创意人才

日本之所以能够不断推出先进的创意和创新设计，得益于其拥有一大批具有创新意识和创新能力的高素质文化产业人才。日本政府把发掘和培养创意人才作为振兴文化创意产业的十项改革方案之一，从人才培养、人才交流、人才激励等方面保障文化创意人才的供给。

日本政府高度重视文化创意产业人才培养，注重从孩子抓起，从教育理念和制度上，关注孩子们的创新意识和能力的培养，注意发现未来的创意产业的领军人才。为此目的，日本在中小学教育中很重视学生的创造性体验活动，支持学校组织学生开展各种创作活动和感受性（享受设计、制作、绘画等）的活动。日本制定专业人才培养计划，在许多大学和职业专科学校开设与文化创意产业相关的专门课程，如形象造型、尖端艺术表现形式、数码艺术、动画学、媒体艺术学和信息学研究等，提升学生文化创意产业意识，为文化创意产业的发展与创新提供有力的人才支撑。以动漫产业为例，日本兴办了专门的动漫学校，现在日本拥有一批国际公认的顶尖漫画大师和动漫导演。

文化创意产业的优秀人才需要具有国际视野。日本政府通过举办国际性的大型活动和展览会等形式促进创意人才的交流，在政策上支持文化创意产业从业者到海外一流人才培养机构留学，建立海外留学制度，给予新人创作者充分的发展空间。同时，也注重引进海外文化创意产业专门性人才，并改革法务省入国管理制度，为人才的引进创造更好的法律环境。日本注重大学之间的文化创意交流与合作，推动建立产学结合的产业发展模式，提高日本国民对于文化创意产业的认识。

为了鼓励优秀人才脱颖而出，日本注重为青年创意人才提供机会，经常会为青年创意人才的设计作品提供专门的展出场所。在2010年的东京动漫节，就特别设置了为日本青年动漫作家提供帮助的展台，许多青年漫画家的作品在这里展出。日本拨出专门资金设立多种奖项，如2001年12月日本文化厅等部门参与协办了“第五届日本文化厅媒体艺术节”；由“知识财富战略本部”设立的“文化产业调查会”于2004年提出了“文化产业的商务振兴政策——软件力量时代的国家战略”，其中就提到了表彰积极创意人才，开展具有社会导向意义的商务活动和奖励创意产业的先进者。这些公开的评奖活动大大调动了创意工作者的积极性，推动创意产业的发展。

第四节　日本文化创意产业相关法律制度的完善

进入21世纪以来，日本政府将振兴文化创意产业作为软实力时代国家战略的重要支柱，出台了一系列较为完善的法律法规，并采取了多项措施，为文化创意产业的健康、有序发展提供了良好的外部环境，并通过出台产业政策来引导和扶持文化创意产业的发展。

一、文化立国战略及相关法律制度的完善

（一）文化立国战略的确立

为促进日本文化创意产业发展，日本政府于1989年成立了由专家学者和艺术权威人士37人组成的“文化政策推进会议”，为促进文化事业的发展制定相关政策，并作为文化厅长官的私人资讯机构。该机构围绕文化事业发展先后提交了多份报告，如1994年6月出台了《有关推进21世纪文化政策方案》；1995年7月推出了《新文化立国目标——当前振兴文化的重点和对策》，开启了文化立国战略的初步设想；1998年3月又提出了《文化振兴基本计划——为实现文化立国》等。这些报告对日本文化创意产业政策的制定产生了重要影响。日本文化厅于1996年提出了《21世纪

文化立国方案》，标志着日本“文化立国”战略的正式确立。该战略中提出“文化立国”战略的核心，即是通过知识产权内容产品的创造，带动国家经济社会的全面发展，提升国家形象，打造国家软实力。

日本文化立国战略的基本政策主要包括以下几个方面。一是建设大型国立文化基地，增强文化对外辐射能力；二是构筑与文化政策相配套的环境政策、观光政策和产业政策；三是适应时代变迁，实施地域性的文化街区建设计划；四是重视充实与加强文化设施的内容与功能，推动大型参与性的文化事务活动；五是构筑文化信息的综合系统，致力于新兴文化产业的振兴；六是适应知识经济时代特征，完善著作权益制度；七是加强日本国语地位，适应全球和国际化趋势；八是建立多元化的文化事业的支撑体系；九是扩大保护文化遗产对象，设立世界文化遗产保护与修复的合作基地和支援体系；十是重视对亚洲的国际交流与合作，构筑日语教育的国际援助网络。从上述的基本政策中不难看出，日本的产业结构转向以最终消费为主，以文化创意为发展方向的第三产业比重迅速提升，服务业成为日本经济增长的主导产业，而文化产业建设和外交领域的发展成为重中之重。随着全球化以及科技信息技术业的发展，新技术在文化创意产业的应用最为广泛，不仅提升了文化创意产业自身的竞争力，又提升了日本自身文化的世界影响力，从而为文化创意产业外交的顺利实施创造了良好条件。

（二）“文化立国战略”的相关法律制度

日本文化创意产业取得前所未有的巨大发展，同样与相关的法律体系的构件是密不可分的。自2000年起，相继出台了与文化立国战略密切相关的《建立高度信息通讯网络社会基本法》、《文化艺术振兴基本法》、《内容产业促进法》、《文字、印刷品文化振兴法》、《防止电影偷拍相关法律》、《观光立国推进基本法》等一系列法律，进一步地规范了文化创意产业发展的外部环境。具体如下：

1. 建立高度信息通讯网络社会基本法

文化创意产业的发展离不开信息技术，2000年日本政府颁布了《建立高度信息通讯网络社会基本法》，是日本政府制定与推进信息化各项政策措施的法律依据。该法的宗旨是为了适应急剧变化的社会经济结构的需要，通过因特网等高度情报通讯网络，便利地从世界获得并传送多样化的情报知识，从而促进各个领域创造性的、充满活力的发展，为提高文化创意产业的竞争力和方便人民的生活做出贡献。该法实施的基本方针是：第一，充分拓展信息通讯网络，建设世界高水平的信息网，加快人才培养和科技研发，并加强二者间的密切关联，促进电子商务的发展；第二，保障行政运营的高效、简洁以及透明度，提高服务质量和多样化，确保信息通讯网络准确、安全；第三，加强与国外的联系，推动国际协调合作。

2. 文化艺术振兴基本法

2001 年 12 月，日本政府设立了《文化艺术振兴基本法》（以下简称基本法），共 3 章 35 条。该法律明确提出了振兴媒体艺术、传统艺术、生活文化、大众娱乐、出版物、唱片、文化遗产、地区文化等核心文化艺术的基本概念、国家和地方政府的责任与义务，同时规定了有关振兴文化艺术的基本政策和方法：促进文化艺术的国际交流、注重对创意产业人才的培养、加强对文化艺术相关教育及科研机构的整顿、加大著作权保护的力度等。制定该法的目的是为了促进从事文化艺术活动的行为者自主地开展活动，全面推进有关振兴文化艺术的政策实施。

3. 有关文化艺术振兴的基本方针

2002 年 12 月，日本政府根据基本法制定了《有关文化艺术振兴的基本方针》等的明确指导意见。该方针主要围绕儿童普及文化艺术、培养后备人才、文化遗产的有效利用和保护等问题，并将文化艺术立国作为战略目标。此后，基本方针于 2007 年进行了部分修订，其中对捐款内容有明显的减免征税规定。例如，对于企业等向文化艺术团体的捐款，在向国家缴税时会有一定数额的减免。而且，对于文化遗产的相关税制规定，被指定为重要文化遗产的房屋或建筑物将免征固定资产税或只征二分之一税额，以保护文化遗产所有者的利益。如果重要文化遗产出让给国家或地方公共团体将免交所得税。基本方针于 2010 年进行再次修订，新的规定中还特别指出，公益团体或者财团法人拥有的重要非物质文化遗产的公演设施将对固定资产税、不动产税、都市计划税都减半征收等。

4. 内容产业振兴政策

2003 年 3 月，日本政府设立内容产业专业调查会。同一期间，在日本经济决策中占据重要地位的日本经济团体联合会成立了文娱内容产业部会，开始研究内容产业政策问题。2003 年 12 月，振兴内容产业议员联盟成立，开始了支持有关振兴内容产业的相关立法问题的研究。2004 年 4 月，内容产业专业调查会发表《内容产业振兴政策——软实力时代的国家战略》报告。《内容产业振兴政策》针对内容业界产业现代化与合理化要求、社会及经济领域评价有待提高、海外市场及国内新市场开展不足等三方面着手，提出了三项目标：（1）完善资金、人才、技术等产业基础设施，进一步推动业界现代化、合理化；（2）关注从业人员、提升产业的社会认知度、发挥内容产业引领社会作用；（3）拓展海外市场、开发新领域。基本理念是："ABCDE 理念"（All Japan；Brand Japan；Cool Japan；Digital Japan；E-Tech Japan），即：全社会所有相关者携手协力；提升日本名牌，扩大国际市场；创建"酷日本"；与数字化、定额化对应；促进高端技术的开发和活用。并且，由此提出 10 项改革措施：（1）支援业界现代化、合理化；（2）资金筹集手段多样化；（3）对内容制作采取税收上的优惠条件；（4）加强人才培养；（5）支援新技术开发研究；（6）发掘、表彰人才；（7）完善教育机制；（8）拓展海外市场、强化盗版对策；（9）完善宽带等基础设施建设；（10）强化具有地域魅力的内容的保护与对外传播。该政策以产业振兴为目的，其副题"软实力时代的国家战略"表明将内容产业作为国家软实力之一的定位，并且以振兴内容产业作为国家战略重要支柱的基本方向。

5. 内容产业促进法

2004 年 6 月，日本第 159 次国会通过了《关于促进创造、保护及应用内容产业的法律案》，简称《内容产业促进法》。该法案试图通过促进内容的创造、保护及利用，彰显内容产业作为日本的新兴领导产业在强化日本国际竞争力、树立日本良好的国家形象等方面的重要作用，增进海外对日本文化等的理解。该法律包括 4 章，主要阐述了发展内容产业的基本措施、振兴内容产业的必要措施、行政机关应当采取的措施等内容。《内容产业促进法》只是关于发展内容产业的一个基本的法律，它明确地规定了振兴政策的基本方针和原则，以及基本的政策方向和政策框架，大量具体的政策由日本政府的相关机构陆续出台实施。政府应当积极应对在内容产业发展过程中遇到的问题，并提供措施援助。

二、知识产权立国战略及相关法律制度的完善

日本在知识产权方面与美国的巨大差距，使日本意识到构筑一个能够持续产生知识的系统的必要性。2002 年小泉纯一郎就任日本首相后，立刻着手制定旨在让日本重新崛起的知识产权国家战略。他郑重提出把“知识产权立国”作为日本的基本国策，并建立知识产权战略委员会全力推行这项政策。“知识产权立国”旨在实现从“技术立国”到“知识产权立国”的战略转移，为实现这一战略性转变，日本政府相继出台了一系列相关政策和法规，其主要内容涉及知识产权的创造、保护、利用及与知识产权相关的人力资源发展等诸多方面。

（一）知识产权立国战略的实施

1. 召开知识产权战略会议

知识产权战略会议是为首相提供知识产权决策的咨询团体，由政府和民间人士构成：由首相和经济产业大臣等 12 名政府官员以及来自产业界、学术界、律师等和其他机构 11 名有识之士组成。

2002 年 3 月，知识产权战略会议召开了第一次会议，提出了“知识产权立国”，就是要把日本建设成为一个崇尚发明与创造的国家。在科学、技术和文化等领域加强日本产业的国际竞争力，将产业发展的根基建立在专利技术、设计和品牌等的知识创造上，利用知识产权建设拥有高附加值的产品和服务的国家。知识产权会议标志着日本继“技术立国”后又一次大的战略转移，即从科学技术立国向“知识产权立国”转移。

2002 年 7 月，知识产权战略会议召开第五次会议，制定“知识产权战略大纲”，将“知识财产战略”列为首要位置，正式确立“知识产权立国”为基本国策。

2002 年 11 月，在日本第 155 次国会上通过了《知识产权基本法》，为知识产权的保护以及有效利用提供了法律依据。

2003 年 3 月，《知识产权基本法》生效，同时“知识产权战略本部”启动。

2003 年 7 月，知识产权战略本部公布知识产权推进计划案。

2. 制定知识产权战略大纲

为了实现“知识产权立国”的目标，日本知识产权战略会议在 2002 年 7 月召开第五次会议，制定了旨在运用专利、著作权等知识产权来恢复日本产业竞争力的“知识产权战略大纲”的综合政策。此大纲是日本知识产权制度改革的方针，其主要内容包括知识产权创造战略、保护战略、应用战略和强化人力资源战略四大部分。其中，创造战略的目的在于促进大学、公立研究机构和企业等的知识产权的创造、取得和管理，注重在教育方面培养创造性的知识产权人才，主要由文部科技省负责；保护战略的主要任务是迅速、准确地进行知识产权的审查和复审，加强对版权、商业机密、国外和边境等的知识产权保护，主要由日本特许厅和经济产业省负责；应用战略着眼于如何推动大学和公共研究机构的知识产权向产业转化，合理评估和应用知识产权，由经济产业省负责；人才战略的主要任务是培养专门的知识产权人才和提高国民的知识产权意识，由文部科技省负责。

《知识产权战略大纲》的行动计划包括了 100 多项措施，重点措施包括以下几个方面：一是制定知识产权基本法案，为实施知识产权战略提供法律保障；二是加强组织保障；三是制定知识产权战略计划，加强对知识产权管理的宏观指导；四是明确各政府部门在实施知识产权战略中的职责，加强政府部门对知识产权管理支持的力度；五是加强世界专利工作，争取实现美欧对日本审查结果的尊重和相互认证，逐步实现世界统一的专利体系；六是鼓励原创技术促进基础研究为产业服务；七是培养知识产权专业人才。

3. 颁布知识产权基本法

为了以法律的形式落实知识产权立国的基本方针，保障知识产权战略大纲中提出的主要内容，日本国会于 2002 年 11 月 27 日通过了《知识产权基本法》，共 4 章 33 条，2003 年 3 月 1 日生效。

《知识产权基本法》是日本走向知识产权立国战略的支柱。该法律指出，为适应国内外社会经济形势的变化，必须要进一步提高产业国际竞争力和可持续发展，因此要通过知识产权的创造、保护和有效运用所产生的高附加价值来振兴国民经济。该法律明确了国家、地方政府以及大学、公立研究机构、企事业单位等机构的责任，并对知识财产的创造、保护及运用的推进计划做出了详细的规定。最重要的是，通过设立知识财产战略本部，集中且有计划地推进知识产权的创造、保护和利用。

《知识产权基本法》的出台标志着日本知识产权政策的正式启动。不可否认，随着《知识产权基本法》的实施，日本在大学研究成果转化为产品、处理知识产权纠纷、取缔海外侵犯日本知识产权现象和高新技术研究成果的保护等方面将会加大管理力度。

目前，日本知识产权法律制度以《知识产权基本法》为基础，辅之以《专利法》、《实用新型法》、《外观设计法》、《商标法》、《版权法》、《集成电路布图设计法》、《半导体集成电路流程设计法》、《不正当竞争防止法》、《著作权法》、《著作权等管理事业法》、《种子和种苗法》、《关于特定电信服务提供人的损失赔偿责任的限制及发信人信息披露的法律》、《技术措施及法的保护》、《大学等技术转移促进法》等，构成了日本知识产权法律制度的基本框架。

4. 知识产权推进计划

2003 年 3 月，日本政府决定在内阁增设“知识产权战略本部”作为“知识产权战略会议”的延续，主要负责重大国策的实施，由首相直接担任本部长，官房长官以及科学技术、文化科学和经济产业部门的大臣担任副部长，其他部门的大臣以及在知识产权方面有专长的人士担任成员。2003 年 3 月，知识产权战略本部召开首次会议，就知识产权战略大纲实施情况提交报告，决定 3 年内集中对知识产权制度改革。并于同年 7 月发布了《有关知识产权创造、保护及其利用的推进计划》，修订之后改名为《知识产权推进计划》。此后，知识产权战略本部每年发布一次《知识产权推进计划》，系统全面地推动日本知识产权战略实施工作开展，该计划实际成为指导日本年度战略工作开展的纲领性文件。

日本《知识产权基本法》附则 2 中规定：“在本法实行后三年内，检查本法实行情况，以检查结果为基础，采取必要的措施。”据此，日本知识产权战略本部在 2006 年 2 月对《知识产权基本法》的实行情况进行了检查和评价，并提出知识产权战略分期：2003 年 3 月至 2006 年 2 月为第一期，2006 年 3 月至 2009 年 3 月为第二期，2009 年 4 月至 2013 年 4 月为第三期。第一期的主要任务是改革日本知识产权基本体系，并着力发展了产业界、学术界与政府之间的合作体系；第二期的主要任务是运用知识产权增强国际竞争力，发展迎接新挑战的知识产权体系；第三期的主要任务是始终把参与和引导世界知识产权工作摆在重要地位，不断调整自身在亚洲和世界上所处的位置。

日本历年知识产权推进计划的制定实施有序，制定人员组成合理，层级高、力度大，并有《知识产权基本法》和《知识产权战略大纲》为其提供了较为完善的法律基础和目标导向，其可操作性越来越强，年度重点越来越突出，对日本知识产权的保护起到强有力的推动作用。

（二）著作权法律的发展和完善

1. 日本著作权国内法体系的发展

日本政府最早颁布的与文化创意产业相关的法律政策应该是 1970 年 5 月出台的《著作权法》，该法律旨在保护和规范利用含有著作权的文化产品，为有效保护著作权所有者的合法权益提供了法律依据。7 个月后，日本政府和文部科学省相继制定了《著作权法施行令》和《著作权法施行规则》。现《著作权法》是在 1970 年全面修改旧的《著作权法》的基础上修订而成。截至 2012 年，对《著作权法》所有的修改共计 20 余次，平均而言差不多两年一次，这种修法频率可以说在世界上也是绝无仅有的。伴随着加入 WCT 和 WPPT 等国际性条约，日本国内著作权法不断修改和完善，纵览近 10 多年以来的历次修法，日本现《著作权法》的历次修改主要涉及以下内容：

2000 年：为了促进包括网络使用在内的数字内容的广泛使用，多是在扩大有关数字复制和自动向公众传播信息的权利限制范围。

2002 年：为顺应数字化、网络化的潮流，中心议题是强化权利的保护。

2003 年：电影的保护期限由原来发表后的 50 年延长到 70 年；规定在侵害著作权时，设置更加充实的司法救济制度；为应对教育信息化，规定为在教育中顺利利用作品，扩大未经作者许可可以利用作品的范围。

2004 年：日本为实施根据知识产权基本法在 2003 年 7 月制定的《关于创造、保护及有效运用知识产权的推进计划》，在著作权法中提出禁止唱片平行进口以防止唱片回流；针对漫画出租业的兴起，对书籍、杂志设置贷与权（出租权）；增加保护商业秘密的内容；强化罚则。

2006 年：重新评估进行广播即时转播制度；对视听觉障碍人士传播录音图书的传播、为专利和药政审查行政程序必要复制，决定适应时代变化采取权利限制措施；增加了取缔违法复制品输出行为的条款以及强化相关罚则等。

2009 年：充实了裁定制度；规定通讯过程中或使用机器时的一次性存储以及视听觉障碍者的使用；明确个人在明知状态下，下载侵权的录音录像制品为非法，以此作为个人复制合理使用的除外情形；促进国会图书馆的档案制作；规范检索服务，搜索引擎的网页快照被确定为合法；规定与美术作品的转让或出租有关的复制权；规定与对公众传播信息有关的复制权；规定盗版出让告知行为。

2012 年：对明知违法却下载音乐或视频的行为处以 2 年以下有期徒刑或 200 万日元以下的罚金；从防拷贝 DVD 中压缩影像文件到个人电脑终端也属于违法行为。

从以上法律修订中不难看出，日本为顺应经济社会的发展和信息技术的进步而修法，并注重扩大权利人权利和保护公益并举，而以计算机为前提的数字技术作品的使用和凭借互联网的网络使用为主要焦点。

2. 打击盗版和《有关防止盗摄电影的法律》

在打击假冒和盗版的问题上，日本政府督促专利特许厅与海关合作采取有关措施制止假冒和盗版产品在日本流通。在国际方面，日本政府通过双边或多边协定，同欧洲发达国家及美国一道，加强国际间的协作，打击和防治假冒和盗版侵权。2002 年 4 月，在日本政府的推动下，成立了“国际知识产权保护论坛”，旨在通过政府和民间的联合努力，为国际知识产权保护提供充分的支持，加强对盗版的防治。

为防治在电影院盗录电影，导致电影产业遭受重大损失，日本国会于 2007 年通过了《有关防止盗摄电影的法律》。该法律主要适用于电影偷拍（影像录像、声音录音）以及非法复制等行为，旨在通过一系列的防盗版措施，对盗版电影等行为严厉打击，更好地保护电影知识产权，维护电影产业从业人员的合法权益，推动电影文化和电影产业健康发展。

3. 日本著作权法律体系的构成

日本著作权法经过100多年的发展和完善，内容丰富，形成了由法律、施行令、施行规则和文化厅告示等类型的规范性法律文件构成的多层次国内法体系。具体的规范性法律文件如表2-1所示：

表2-1 日本著作权法律体系

法律	《著作权法》（2012年6月20日修改） 《著作权管理事业法》（2008年5月2日修改） 《有关防止盗摄电影的法律》（2007年5月30日制定） 《有关程序作品登记特例的法律》（2009年6月19日修改） 《有关〈世界版权公约〉实施后著作权法的特例的法律》（2000年5月8日修改）
施行令	《著作权法施行令》（2009年12月28日修改） 《有关程序作品登记特例的法律施行令》（2009年9月11日修改） 《有关〈世界版权公约〉实施后著作权法的特例的法律施行令》（2005年5月18日修改）
施行规则	《著作权法施行规则》（2009年12月28日修改） 《有关程序作品登记特例的法律施行规则》（2008年12月1日修改）
告示	与著作权相关的《文化厅告示》（由文化厅不定期发布，迄今共发布18份）

三、观光立国战略及相关法律制度的完善

（一）"观光立国战略"的推出

1990年《海外旅游倍增计划》的顺利实施使日本出境旅游快速发展，造成日本国际旅游收支严重失衡的局面。为发展入境旅游，日本政府首先完善旅游发展建设，依法发展入境旅游：1992年颁布实施《节庆法》，1993年修订《国际观光饭店准备法》，1994年颁布实施《国际会议振兴法》，1997年颁布实施《振兴国际观光法》。

进入21世纪，日本政府继续加强入境旅游发展整备工作。为改变日本国际旅游业严重失衡的状态，2002年日本政府制定《全球观光战略》，明确提出旅游业是21世纪日本的一个支柱产业。2003年1月，日本首相小泉纯一郎在第156次施政演说中提出了到2010年实现入境旅游者人数增倍、入境旅游者数量达到1000万的战略目标。随后，在首相官邸召开了4次观光立国恳谈会，并于4月形成决议，即《观光立国恳谈会报告书》。该报告书在5月的内阁会议上被讨论并提出意见，修改后的报告就是《观

光立国行动计划》，于7月的内阁会议上被通过。该报告体现了日本观光立国战略的内容，该报告的通过标志着日本观光立国战略步入了正式实施阶段，并把2003年成为观光立国元年。

为实现观光立国战略目标，从2003年开始，日本政府还召开了《观光立国推进战略会议》，颁布《旅游业法》、《景观法》、《观光立国推进基本法》、《生态旅游推进法》、《观光圈整备法》，制定《观光立国行动计划》、《建设美丽国土大纲》以及《观光立国推进基本计划》等中长期计划，在内阁增设观光立国担当大臣职位，加强旅游专业人才培养，积极开展城市街道景观建设，不断加强与世界各国家地区之间的旅游合作，使得日本入境旅游得到快速发展。

本文尝试将日本政府实施观光立国战略所采取的政策措施综合归纳成图2–2。

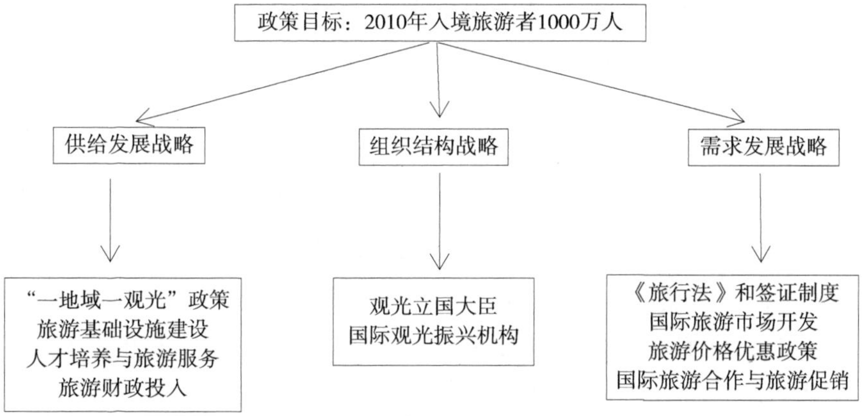

图2–2 观光立国战略的框架

（二）"观光立国战略"的相关法律制度

1. 颁布实施《观光立国推进基本法》

2006年12月13日，日本政府对《观光基本法》进行全面修改，以《观光立国推进基本法》的名称公告，于2007年1月1日正式实施。与《观光基本法》相比较，《观光立国推进基本法》条款由原来的17条增加到27条内容，明确规定政府、旅游企业、全体国民在实施观光立国时应当承担的责任，要求政府大力发展旅游高等教育，培养高素质人才，并且专门开辟观光立国推进基本计划章节内容，给今后日本旅游业指明发展方向。

2. 制定《观光立国推进基本计划》

2007 年 6 月，日本政府制定了为期 5 年的国家旅游发展战略规划，即《观光立国推进基本计划（2007—2011 年）》，该计划明确了未来 5 年的旅游发展目标以及具体政策措施等内容。《观光立国推进基本计划》在《观光立国推进基本法》中的第 10 条和第 11 条当中体现出来，保证了观光立国推进基本计划的一贯性、连续性和权威性，在避免因政权更迭造成该计划搁浅或者被其他计划替代方面发挥着制约作用。

2012 年 3 月 30 日，日本政府制定了《观光立国推进基本计划（2012—2016 年）》，提出了未来 5 年日本观光立国战略的 7 个核心战略目标和 9 个参考指标。其中，为提高旅游目的地接待服务质量，吸引更多的外国游客访问日本，与上一个旅游发展战略相比，《观光立国推进基本计划（2012—2016 年）》在观光立国战略基本目标体系中新增加了游客满意度指标（包括旅游目的地满意度指标和外国游客满意度指标）。此外，《观光立国推进基本计划（2012—2016 年）》中还增加了年轻游客比例指标、旅游产业就业人数指标等新内容。

3. 改组旅游行政管理机构

2007 年 3 月 1 日，为推进观光立国战略的发展，日本政府将全日本划分为 10 个旅游区域，每个旅游区域内设置旅游专员负责各旅游区域的旅游绩效考核，考核结果直接与日本中央政府下拨的旅游交付金金额挂钩。2008 年 4 月 25 日，日本参议院通过《国土交通省设置法改正案》，改正案明文规定自 2008 年 10 月 1 日开始设置日本旅游行政管理部门——观光厅。2013 年 3 月 26 日，日本首次召开了观光立国推进阁僚会议，会议决定日本政府将继续坚定不移地发展观光立国。2013 年 6 月 11 日，在第 2 次观光立国推进阁僚会议上，安倍晋三首相明确要求，为适应新时期的旅游发展形势，必须改革观光厅的组织机构。为此，2013 年 7 月 1 日，观光厅在机构内新设了入境旅游政策推进事务局。为了协助该局的工作，观光厅还新成立了观光战略课和国际观光课（课内设置日本品牌宣传室和外客促进室），专门负责实施国际旅游营销等工作。

4. 召开观光立国推进全国大会

2007 年 3 月 13 日，国土交通省在东京召开观光立国推进全国大会。

大会就如何推进观光立国战略集思广益进行广泛深入的研讨，最后以一致通过《观光立国大会宣言》闭幕。《观光立国大会宣言》号召日本政府、地方公共团体以及旅游事业者要正确认识到观光立国的重要性，充分发挥各自岗位的积极作用，将日本建设成为“人人都愿意来访问、人人都愿意居住的美丽国家”。

第三章　日本文化创意产业的市场规模与特征

第一节　日本文化创意产业的结构

本节从文化创意产业的空间结构、市场结构、产业结构着手，细分日本文化创意产业的地理分布；简单分析创意产业集中度、产业内各部门的差异化、外部产业的进入壁垒；剖析创意产业的内部构成及比例关系。

一、日本文化创意产业的空间结构

文化创意产业空间结构具有较强的路径依赖特征，城市是文化创意产业生存和发展的空间载体。总体来看，日本文化创意产业在空间结构上呈现出“聚散有序，多极并举”的演变趋势（见图3-1、表3-1）。首先，“聚散”是相对于不同等级的城市而言的，文化创意产业首先集聚于高等级城市的中心区，然后随着土地空间的限制、房屋租金、城市空间的拓展等因素，逐渐由中心区向郊区转移，如东京、大阪、名古屋等城市。其次，随着区域城市周边城市自身经济的快速发展和文化消费的旺盛需求，文化创意产业也将随着城市空间的规律性扩展而“有序”扩散。再次，在日本政府倡导的“文化立国”的政策引导下，各地纷纷将发展文化创意产业作为“调整产业结构，转变经济发展方式”的重要抓手，加之信息技术的成熟、资本和人才的流动，促进了日本文化创意产业的大发展，呈现出“多极并举”的局面。

此外，区域中心城市与周边城市及腹地经济之间有着紧密的联系和分工，这种地域分工是在历史和社会发展过程逐渐演化形成的。区域中心城市一般是区域的政治、经济和文化中心，在人才、资金、技术获取以及文化消费主体和空间等方面比一般城市更具有优势与发展潜力，在文化创意产业发展上更具有集聚优势。近年来，东京作为世界城市，其文化创意产业的集聚效应持续增强，其产业规模、层次进一步壮大和提升。日本的媒体、全国报社和大出版社大多集中在东京；东京有 6 个电视台通过网络向全国传送节目；游戏业界企业 67% 集中在东京；动画业界企业 82% 集中在东京，尤其练马区和杉并区等中央线沿线非常密集；[①] 日本最大的 5 家电影公司也都立足于东京。这些都形成了东京地区的产业集群现象。

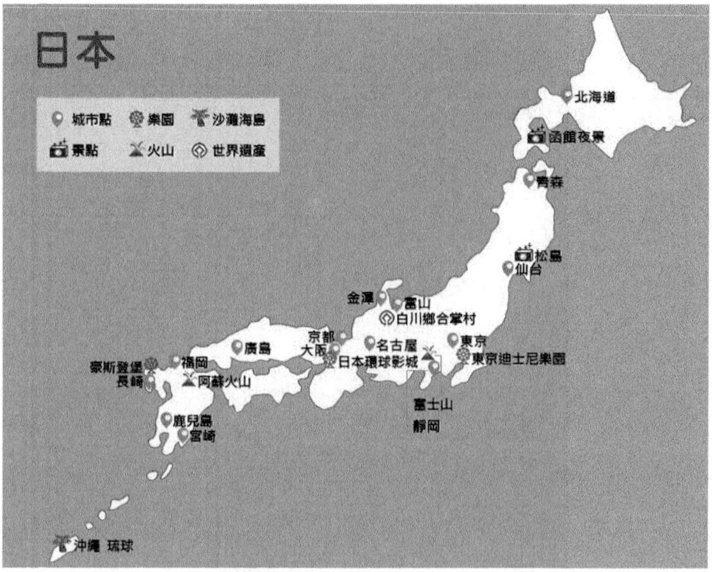

图 3–1　日本地形图

表 3–1　日本文化创意产业分布

地名	优势产业
北海道	旅游业
札幌	三宝路啤酒文化创意产业集聚区、雪祭
长野	出版中心，有最大的出版机构：纪伊国屋书店、丸善书店
富山	日本最大的电视台 NHK

① 中央线：日本的一条铁路路线，由东京千代田区东京站，经新宿站、盐尻站直至爱知县名古屋市中村区名古屋站。由东京站至塩尻站间由东日本旅客铁道（JR 东日本）、塩尻站至名古屋站间则由东海旅客铁道（JR 东海）管理。中央线除作为东京与名古屋周边地区的通勤路线外，亦为甲信地方一带的都市间担任输送乘客的大动脉。

续表

地名	优势产业
东京	作为文化中心，演艺、娱乐业、会展、广告业都很发达；新闻中心，有《读卖新闻》、《每日新闻》和《日本经济新闻》三家全国性刊物；日本最大的5家电影公司所在地，松竹株式会社、东宝株式会社、东映株式会社、角川映画株式会社、日活株式会社；以练马区、秋叶原为代表的动漫游戏中心；时装设计之都
横须贺	刺绣
横滨	旅游业
名古屋	世界“设计之都”
京都	旅游业
奈良	日本重要文化基地
大阪	《朝日新闻》、《产经新闻》；动漫游戏基地
长崎	以荷兰主题公园为代表的“舶来文化”

总体来说，日本在发展文化创意产业时，从本地区文化资源比较优势入手，选择符合本地实际和能够充分发挥本地区文化资源比较优势的路径与模式，把发展文化创意产业与地区产业结构调整相结合，形成具有自身特色的发展模式。东京、京都、名古屋等城市都各自提出了创意城市和创意产业发展计划。东京因其特殊地理、文化和经济位置，集聚和发展了大量以数字内容为主的创意产业企业。京都基于其深厚的文化底蕴、日本漫画的起源和东映的太秦电影村等为基础，提出了动漫、电影和文化旅游城市建设的“产学官”协作发展战略。名古屋则因日本中部地区所集聚的汽车企业及其配套的大量零部件厂商，而形成了以工业设计和数字化创意产业为主要内容的发展战略。创意产业的发展密切结合并带动城市的经济和创意城市的建设，同时每个城市都基于自身特色建设和发展创意产业和创意城市，形成城市的优势产业并以此为核心形成产业集聚和产业集群，是日本发展创意产业的一大特点。

二、日本文化创意产业的市场结构

市场结构指的是某一市场中各种要素之间的内在联系及其特征，包括市场供给者之间、需求者之间、供给和需求者之间以及市场上现有的供给者、需求者与正在进入该市场的供给者、需求者之间的关系。通俗地讲，分析产业的市场结构可从集中度、差异化、壁垒等方面入手。

日本的文化创意产业高度集中在东京，呈现出垄断和竞争并存、劳动密集与技术密集并存的市场结构；因创意产品注重自身的创新性和差异化，文化创意领域的多样性和细分化特征明显；日本政府对潜在进入企业和新企的政策扶持，一定程度上削弱了文化创意产业的进入壁垒。

日本文化创意产业由生产部门和流通部门组成。生产部门为多个个人和中小企业组成的劳动密集型与技术密集型企业，这是创意产业独有的特点。一般认为劳动密集型与技术密集型往往是对立的，不能体现在同一产业中。创意产品的生产基本是以创作人员个人的创造力为基础的单项生产，基本结构是生产商品的多数个人处于竞争状态，风险性较强。流通部门（尤其是数字网络的流通）是由少数大企业组成的资金密集型企业。日本文化创意产业的流通部门具有大企业垄断的倾向，如任天堂、索尼、SEGASAMMY、世嘉、KONAMI、CAPCOM、南宫梦万代、光荣等企业都是日本游戏界的大亨，其中任天堂、索尼连同美国的微软被称为世界三大游戏巨头；在漫画发行方面，小学馆、集英社、讲谈社被称为日本出版界的漫画三雄，基本垄断了日本所有的漫画发行；在电影电视方面，有松竹株式会社、东宝株式会社、东映株式会社、角川映画株式会社和日活株式会社5家垄断性企业；日本是世界上报纸发行量和个人订户最多的国家，有《读卖新闻》、《朝日新闻》、《每日新闻》、《日本经济新闻》、《产经新闻》5家全国性综合报纸。这些垄断性企业作为市场主要的供给者，很容易控制市场某一种产品的数量及其市场价格，从而可连续获得垄断利润。

关于艺术服务供给，鲍莫尔分析说，劳动投入本身是决定服务质量的关键产业，提高劳动生产性比较困难，意味着人工费成本占总经费的比重变大（Baumol，1967）。艺术文化服务的报酬专业性和技术性高，为了提供好服务，需要高额教育费用和较长时间。

日本小规模新兴企业促活了游戏和动画片市场，以高技术为主导的游戏和动画片业务类型成长起来。在日本游戏产业里，有45%的游戏企业资本规模不到1000万日元，平均每个公司的从业人员100人左右。日本动画片产业有437家制造商，约5000名创作人员和500名导演。漫画界约有4000名作家和28000名助手。日本动漫和游戏领域的多样性和细分化比较突出，与数字技术结合发挥着国际竞争力。

在电影和音乐等创意领域，先前的流通部门和生产部门设备工业的色彩较强，数字化使设备成本急剧降低。随着网络数字的发展，创作人员个人和制作商被卷入世界市场的激烈竞争，风险多由流通方承担。多数个体创作人员和少数大众媒体制片人参加的项目形成商业的基础，大众媒体的制片人指定创作人员的管理、资金筹措、流通、回收、分配，起到投资家和孵化器的功能。

日本的报纸和电视高度发达并普及。日本的主流报纸发行量都很大，世界上突破千万大关并一直保持到今天的报纸都在日本。世界报业协会2010年公布的排行榜前25名的报纸中，日本报纸不仅占了11种，且囊括了前五名。2010年下半年，五大全国性综合报纸早、晚刊发行量为：《读卖新闻》早刊1002.1万份、晚刊351.7万份；《朝日新闻》早刊790.3万份、晚刊308.5万份；《每日新闻》早刊约350.9万份、晚刊110.8万份；《日本经济新闻》早刊301.5万份、晚刊160.5万份；《产业新闻》早刊161.5万份、晚刊53.6万份。另外，日本还有《中日［东京］新闻》、《北海道新闻》、《西日本新闻》三家区域性报纸以及很多地方报纸。日本报纸户别分发率94%，其中《读卖新闻》、《朝日新闻》和《每日新闻》的送报上门率达到99%以上，这成为日本报纸流通结构的突出特征。日本电视系列创意成为日本声像创意的中心，社会影响力、渗透程度均大于其他创意业。2000年，关于下一代广播创意的振兴调查研究会报告显示，日本电视节目占声像制作量的97%，堪比电视的社会渗透程度很高的英国。日本电视的高渗透率取决于日本社会的均衡性和易于接受信息的文化土壤。

三、日本文化创意产业的产业结构

产业结构是指各产业的构成及各产业之间的联系和比例关系。在经济发展过程中，由于分工越来越细，因而产生了越来越多的生产部门。这些不同的生产部门受到各种因素的影响和制约，会在增长速度、就业人数、经济总量中的比重、对经济增长的推动作用等方面表现出很大的差异。因此，在一个经济实体当中（一般以国家和地区为单位），在每个具体的经济发展阶段、发展时点上，组成国民经济的产业部门是大不一样的。各产业部门的构成及相互之间的联系、比例关系不尽相同，对经济增长的贡献大小也不同。因此，把包括产业的构成、各产业之间的相互关系在内的结构特征概括为产业结构。

（一）日本文化创意产业分类

在日本，文化创意产业统称为“娱乐观光业”或“感性产业”。具体来讲，包括内容产业、休闲产业和时尚产业三大类别，基本上涵盖了所有与文化有关的产业，具体分类见表 3–2。

表 3–2　日本文化创意产业分类

产业	内容制造产业	休闲产业	时尚产业
分类	1. 个人电脑、工作站、网络电视 2. 电视 3. 多媒体系统构建 4. 数码影像处理 5. 数码影像数字发送 6. 录像软件 7. 音乐录制 8. 书籍杂志 9. 新闻 10. 汽车导航	1. 学习休闲 2. 鉴赏休闲 3. 运动设施、学校、补习班 4. 体育比赛 5. 国内旅游 6. 电子游戏 7. 音乐伴唱	1. 时尚设计 2. 化妆品
	10 项	7 项	2 项
共 19 项			

内容产业并非是一种全新的产业形态，而是传统娱乐观光业在新时代、新科技下的新发展。“内容产业是指电脑、网络电视、多媒体系统构建、数字影像处理、数字影像讯号发送、录像软件、音乐录制、书籍杂志、新闻等产业门类。这里的‘内容’一词是指以各种媒体为载体、以创意为基础形成的信息或信息内容，可以给人的精神带来享受的信息，是可以进行经济经营的‘财产’。”之所以称之为“内容产业”，就是因为要强调该产业产品中的文化内容属性。“内容产业的凸显也反映了文化产业（包括新闻出版、广播影视、音像制品）与信息和通讯产业（包括信息技术、通信技术、电讯技术）的产业融合。”

表 3–3 内容制造业发展分析

	分类	当前环境	未来发展
内容制造业	1. 个人电脑、工作站、网络电视	· 电脑与网络普及、需求持续增加	· 需求依使用者和功能的不同而增加
	2. 电视 3. 多媒体系统构建 4. 数码影像处理 5. 数码影像数字发送	· 数位化 · 多频道化、媒体数量增加，内容商务发展亦随之增加 · 资料通信传输整合 · 网络资讯服务增加 · 资讯家电开始发展	· 电视及电影所需内容提供的商务 · 内容多次取用商务 · 通讯贩卖
	6. 录像软件 7. 音乐录制 8. 书籍杂志 9. 新闻	· 网络普及、媒体多元化 · 媒体数位化 · 电子商务普及	· 网络及有线电视可提供更多样服务 · 数位化影音资讯提供 · 各种影音可透过资料传达
	10. 汽车导航	· ITS（智慧型运输系统普及） · ITS 相关技术发展带动汽车导航技术提升	· 卫星资讯服务系统（影音、新闻及城市资讯提供） · 交通运输效率化、行车安全服务
预计年复合成长率		1998 年市场规模	预计 2025 年规模
2% ~4%		10 兆日元	17 兆 ~ 33 兆日元

休闲产业是指学习休闲、鉴赏休闲、运动设施和体育比赛销售、国内旅游、音乐伴唱等多种产业。

表 3–4 休闲产业发展分析

	分类	当前环境	未来发展
休闲产业	1. 学习休闲 2. 鉴赏休闲 3. 运动设施、学校、补习班	· 生涯学习活动 · 社团活动增加 · 个人可支配休闲时间增加 · 密集性的地方体育运动增加 · 对个人健康的关注提高	· 高龄者为主的各种学习讲座、运动讲座 · 维持并增进健康、美容的休闲运动市场
	4. 体育比赛	· 国际大型运动比赛及地方体育竞赛增加 · 大型运动竞赛场地增加	· 跨越地域、充满活力的运动事业
	5. 国内旅游	· 新形态游乐园区及主题乐园增加	· 调养、美容、美食等个别需求市场的休闲产业
	6. 电子游戏	· 高性能机种上市 · 网络联结整合、线上游戏普及	· 年龄层提高的游戏及软件市场 · 搭配无限上网的电子游戏软、硬件
	7. 音乐伴唱	· 通讯传输伴唱系统普及 · 通讯传输速度增加、成本降低	· 利用通讯系统搭配资讯服务 · 家用伴唱系统
预计年复合成长率		1998 年市场规模	预计 2025 年规模
2% ~3%		9 兆日元	14 兆 ~ 20 兆日元

时尚产业则专指与时尚设计和化妆品等有关的产业。

表 3–5　时尚产业发展分析

	分类	当前环境	未来发展
时尚产业	1. 时尚设计 2. 化妆品	· 流行及生活形态个性化、多元化 · 潮流及时代变化快速 · 制造业贩卖合作、跨国合作 · 由日本进军海外的流行风及品牌激增	· 消费者导向商品及个性化商品 · 符合消费者特定需求的零售市场
预计年复合成长率		1998 年市场规模	预计 2025 年规模
2%		11 兆日元	18 兆 ~ 20 兆日元

（二）内容产业的比例构成

日本文化创意产业以内容产业为主。《数字内容白皮书 2014》显示，2013 年日本国内内容产业市场规模达到了 119094 亿日元，在内容产业创意各领域比例中，包括书籍销售、杂志收入、报社销售额以及成套软件销售额和网络传送销售额等在内的图书、报纸、图像、教材市场规模为 46208 亿日元，占比 38.8%；包括声像软件销售、电影发行收入、电脑播放及相关服务收入等在内的声像部分市场规模为 4 4779 亿日元，占比 37.6%；音乐、音响（收音机广播）部分市场规模为 13288 亿日元，占比 11.1%；游戏部分市场规模为 14819 亿日元，占比 12.4%（详见图 3–2）。

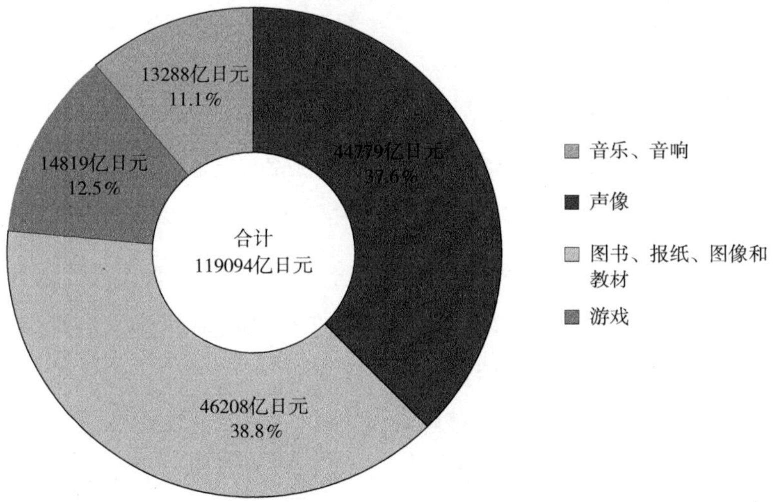

图 3–2　2013 年日本国内内容产业创意各领域市场规模

注：数据来源于日本财团法人数字内容协会编写的《デジタルコンテンツ白書》2014。

从产业结构看，内容产业的流通媒介主要包括固定场所服务流通、软件包流通、广播电视播放流通和网络流通等。《数字内容白皮书 2014》显示，在内容产业各流通媒介占比方面，2013 年以软件包的出版、发行、销售进行的软件包流通方式创造的市场产值为 48628 亿日元，占比 40.8%；通过电视的无线台、卫星、CATV 和收音机等进行的广播电视流通创造的市场产值为 36641 亿日元，占比 30.8%；通过电影院、KTV 歌厅、电子游戏厅等固定场所的服务进行的流通创造的市场价值为 14849 亿日元，占比 12.5%；通过网络、手机等进行的流通创造的市场价值为 18976 亿日元，占比 15.9%（详见图 3–3）。

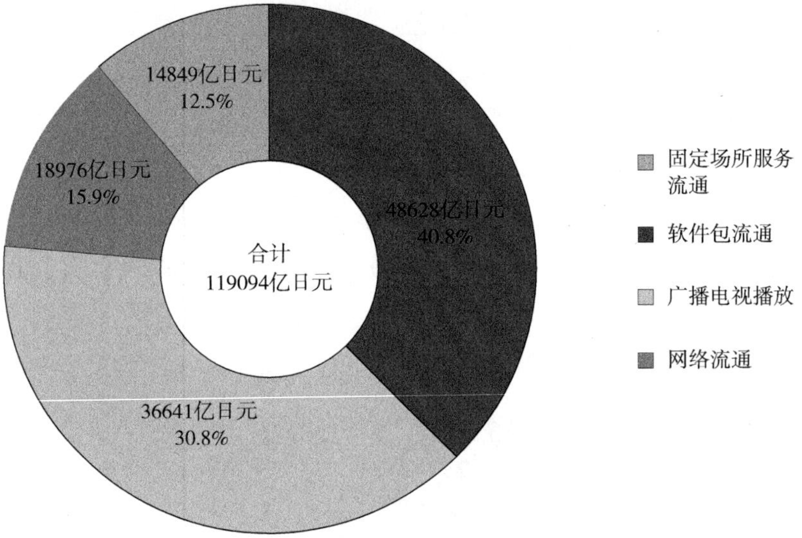

图 3–3　2013 年日本国内内容产业各流通媒介占比

注：数据来源于日本财团法人数字内容协会编写的《デジタルコンテンツ白書》2014。

进入新世纪以来，高科技飞速发展，网络宽带不断普及，数码电视开播，新媒体频频亮相，为内容产业创造了巨大的展示和发展平台。科技进步使得数字技术得到广泛应用，特别是以数字形式记录的影视、音乐、游戏以及文字等内容占领了数字媒体的各个平台，由文图内容向数字内容的转化、由单元化向多元化的流通，不仅丰富了市场，满足了消费者的需求，更带动了数字内容产业的繁荣与发展。2013 年日本数字内容产业市场规模达到 76589 亿日元，占内容产业总体的 64.3%。在数字内容产业的各领域中，声像领域数字内容产业创造的市场产值为 43348 亿日元，占数字内容产业总产值的 56.6%，数字化程度达到 97.7%；游戏领域数字内容产业创造的市场价值为 14819 亿日元，占数字内容产业总产值的 19.3%，数字化程度最高，达到 100%；在音乐、音响领域，数字内容产业创造的市场产值为 9393 亿日元，占数字内容产业总产值的 12.3%，数字化程度达到 71.0%；图书、报纸、杂志和教材等传统流通方式占内容产业的比例最大，数字化程度却最低，仅为 19.5%，这是因为很多文图内容是以方便的纸载体形式流通的，这些大众习惯的媒体形式实现高度的数字化相对要困难一些（详见图 3–4）。

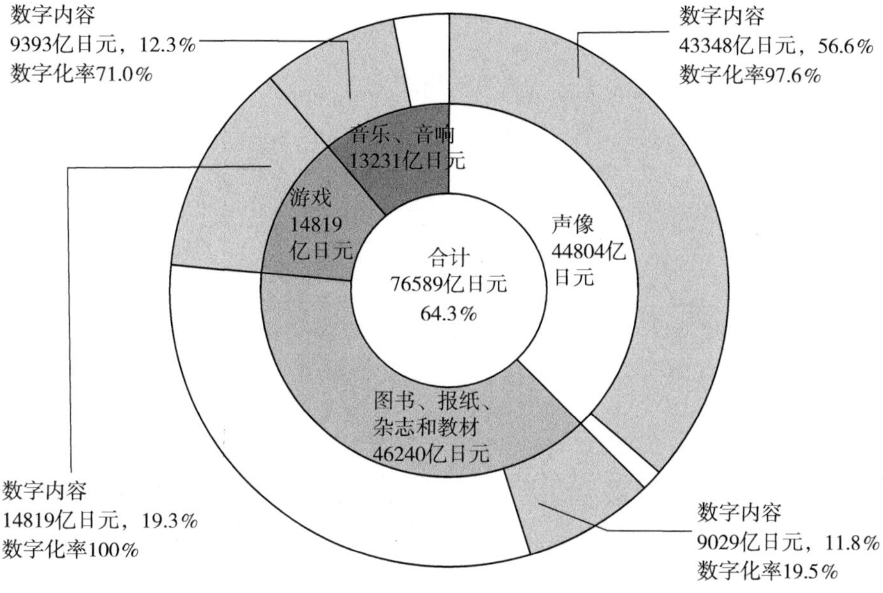

图 3–4　2013 年日本国内数字内容产业各领域占比

注：数据来源于日本财团法人数字内容协会编写的《デジタルコンテンツ白書》2014。

在日本数字内容产业的流通方面，以 2013 年日本国内数字内容产业为例，通过广播电视播放创造的数字创意产值为 35274 亿日元，占数字内容产业总产值的 46.1%，数字化程度为 96.3%；通过网络流通创造的数字创意产值为 18976 亿日元，占数字内容产业总产值的 24.8%，数字化程度为 100%；通过软件包流通创造的数字创意产值为 11417 亿日元，占数字内容产业总产值的 14.9%，数字化程度为 23.5%；通过固定场所服务流通创造的数字创意产值为 1922 亿日元，占数字内容产业总产值的 14.3%，数字化程度为 73.6%（详见图 3–5）。

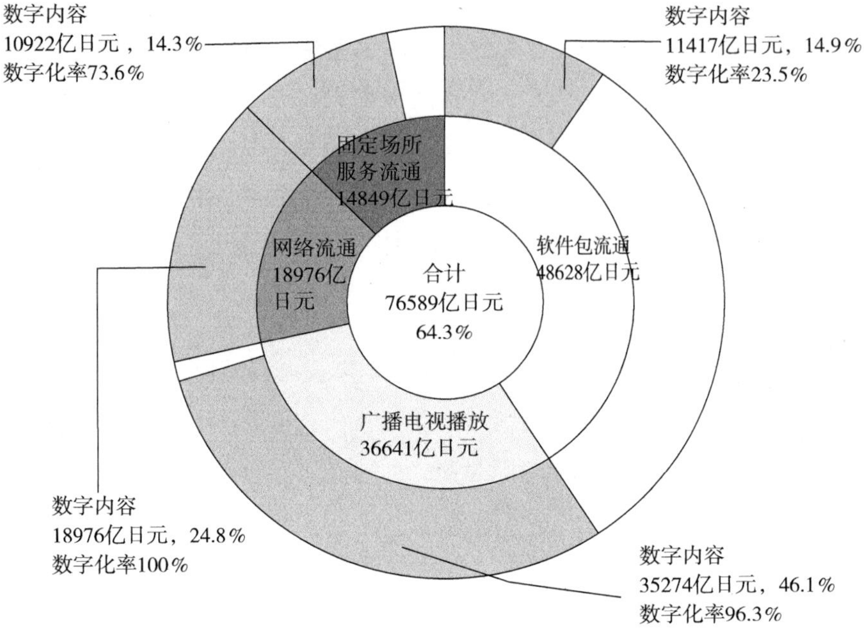

图 3–5　2013 年日本国内数字内容产业流通媒介占比

注：数据来源于日本财团法人数字内容协会编写的《デジタルコンテンツ白書》2014。

第二节　日本文化创意产业的市场分析与特征

近年来，日本政府不断调整国策，加强立法，大力支持和发展文化创意产业，保护和开发创意产业产品，以视频、游戏、音乐等为主体的内容产业，以电视、手机、网络为载体的数字内容产业迅速发展，不仅国内外市场占有额不断扩大，同时带动了日本国内相关联的产业共同发展。

一、内容产业整体的市场分析与特征

长期以来，日本在视频、动漫、游戏等内容产业方面拥有广泛、巨大的国内市场，也有众多的具有国际影响力的编剧和制作人才，在制作技术

和衍生产品开发、推广上也有独特的优势，这些都促成了日本以内容产业为核心的创意产业的发展。

根据日本经济产业省商务情报政策局的数据显示，日本文化创意产业在2006年达到一个顶峰时期，当年市场规模达到13.989万亿日元。之后，日本文化创意产业规模有小幅减少，2007年为13.818万亿日元，2008年为13.828万亿日元（见图3–2），其规模也仅次于美国，列居世界第二位。当然，日本文化创意产业的发展离不开政府的积极推动和倾力支持。日本早在1995年就确立了“21世纪的文化立国方略”，在2003年制定了观光立国战略，把发展文化创意产业放在了国家的战略高度给予重视；政府通过提供各种信息、制定相关扶持政策来引导和帮助文化企业的发展，扮演一个领航者、银行家和保护人的角色，给文化创意产业的快速发展提供保障。

然而，2008年之后日本的文化创意产业出现明显下滑趋势，这是因为日本国内的文化创意市场已经接近于饱和，再加上日本社会的少子高龄化，任何企业若是想通过扩大内需来增加市场份额，在国内激烈的市场竞争中可以说是难上加难。2011年3月11日，“东日本大地震”和与之伴生的核事故对日本的有形设施、电视、网络、食品安全及旅游等造成极大的影响，也造成了日本文化创意产业产值的下降。

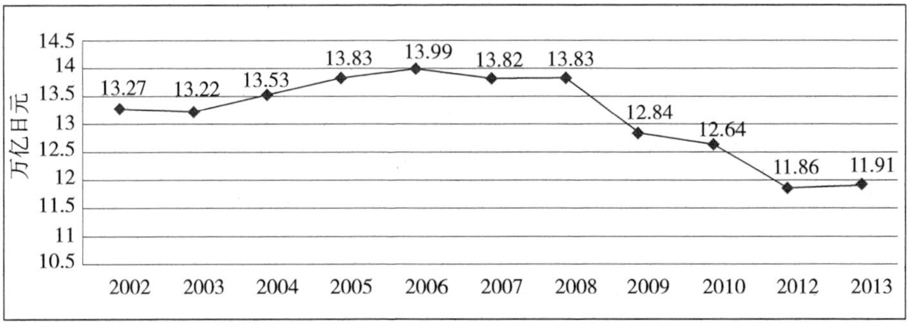

图3–6　日本国内内容产业市场规模变化趋势

注：①数据来源日本财团法人数字内容协会编写的《デジタルコンテンツ白書》2006、2007、2008、2009、2010、2014；其中2012年的数据根据相关资料推算得出。

②表格中的数据按照四舍五入的原则记录。

在国际市场竞争愈发激烈、能源供给日趋紧张、日本国内人口减少、内需降低等多重压力下，产业结构和人们的生活方式向节能环保、高附加值方向调整已成为必然的趋势。以此为契机，“酷日本”战略应运而生，着眼于向海外推介日本的优秀文化，这其中既囊括了茶道文化、相扑文化等传统日本文化，也涵盖了流行音乐、动漫、电视电影等现代流行文化。在“酷日本”战略推动下，2013 年日本内容产业市场规模较 2012 年提高约 0.4%，文化创意产业整体市场有所回暖。

由表 3–6 可知，在内容产业创意各领域中，包括书籍销售、杂志收入、报社销售额以及成套软件销售额和网络传送销售额等在内的图书、报纸、图像、教材占比最大；包括声像软件销售、电影发行收入、电脑播放及相关服务收入等在内的声像部分次之；再次为音乐、音响（收音机广播）部分；游戏占比最小。这些比例和其顺序在过去几年中几乎未发生变化。

在历年变化方面，声像和图书、报纸、图像和教材两领域的市场产值和比例处于相对稳定的状态；音乐、音响部分的市场占比略微下降，游戏部分的市场占比有所上升。

表 3–6　内容产业各领域市场产值及比例的历年变化

单位：亿日元

年份	2003		2004		2005		2006		2007	
	亿日元	构成比（%）	亿日元	构成比（%）	亿日元	构成比（%）	亿日元	构成 比（%）	亿日元	构成比（%）
声像	46511	35.2	48091	35.6	48725	35.2	48074	34.4	48462	35.1
音乐、音响	19076	14.4	18862	13.9	19088	13.8	18996	13.6	18659	13.5
游戏	10474	7.9	11042	8.2	11776	8.5	12959	9.3	12994	9.4
图书、报纸、图像和教材	56128	42.5	57260	42.3	58731	42.5	59861	42.8	58065	42.0
合计	132188	100	135254	100	138320	100	139890	100	138180	100
比上一年的增长率（单位：%）	/	/	2.3	/	2.3	/	1.1	/	▲ 1.2	

注：①数据来源于日本财团法人数字内容协会编写的《デジタルコンテンツ白書》2006、2007、2008 各册中公布的数据。

②本文“▲”表示负增长。

③本文各表格中数字均按照四舍五入的原则记录，因此单项之和与总数会有不大于 1 的误差。

文化创意产业的文化性与流通性依存，在内容产业各流通媒介比例方面，以软件包的出版、发行、销售进行的文图音像流通比例最大；通过电视的无线台、卫星、CATV 和收音机等进行的广播电视流通占比次之；通过电影院、KTV 歌厅、电子游戏厅等固定场所的服务进行的流通比例排第三；通过网络、手机等进行的流通创造的市场价值比例最小。在历年变化方面，从 2003 年到 2007 年底，以光盘、录音带、录像带为核心的文图音像流通降低了约 5 个百分点；而凭借网络和手机流通的内容产业均翻了一番，尽管数值不大，但是成倍地增长却是不能小视的现象。

表 3-7 各流通媒体比例的历年变化

单位：亿日元

年份	2003		2004		2005		2006		2007	
	亿日元	构成比（%）	亿日元	构成比（%）	亿日元	构成比（%）	亿日元	构成 比（%）	亿日元	构成 比（%）
文图音像流通	70547	53.4	70599	54.9	70140	50.7	69415	49.6	67208	48.6
广播电视流通	38153	28.9	39638	29.3	40152	29	40158	28.7	40395	29.2
场所服务流通	17590	13.3.	17431	12.9	17666	12.8	17678	12.6	17714	12.8
网络流通	3041	2.3	4189	3.1	6106	4.4	7857	5.6	6976	5.0
手机流通	2858	2.2	3397	2.5	4257	3.1	4782	3.4	5887	4.4
合计	132188	100.0	135254	100.0	138320	100.0	139890	100.0	138180	100.0
比上一年的增长率（单位：%）	/	/	2.3	/	2.3	/	1.1	/	▲ 1.2	/

注：①数据来源于日本财团法人数字内容协会编写的《デジタルコンテンツ白書》2006、2007、2008；姜毅然，张婉如，王海澜. 以市场为导向的日本文化创意产业［M］. 北京：人民出版社，2009.10：8。

②本文“▲”表示负增长。

③本文各表格中数字均按照四舍五入的原则记录，因此单项之和与总数会有不大于 1 的误差。

此外，以往文图音像流通方式占比过半数，而 2006 年则未达到半数，这是特征之一。网络流通和手机流通占比虽少，但处于上升趋势，创意的流通媒介正在由传统流通方式向网络、手机等现代方式转变。日本文化创意产业中增长最快的是全部通过网络、手机等新媒体进行流通的创意。与之相伴的是网络广告、移动广告等的高速增长，同时，为使用者提供免费创意、用广告收入确保收益的经济模式正在广泛运行。

二、数字内容产业市场分析与特征

在内容流通多样化之前，报纸、书刊、广播、电视、游戏等载体内容完全是不同类型、不同形式之物，它们只与其载体互融，不可分割，而相互间基本是互不通用的。但电影是个例外，它在影院放映，在电视播放，在广播里播放，用录像带、DVD 等媒体形式被二次、三次的重复利用。随着宽带网、手机、各种便携袖珍笔记本等多样化、数字化的新媒体登场，原本依靠单一载体的内容已经被通用，不仅可以在各种媒介上流通，也可以被二次、三次的重复利用。数字媒体的出现改变了内容产业的结构，增生并推动了数字内容产业。

2001 ~ 2003 年日本数字内容产业发展缓慢；2004 年之后日本数字内容产业增长加快，其中 2007 年的数字内容产业市场总值为 30663 亿日元，同比增长率为 10.8%。相比之下，数字内容产业的增长速度大于内容产业。而且，随着科技的进步，内容产业不断向数字化倾斜，导致产业结构不断改变，内容产业和数字内容产业的比例不断发生变化。2001 年数字内容产业与内容产业的比值为 14.9%，2002 年为 15.2%，2003 年为 15.9%，2004 年为 16.9%，2005 年为 18.5%，2006 年为 19.8%，2007 年为 22.2%（详见表 3–8）。

表 3–8　数字内容产业各领域市场产值的历年变化

单位：亿日元

年份	2001	2002	2003	2004	2005	2006	2007
声像	2863	3566	4483	5435	6948	7112	8150
音乐、音响	8082	7710	7394	7628	7864	7828	8027
游戏	4352	4291	4097	4550	4951	6134	6888
图书、报纸、图像和教材	4457	4581	5056	5252	5820	6626	7598
合计	19754	20148	21029	22865	25583	27669	30663
增长率（%）		02/01	03/02	04/03	05/04	06/05	07/06
	/	2	4.4	8.7	11.9	8.2	10.8

续表

年份	2001	2002	2003	2004	2005	2006	2007
数字内容产业与内容产业的比值（%）	14.9	15.2	15.9	16.9	18.5	19.8	22.2

注：①数据来源日本财团法人数字内容协会编写的《デジタルコンテンツ白書》2006、2007、2008；Contents Global Strategy Final Report.

②表格中的数据按照四舍五入的原则记录。

从整体上看，近几年的数字内容市场是增长的，只是增长幅度不稳定。对表 3–8 中的数据进行比例及趋势分析可知，以声像为主的数字内容产业态势最强（见图 3–7），增长速度明显；以音乐、音响为主的数字内容产业一直在下滑；游戏和文图类（图书、报纸、图像和教材）比例变化不大，市场总值在总体上处于上升趋势。从媒介上看，凭借网络和手机流通的数字内容呈增长态势，反之则是下滑或不稳定态势（见表 3–9）。

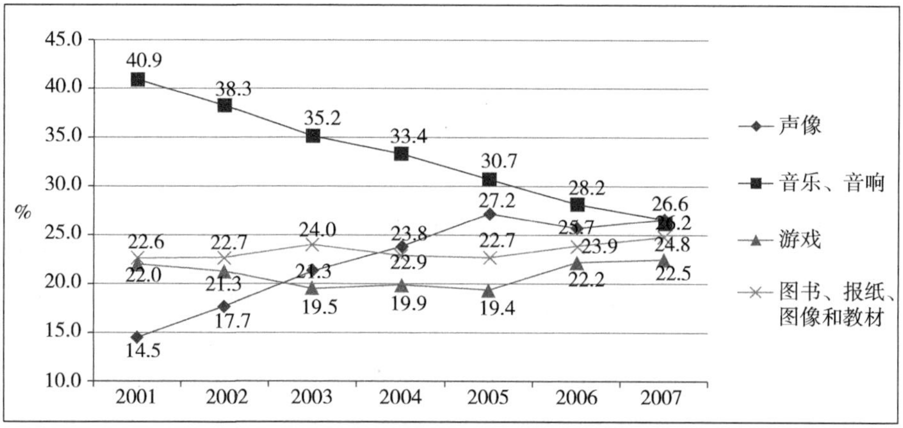

图 3–7　数字内容产业各领域比例的历年变化

细看表 3–9 可以发现，在声像领域数字创意方面，受到国外电影不景气的影响，DVD 的销售自 2005 年起逐渐减少，但 DVD 租赁却呈现稳定增长。2006 年声像软件的普及进入了成熟、稳定期，以 DVD 为中心的市场结构正在趋于稳固。此外，在高速、大容量通信服务、通信利用定额制服务渗透的背景下，网络声像传送和手机声像传送正在坚挺地发展。

在音乐领域数字创意方面，音乐 CD 连年下滑，但针对个人电脑的音乐传送持续扩大。根据日本唱片协会公布的数据，2006 年的收费音乐传送销售实绩超过 CD 单体生产金额，并且音乐视听通过针对个人电脑和手机等的音乐传送进一步向市场渗透。在音乐传送服务方面，价格降低、乐曲种类数目更加充实，手机的定额制固定下来，手机播放器出现大容量化和低价趋势，可以预测日后音乐传送市场必将大有发展。

表 3–9　数字内容产业主要项目的市场产值及增值率

单位：亿日元

划分	品目		2003	2004	2005	2006	2007	04/03	05/04	06/05	07/06
								增长率（%）			
声像	软件包		4062	4948	6067	6042	6769	21.8	22.6	▲ 0.4	12.0
		DVD 销售	3266	3813	3915	3184	3192	16.8	2.7	▲ 18.7	0.3
		DVD 租赁	796	1135	2152	2858	3576	42.6	89.5	32.8	25.1
	网络传送		147	173	292	338	406	17.7	69.0	15.7	20.0
	手机传送		274	314	589	731	975	14.6	87.4	24.3	33.3
	小计		4483	5435	6948	7112	8150	21.2	27.8	2.4	14.6
音乐	软件包		6233	6210	6021	5896	5792	▲ 0.4	▲ 3.0	▲ 2.1	▲ 1.8
		CD 租赁	5019	4954	4787	4615	4488	▲ 1.3	▲ 3.4	▲ 3.6	▲ 2.8
		DVD 销售	624	655	633	660	674	5.1	▲ 3.4	4.3	2.0
		DVD 租赁	590	600	600	620	630	1.7	0.0	3.3	1.7
	网络传送		32	50	233	330	428	56.3	366.8	41.5	29.7
		音乐传送	17	36	218	310	406	111.8	506.6	42.1	30.9
		MIDI · DTM 数据传送	15	14	15	20	22	▲ 6.7	7.1	33.3	11.3
	手机传送		1129	1368	1610	1602	1807	21.2	17.7	▲ 0.5	12.8
	小计		7394	7628	7864	7828	8027	3.2	3.1	▲ 0.5	2.5
游戏	软件包		3698	3771	3766	4648	5081	2.0	▲ 0.1	23.4	9.3
		游戏机专用软件	3091	3160	3141	4133	4591	2.2	▲ 0.6	31.6	11.1
		电脑游戏软件	607	611	624	515	490	0.7	2.2	▲ 17.5	▲ 4.9
	在线游戏		129	367	596	737	885	184.5	62.5	23.6	20.0
	手机游戏		270	412	589	748	922	52.6	43.0	27.0	23.3
	小计		4097	4550	4951	6134	6888	11.1	8.8	23.9	12.3

续表

划分	品目		2003	2004	2005	2006	2007	04/03	05/04	06/05	07/06
								增长率（%）			
图书、图像、教材	软件包		2321	2164	2175	2104	2005	▲ 6.8	0.6	▲ 3.3	▲ 4.7
		数据集	93	74	77	69	63	▲ 20.5	5.0	▲ 11.0	▲ 8.9
		教育、学习	73	72	75	74	74	▲ 1.8	5.0	▲ 1.7	0.5
		家庭、兴趣	61	54	57	55	53	▲ 12.1	5.0	▲ 2.4	▲ 3.1
		电子字典	462	550	600	640	650	19.0	9.1	6.7	1.6
		其他	1632	1414	1366	1266	1165	▲ 13.4	▲ 3.4	▲ 7.3	
	网络传送		1650	1965	2464	3211	3991	19.1	25.4	30.3	24.3
		数据库服务	1485	1784	2233	2924	3666	20.1	25.2	30.9	25.4
		电子书籍	18	33	48	81	94	88.6	45.5	69.7	15.2
		其他	147	148	183	206	231	0.7	23.3	12.7	12.2
	手机传送		1085	1123	1181	1311	1602	3.6	5.2	11	22.2
		待机画面	350	300	230	/	/	▲ 14.3	▲ 23.3	/	/
		电子图书	1	3	16	69	117	500.0	433.3	331.3	69.7
		其他	734	820	935	1242	1485	11.7	14.0	32.8	19.5
	小计		5056	5252	5820	6626	7598	3.9	10.8	13.8	14.7
数字内容产业合计			21029	22865	25583	27699	30663	8.7	11.9	8.2	10.8

注：①数据来源于日本财团法人数字内容协会编写的《デジタルコンテンツ白書》2006、2007、2008；姜毅然，张婉如，王海澜．以市场为导向的日本文化创意产业［M］．北京：人民出版社，2009.10：11-13；于素秋．日本内容产业的市场结构变化与波动［J］．现代日本经济，2009，（3）：30。

②本文“▲”表示负增长。

③本文各表格中数字均按照四舍五入的原则记录，因此单项之和与总数会有不大于1的误差。

在游戏领域数字创意方面，2006年游戏专用软件迎来了新局面，发展势如破竹；电脑游戏软件自2006年开始下滑，呈现负增长。广泛受各种人群接受的任天堂掌机所使用的软件引领了市场，使用者人数稳定增长，在线游戏、手机游戏呈现稳定的增长率。这在很大程度上取决于高速、大容量通信服务、通信利用定额制服务的普及。《数字内容白皮书2014》显示，2013年日本内容产业市场规模达到了11.9兆日元，同比增长0.4%。其中游戏市场规模为1.48兆日元，占比12.4%。在细项分类中，在线游戏运营分属内容类中的游戏、媒介类中的网络，在线游戏运营增长率达到了

73.6%，是所有细项分类中增速第三高的类别。游戏中社交类游戏的增长更是排名第一，增长率达到了 59.2%，游戏收入的增长也达到了 51.3%。在游戏内容持续增长的同时，更多优质游戏也从线下转移至线上。

在图书、图像、教材领域的数字创意方面，增长迅速的依然是针对个人电脑和手机的电子书籍。2010 年，电子书在日本图书市场刮起了风潮，被称为日本的电子书"元年"。2009 年 5 月，iPad 在日本发售，这是电子书发展历程中的标志性事件；12 月 10 日，夏普和索尼同时推出电子书终端 Galapagos 和 Reader，向 iPad 发起了攻势。Galapagos 是多功能型终端，既是电子书，还能接收音乐配信，定时接收报纸和杂志的内容。Reader 虽只有阅读单一功能，但是由于是黑白画面，眼睛不容易疲劳，而且耗电少。与电子书配套的叫作"朗读少女"的软件紧接着问世，优美的女声为你朗读电子书上的作品……可以阅读的机器遽然增多，传统的纸上阅读方式正在被颠覆，从放在手心的轻薄的机器上我们就可以悠然读万卷书。可以预计，电子书籍将成为图书、图像、教材领域数字创意的领头羊。

三、数字内容产业相关的市场分析与特征

数字内容产业的产品通过媒介作为载体才能流通，上面提到的软件包、手机、网络等都是主要的媒介形式。除了手机之外，其他的媒介还需要一个载体，那就是机器。也就是说，数字内容还需要有终端机才能服务于用户，实现其价值。数字内容需要有两个市场：服务市场和产品市场。服务市场主要有网络（如固定电话、手机的网络部分）、网络附加价值（如广告、电子商务决算）、固定场所（如影院、网吧、游戏厅、卡拉OK）等相关服务。产品市场主要是指为数字内容产品的使用提供基础设备，也就是终端机的市场，诸如无线数字电视（包括机顶盒）、数字录放机、DVD 机等视频类终端机，CD、MD、MP4、iPot 等音乐类终端机，游戏机、手机、PC 机等用于游戏、上网的终端机。

实现内容数字化，必然带动与其相关产业的发展。在个人计算机终端方面，随着大规模集成电路的成功制作并用于计算机硬件生产过程，计算机的体积进一步缩小，性能进一步提高。集成更高的大容量半导体存储器作为内存储器，发展了并行技术和多机系统，出现了精简指令集计算机

（RISC），软件系统工程化、理论化，程序设计自动化。微型计算机在社会上的应用范围进一步扩大，几乎所有领域都能看到计算机的身影，计算机的硬件和软件引入稳步发展阶段。在游戏机产品终端，由于高性能、多功能的新一代游戏机集中上市，游戏机在 2006 年的销售额急剧扩大，达 2665 亿日元，比上年增加 46.1%（见表 3–10）。尤其是任天堂株式会社生产的 DS Life 和 Wii 等都得到迅速普及。2013 年索尼共售出 1870 万台游戏设备，首次在游戏设备的销量上超越任天堂，索尼 PS4 的成功也是该公司超过任天堂的重要因素之一。

表 3–10　数字创意相关市场规模（生产市场）

单位：亿日元

划分	品目	2003	2004	2005	2006	2007	04/03	05/04	06/05	07/06
							增长率（单位：%）			
通用机器、PC 机	硬件	16120	17336	16075	16105	16163	7.5	▲ 7.3	0.2	0.4
	软件	7287	7947	8344	8967	9700	9.1	5.0	7.5	8.2
	小计	23407	25283	24419	25072	25863	8.0	▲ 3.4	2.7	3.2
游戏机系列	固定型游戏机	818	568	477	898	1541	▲ 30.5	▲ 16.1	88.3	71.5
	携带型游戏机	380	633	1347	1767	1750	66.5	112.9	31.2	▲ 1.0
	小计	1200	1201	1824	2665	3291	0.1	51.8	46.1	23.5

注：①数据来源于日本财团法人数字内容协会编写的《デジタルコンテンツ白書》2006、2007、2008；姜毅然，张婉如，王海澜. 以市场为导向的日本文化创意产业［M］. 北京：人民出版社，2009.10：17–24；于素秋. 日本内容产业的市场结构变化与波动［J］. 现代日本经济，2009，（3）：31。

②本文“▲”表示负增长。

③本文各表格中数字均按照四舍五入的原则记录，因此单项之和与总数会有不大于 1 的误差。

由表 3–11 可知，在 2004 年至 2007 年间，2G 手机销售量急剧下降，3G 手机成为新宠。所谓 3G 手机，通俗地说就是指第三代（The Third Generation）手机。1995 年问世的第一代数字手机只能进行语音通话；而 1996 年到 1997 年出现的第二代数字手机便增加了接收数据的功能，如接收电子邮件或网页；第三代与前两代的主要区别是在传输声音和数据的速度上的提升，它能够处理图像、音乐、视频流等多种媒体形式，提供包括网页浏览、电话会议、电子商务等多种信息服务。

表 3-11　数字创意相关市场规模（生产市场）

单位：千台

划分	品目		2003	2004	2005	2006	2007	04/03	05/04	06/05	07/06
								增长率（%）			
通用机器、手机		2G	/	15685	12210	4226	2376	/	▲ 22.2	▲ 65.4	▲ 89.6
		3G	/	16380	32521	43545	50925	/	98.5	33.9	16.9
		小计	50783	32065	44731	47771	53302	▲ 36.9	39.5	6.8	11.6
声像系列	数字摄像机、DVD 机		5204	7240	7132	6185	5847	39.1	▲ 1.5	▲ 13.3	▲ 5.5
	数字接收终端		11348	12797	15283	18268	22841	12.8	19.4	19.5	25.0
		无线数字电视	450	1600	3132	5485	8077	255.6	95.8	47.3	75.1
		电视	8934	8759	8667	8220	9002	▲ 2.0	▲ 1.1	▲ 5.2	9.5
		数码接收机	/	/	891	1926	3166	/	/	116.2	64.4
		调谐器（含适配器）	45	66	83	102	124	46.7	25.8	22.9	21.6
		有线电视用 STB	242	760	1092	1413	1385	214.0	43.7	29.4	▲ 2.0
		BS 天线	681	777	773	/	/	14.1	▲ 0.5	/	/
		CS（卫星）天线	168	108	96	/	/	▲ 35.7	▲ 11.1	/	/
		BS/CS 天线	/	/	/	876	885	/	/	/	1.1
		BS 数字调谐器	133	21	/	/	/	▲ 84.2	/	/	/
		CS 数字调谐器	296	366	417	246	202	23.6	13.9	▲ 41.0	▲ 17.9
		高清晰度电视（直视型）	399	340	132	/	/	▲ 14.8	▲ 61.2	/	/
	小计		16552	20037	22415	24453	28688	21.1	11.9	9.1	17.3
音乐系列	CD/MD 机		11970	10975	9193	8061	7394	▲ 8.3	▲ 16.2	▲ 12.3	▲ 8.3
	带 CD 盒式录音机		2094	1903	1701	1492	1451	▲ 9.1	▲ 10.6	▲ 12.3	▲ 2.7
	成套立体音响		2525	2271	1889	1374	1117	▲ 10.1	▲ 16.8	▲ 27.3	▲ 18.7
	耳机立体声		552	355	238	/	/	▲ 35.7	▲ 33.0	/	/
	其他磁带录音机		875	749	/	/	/	▲ 14.4	/	/	/
	便携式音频播放机		650	1600	4700	6376	6003	146.2	193.8	35.7	▲ 5.9
	小计		18666	17853	17721	17303	15965	▲ 4.4	▲ 0.7	▲ 2.4	▲ 7.7
文图系列	车载卫星导航		2829	3505	4056	4014	4437	23.9	15.7	▲ 1.0	10.5
	电子字典终端		3200	3350	3300	3000	3000	4.7	▲ 1.5	▲ 9.1	0.0
	小计		6029	6855	7356	7014	7437	13.7	7.3	▲ 4.6	6.0

注：①数据来源于日本财团法人数字内容协会编写的《デジタルコンテンツ白書》2006、2007、2008；姜毅然，张婉如，王海澜. 以市场为导向的日本文化创意产业［M］. 北京：人民出版社，2009.10：17-24；于素秋. 日本内容产业的市场结构变化与波动［J］. 现代日本经济，2009,（3）：31。

②本文“▲”表示负增长。

③本文各表格中数字均按照四舍五入的原则记录，因此单项之和与总数会有不大于 1 的误差。

在当今 Internet 数据业务不断升温中，在固定接入速率（HDSL、ADSL、VDSL）不断提升的背景下，3G 移动通信系统也看到了市场的曙光，越发被电信运营商、通信设备制造商和普通用户所关注。企业也充分认识到手机属于消费者乐于利用的媒体，积极进行唤起潜在需求的活动。以 iphone 手机为例，开发商在手机上组合了 ipod 和网络功能的多功能终端，即将创新的移动电话、可触摸宽屏 ipod 以及具有桌面及电子邮件、网页浏览、搜索和地图功能的突破性互联网通信设备这三种产品完美地融为一体。由此可见，手机的多功能化竞争正在加剧。

数字摄像机方面，虽然 DVD 录像机的销量有下降趋势，但由过去使用磁带录像机转向使用 DVD 录像机则是大势所趋。此外，HD、DVD 录像机和播放器也进入市场，与电脑等的链接写作变得容易。电视广播接收终端中，随着地上波数字电视的开播，数码电视机成就了新宠。到了 2007 年大获全胜，数码电视销售量达到 5485000 台，同比增长 75.1%。电视机由显像管（CRT）向液晶和等离子显示器（PDP）等薄型化转变，并且尺寸不断增大，液晶电视价格不断下降，符合人们心理价位的评价产品正在不断齐集市场。此外，由于开始了无线数字广播，在大画面的同时，人们对电视机高清晰度的需求也高涨起来，因此全高清晰度（全 HD）电视也上市了。

相关产品市场产值下降最大的集中在音乐系类产品上。除了便携式音频播放机到 2007 年开始下滑以外，其他所有的用于音乐的民用产品的销售额从 2001 年甚至更早就开始下跌。

电子字典终端正在向年轻人和老龄阶层人群普及。市场上也出现了面向儿童的电子字典终端，生产广受各年龄段用户接受和欢迎的商品成为今后电子字典产业发展的关键。

另外一个看点是，随着消费者嗜好的多样化和改观，出现了商业开展顺序与以往不同的新潮流。例如，以前是分别将小说或杂志所登载的作品拍摄成电影和电视剧，而最近如将同一部原作作品既改编成电影又改编成电视剧一样，采用的是书籍、杂志、电影、电视之间的交叉媒体型的商业形式。在交叉媒体型的商业形式中，正如受到电视剧、电影等的影响使小说、连环画、DVD 销售看好一样，相辅相成，企业的经营业绩也取得显著成绩。

不能忽视因为网络和智能手机的普及，创意的创造者和消费者变得更加接近这一事实。正如在《柔软战车》中看到的一样，利用博客、SNS 等热点话题的讨论已经被商品化的事例不断增多，作为一种作品的发表场所，专业和业余的壁垒正在进一步消失。

如此，今后的创意商业在将网络和智能手机等作为流通媒体的同时，还应用其所提供的服务发挥召集顾客的功能，可以预见其将开展有别于以往的商业模式，在消费者需求多样化的驱动下，有特点的制作手法和多样化的创意消费将会层出不穷。

第三节　决定日本文化创意产业市场规模的关键因素

日本文化创意产业的市场规模由内生性因素和外生性因素共同决定。内生性因素主要指市场竞争结构和企业行为等，市场规模的扩张是由企业扩大生产，降低价格、成本和提高生产效率等竞争行为内生引起。外生性因素主要指国民收入和社会需求等外部经济条件的变化，由市场需求引导。

一、决定市场规模的内生性因素分析

决定日本文化创意产业市场规模的内生性因素归根结底是数字化进展带来的市场变化引起的。数字化对创意的影响、对创意领域的扩展具有政策性意义，数字化改变了文化创意产业的传播形态、状态，增强了信息传送的互动性和即时性，实现了高科技、多技术、多媒介的融合。

数字化改变了文化创意产业的内部结构。仔细观察本章第二节的表 3-11 可知，快速增长和负增长的内容产业项目其实是一条链上两端的环。首先看文图链：电子图书快速增长，纸质图书下滑。再看音乐链：以网络

为载体的音乐配信增长，以盒式录音带、CD、DVD 为载体的音乐软件下滑。随着宽带网络大行其道，广告也改换门庭：2006 年起，报纸杂志等纸载体的广告量开始萎缩，网络广告上扬，小型便携式笔记本甚至手机上都可以看到广告。游戏机、PC 机用的游戏软件疲软，在线游戏、手机用的游戏软件大幅增加。这些现象都说明内容产业的内部结构正在发生变化。

以数字化形式流通的内容产业的市场规模不断扩大。数字内容产业的市场规模由 2001 年的 19754 亿日元，到 2007 年的 30663 亿日元，再到 2013 年的 76589 亿日元，增幅近 4 倍。1980 ~ 2002 年间，广义的数字创意量急剧增大，通过信息流通普查的传送信息量可知。1980 年，日本信息流通量为 0.4 ×，到 2002 年，日本的信息流通量为 8.37 ×，增幅近 21 倍（见表 3–12）。

表 3–12　日本信息流通量

单位：个单词

年份	1980	1981	1982	1983	1984	1985	1986	1987	19881	1989	1990
信息量	0.400	0.410	0.421	0.427	0.441	0.477	0.562	0.614	0.697	0.775	0.861
增长率（%）	–	2.5	2.7	1.4	3.3	8.2	10.3	16.7	13.5	11.2	11.1

1991	1992	1993	1994	1995	1996	1997	1998	1999	2000	2001	2002
0.910	0.944	1.00	1.08	1.33	1.74	2.11	2.49	4.47	6.03	7.92	8.37
5.7	3.7	5.9	8.0	23.1	30.8	21.2	18.0	79.5	34.8	31.3	5.7

资料来源:『デジタルコンテンツ動向』，第 14 页；姜毅然，张婉如，王海澜. 以市场为导向的日本文化创意产业［M］. 北京：人民出版社，2009.10：83。

数字化也扩展了创意的表达样式。新技术催生了交互式的声像表达、计算机绘图的立体声像、网络游戏等动画片和游戏的新表达样式。新样式刺激新创意的产生，开拓了电子元件、网站、手机网络、来电彩铃、彩信、视频邮件等新领域，同时催生了新文化、新风俗、新社会现象。

数字化所涉及的最大效果是创意制作者阶层的扩大和受众数量的激增。如今每个人都可以很容易地制作并发送信息，每个人都可以作为生产者和表达者与世界迅速连接，并通过“点击”、“复制”等形式，扩大了传播的接受范围和接受频次，带来了受众的数量激增，创造了更多的文化消费需求，从根本上改变了经济、社会、文化结构。

二、决定市场规模的外生性因素分析

滨野氏认为，“发达国家中决定创意产业生产规模的外生性因素城市年轻人口”，并且与可处分收入和经济景气情况联系密切。美国商务部也指出，美国娱乐的销售额取决于一般的经济状况。可见，创意产业的外生性市场规模较大程度上由宏观需要决定。因此，建立了“创意产业的市场规模是 GDP 和年轻人口的函数”的假设，并进行实际论证。

表 3–13 创意产业（广播、录像、电影、音乐、游戏、出版、报纸的合计）规模和 GDP、年轻人口的关系

年份	人口（千人）	GDP（10 亿日元）	创意产业规模（亿日元）
1970	10184	73188	14654
1971	9857	80592	15995
1972	9794	92401	17790
1973	9674	112520	21099
1974	9533	133997	25295
1975	9505	148170	28707
1976	9608	166417	32521
1977	9702	185530	35017
1978	9867	204475	37780
1979	9717	221825	41502
1980	10011	240921	45923
1981	10267	258583	47905
1982	10517	271998	49934
1983	10756	283167	52158
1984	10938	301544	54157
1985	11547	324756	56484
1986	11752	339850	58987
1987	11931	354513	68972
1988	11960	381462	74391
1989	11874	411258	81298
1990	11657	442897	87729
1991	11338	471306	92493

续表

年份	人口（千人）	GDP（10 亿日元）	创意产业规模（亿日元）
1992	10911	484482	94759
1993	10473	488397	95656
1994	10077	493818	97051
1995	9758	500758	100099
1996	9512	515455	103958
1997	9298	527695	105853
1998	9097	521535	103391
1999	8877	513608	101670
2000	8703	517884	102321
2001	8502	514168	100742
2002	8252	506295	98491

资料来源:『デジタルコンテンツ動向』，第 22 页；姜毅然，张婉如，王海澜. 以市场为导向的日本文化创意产业［M］. 北京：人民出版社，2009.10：90–91。

根据表 3–13，分别将 GDP 和年轻人口两个自变量作为 X 轴，以文化创意产业规模作为 Y 轴，画散点图，结果如下：

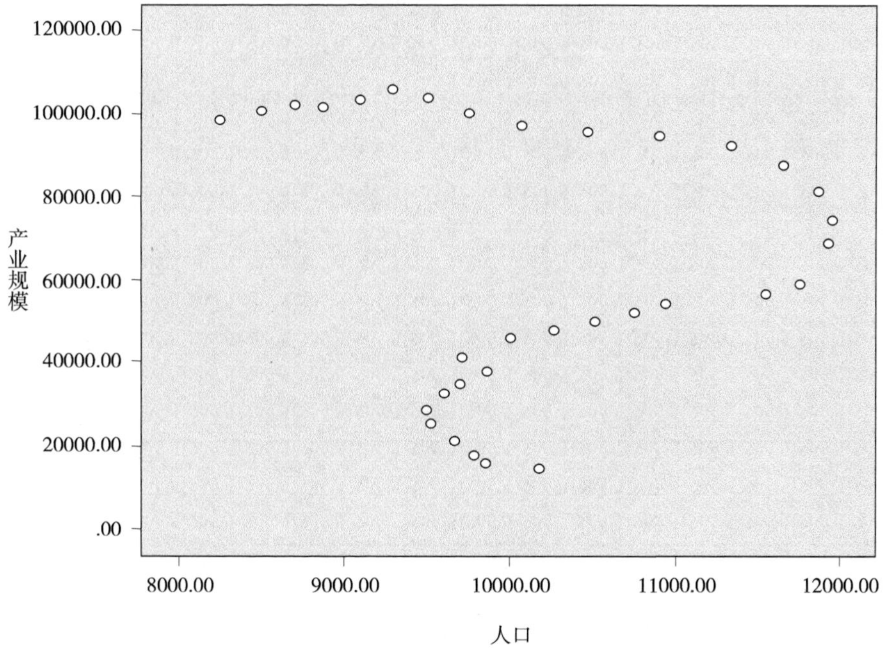

图 3–8　年轻人口与文化创意产业规模的散点图

从图 3-8 中可以看出，年轻人口和文化创意产业规模不存在明显的线性关系，说明年轻人口不是文化创意产业规模的决定因素。

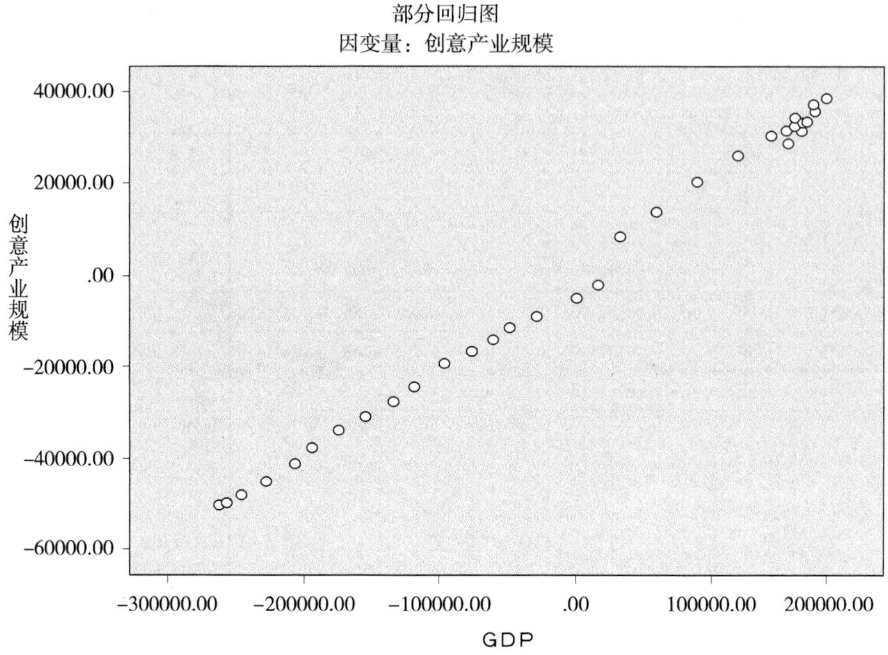

图 3-9 GDP 与文化创意产业规模的散点图

从图 3-9 中可以看出，GDP 和文化创意产业规模存在明显的线性关系，以 GDP 为自变量建立线性回归方程是可能的。首先，根据表 3-13，取创意产业（广播、录像、电影、音乐、游戏、出版、报纸的合计）规模的数据，尝试进行 GDP 的回归分析，按照以下公式进行推算：

$$y = a + b$$

其中，分别表示文化创意产业的规模、GDP。回归分析如下表所示。

表 3-14 模型汇总[b]

模型	R	R 方	调整 R 方	标准估计的误差
1	0.998a	0.995	0.995	2265.25946

a. 预测变量：（常量），GDP。

b. 嵴变量：文化创意产业的规模。

从模型汇总的表 3-14 中，决定系数 R 方是 0.996，反映的全部变异中能通过自变量回归系数被自变量解释的比例为99.6%，接近于1，说明因变量的全部变量中能通过回归系数被自变量解释的比例很高。

表 3–15　Anova[b]

模型		平方和	Df	均方	F	Sig.
1	度归	31872062762.195	1	31872062762.195	6211.182	0.000[a]
	残差	159073413.684	31	5131400.441		
	总计	32031136175.879	32			

a. 预测变量：（常量），GDP。

b. 嵧变量：文化创意产业的规模。

表3–15为Anovab方差表，主要进行回归直线意义的F检验，统计量F=平均回归平方和/平均残差平方和。若F值过小说明自变量对因变量的解释力度很差，拟合的回归直线没有意义；相反，若概率值Sig.越小，则线性方程越明显。该F值很大，是6211.182，Sig.值为0，所以该回归直线有意义。

表 3–16　系数[a]

模型		非标准化系数		标准系数	t	Sig.
		B	标准误差	试用版		
1	（常量）	–2542.595	943.311		–2.695	.011
	GDP	.201	.003	.998	78.811	.000

a. 嵧变量：产业规模。

根据表3–16，常数项和自变量系数都显著，拟合方程为：

y=2542.595+0.201x

图3–10为回归标准化残差的标准P–P图（正态概率图）。P–P图的意思是散点越靠近直线，说明实际数据越接近正态分布。图中的散点基本位于一条直线上，说明该方程有意义。

由上述分析可知，GDP确实是影响文化创意产业发展的因素，但只看这几年的数据也难以预测其会带来高增长，文化创意产业的发展还需要扩大外需等因素，例如海外流行文化、海外需求的变化等。

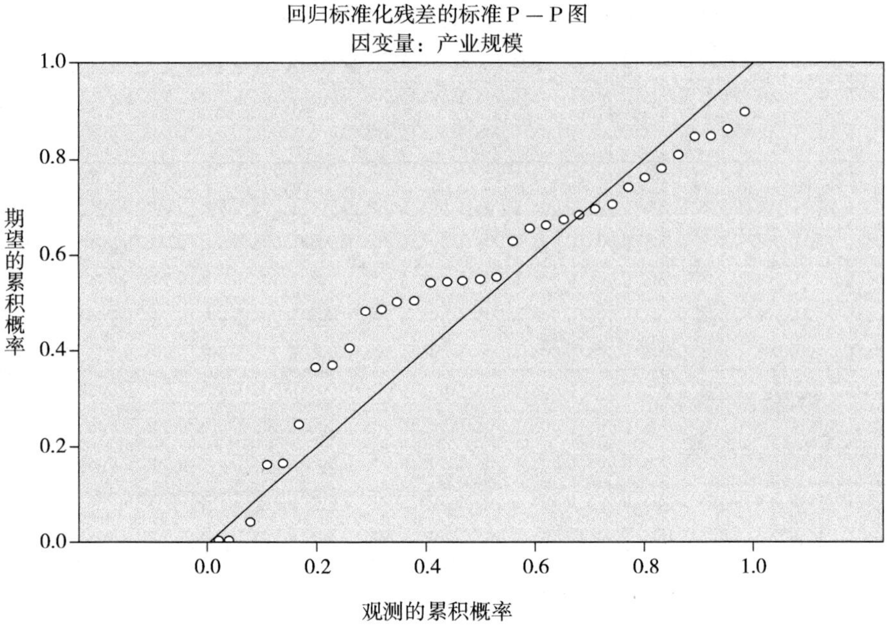

图 3-10 观察的累积概率

第四章　日本文化创意产业的国际化发展战略

伴随着全球化背景下企业经营的国际化与资本的国际化，产业国际化成为当今世界的一个重要特征。日本文化创意产业为适应全球文化创意产业发展的最新趋势，出台了一系列促进本国文化创意产业参与国际合作的具体政策，大力实施国际化发展战略，积极参与国际文化创意产业分工，逐步提升本国文化创意产业的国际竞争力。

第一节　日本文化创意产业国际化发展的基础

日本文化创意产业在国际竞争中既有一定的优势，同时也面临来自产业内外的威胁。要应对未来的产业国际化趋势，日本一方面要利用现有的有利条件积极推进文化创意产业国际化进程，另一方面要通过文化创意产业的国际化解决产业发展中存在的问题和面临的挑战。

一、日本文化创意产业国际化发展的优势

日本文化创意产业国际化已经具备了一定基础，如积极的政府推动、有力的财税政策支持、成熟的文化创意企业队伍、多层次的国际文化交流、全球化的人才培养体系、先进的技术和基础设施支持等，这些基础为日本文化创意产业国际化的发展提供了有力支持。

（一）文化创意产业已有的基础

日本具有竞争优势的文化创意产业领域主要是内容、时尚、餐饮和旅游，这些也是国际化战略中重点面向海外推出的领域。内容产业拥有一大批世界公认的艺术家以及广受好评的作品。在时尚领域，日本具有对时尚高度敏感的国际一流设计师，日本品牌在国际上也具有较高知名度；同

时街头时尚与少女时尚的信息传播力、儿童服装领域对日本品牌的消费者印象以及完整的产业链、较高的生产技术和质量管理水平等都在国际竞争中居于优势。日本料理加工精细、色泽鲜艳、清淡而少油腻，保持原料固有的味道及特性，在海外知名度较高。旅游方面，日本地势多变，风光奇特，峻山秀岭，怪石湖泊，繁花似锦，雪笼雾邈，自然风光十分优美且服务优质完善。

另外，日本聚集了一批具有一定国际市场竞争力的文化创意企业，如日本演出界有四季剧团、宝塚歌剧团，电影界有角川映画株式会社、日活株式会社、东映株式会社、松竹株式会社、东宝株式会社，出版界有大日本印刷株式会社、日本凸版印刷株式会社，票务界有琵雅株式会社，广告界有电通公司。这些成熟的文化创意企业注重自主创新，生产精致化和差异化的文化创意产品；以全球市场出发，在发展过程中不断加强与国外文化创意机构的联系与合作，为促进设计产业的国际化发展创造了良好的条件。

（二）积极的政府推动

2002 年 8 月，日本经济产业省与文部省联手促成建立了民间的“内容产品海外流通促进机构”，并拨专款支持该机构在海外市场开展文化贸易与维权活动。该机构由 17 家民间文化团体和 19 家规模以上文化企业组成，主要目的是促进日本文化创意产品的出口，管理海外市场的反盗版活动，代表日本文化产业界参加国际知识产权保护论坛，参加国际文化市场与日本文化企业相关联的诉讼法律活动，以保护日本文化产品和文化服务的知识产权，进而促进海外文化产业的各种知识产权不受侵犯，维护其合法权益。

作为日本文化创意产业海外输出的重要目标国，中国市场受到了日本政府的高度重视。从 2005 年开始，由日本政府出资成立的日本贸易振兴机构就定期发布中国文化产业市场信息，特别是 2009 年 2 月起，每季度发布日本动漫、电影、电视节目、游戏等在中国播放、上映、销售的最新情况，以及中国政府有关文化内容相关法令的发布情况等，为日本文化创意企业进军中国市场提供实时参考和建议。

2010 年 6 月 18 日，日本出台的《新增长战略》把“酷日本”在海外展开业务作为重点增长领域，强调通过节目交易、数字传输的强化、放宽海外内容流通规定、防止盗版等措施，以民间企业为中心在海外拓展与“酷日本”相关的业务。2011年，日本政府启动了“酷日本”计划，其主要内容是向海外介绍日本时装、设计、漫画、电影等文化商品，同时培养日本国内相关产业所需的人才的战略事业计划。

为找准日本文化创意产品在国际文化创意市场的定位，从而确定新时期的文化输出策略，2012年5月，日本经济产业省发布了委托欧洲大型战略咨询公司罗兰贝格公司提交的《关于加强创意产业海外拓展的调查报告书》。报告书除了对日本自身文化输出的成功案例和韩国海外拓展策略进行比较外，还对中国、法国、印尼、泰国、越南、沙特、土耳其等国家的文化创意市场现状进行了深入分析，号召“日本企业有机整合”，共同开拓海外新兴市场。

（三）有力的财税政策支持

为支持文化创意产业在海外的竞争与发展，日本政府注重利用财政、税收和金融等各项政策激励本国文化创意产业“走出去”参与国际竞争，在海外文化贸易方面给予政策性倾斜，促进本国文化产品和文化服务的海外输出，扩大其知名度和影响力。

2004年，日本经济产业省为了鼓励日本文化创意产业在全球市场的扩张，财政出资特别建立“产业海外展开基金”，用以帮助日本文化创意产业在海外市场的扩张。

2005年，日本外务省利用“政府开发援助”中的24亿日元“文化无偿援助”资金，从本国动漫制作商手中购买动漫片播映权，无偿地提供给世界各国特别是发展中国家的电视台播放。日本外务省认为，这样做不仅可以向海外推广日本的动漫文化，还可以扩大日本动漫片在外国青少年中的影响，培养更多的“知日派”，一举多得。

此外，日本还通过出口退税、再投资退税、财政补贴、政府担保、优惠利率等综合性优惠政策，采取综合援助的方式鼓励本国文化民间团体到世界各国举办日本文化特色的花道、跆拳道、相扑、茶艺、艺技等表演活动。如此种种，宣传了日本传统与特色的文化，提高了其海外知名度。

（四）多层次的国际文化交流

日本文化开放性、兼容性的特色使其能够兼收并蓄、锐意求新，特别适应当前这样一个全球化时代的要求，因而具有得天独厚的优势。日本经常举办文化主题年等大型的国际文化交流活动，来自国外的艺术演出和美术、文物展览活动也很多，这些文化交流活动都有力地促进了日本文化创意产业的海外发展。

1999 年，外国艺术团来日演出 3127 场，其中，音乐会为 2559 场，舞蹈为 568 场；2001 年 1～3 月，中国敦煌艺术剧团先后在日本 35 个城市演出，观众人数接近 20 万。这些国际文化艺术交流活动不仅展示了各国的文化艺术精粹，也为各国家学习交流提供了平台。

日本所举办的各类大型展会和艺术节，如东京国际电影节、东京国际动漫节、东京亚洲音乐节、东京电玩展等，都成为日本最具特色的营销宣传渠道。2013 年 10 月，日本经济产业省等部门在东京举办了名为“COOL JAPAN”的日本国际文化展会，旨在向海外销售日本的文化创意产品。此次文化创意展会，共有 1500 家日本电影公司、动画制作公司及音乐公司参加，使得许多外国公司可以同时开展电影、动漫、音乐三个领域的商业洽谈活动。

日本还积极引进外资和国外先进技术，为本国的文化创意产业注入活力。例如，1983 年建成的东京迪士尼乐园、2001 年开业的东京海上迪士尼乐园和大阪建成的环形影院等，都扩大了文化创意市场的规模和影响，同时带动了当地的经济发展，周边地区也因此受益。

（五）全球化的人才培养体系

文化创意产业是一个深度依赖于知识、创意和技术的产业，人才队伍成为文化创意产业发展过程中的重要支撑体系和中坚力量。为建设一支高素质的人才队伍，日本在文化创意产业人才的培养方面采取了多种措施：与日本国内设有文化创意产业学科的高等院校合作，探讨建立新型的人才培养模式，并在课程表里添加相关的教育认证系统；注重与国外大学联合培养人才，对国内的海外人才实施表彰制度；日本政府提出了旨在培养新艺术家的新进艺术家养成计划，为新进艺术家提供国内和赴海外研修的机会，积极向海外派遣文化艺术的研修生和留学生，大力培育文化产业的后备人才；加大与亚洲各国进行人才交流力度，放宽签证特别是针对创意产业相关人才的入境条件；建立“亚洲CG创意人才峰会”，通过产学联合方式设立培养年轻创意人才的基地，组织亚洲国家的创意人才和制片人进行研修；设立了文化勋章、文化功劳者、文化厅长官表彰、优秀映画赏等奖项，以表彰那些在文化创作方面成就突出的艺术家等。

（六）先进的技术和基础设施支持

文化创意产业从制作到流通都渗透了数字化和网络化技术，由此而产生的技术间的相互融合、平台和通道间的相互融合越发快速地进行。

在日益出现的新技术、新项目中，CG等技术越发显示出其重要性。“CG”原为Computer Graphics的英文缩写，随着以计算机为主要工具进行视觉设计和生产的一系列相关产业的形成，国际上习惯将利用计算机技术进行视觉设计和生产的领域通称为CG。作为游戏和动漫娱乐业大国，日本早在10年前就开始应用3DCG技术，如广播剧思维的样式，在盒式动画片表现主义中应用了3DCG技术；以Sunrise的“蒸汽男孩”和Production I.G的“イノセンス”为代表，在2D效果上加上3D效果，扩展了已有的盒式动画精髓；Digital Frontier公司制作的《苹果种子》使用了字幕并让所有的出场人物都运用3D手法动起来，无论从表现手法还是从动画制作的工艺流程上看都有很大的独特性。

在近10年的发展中，日本除了文化创意产品的制作技术之外，在终端等硬件技术、影像等相关技术方面都具有很大的发展。日本的互联网联通社会建设处于世界先导地位，2008年10月，以英国牛津大学研究生院为中心的研究小组日前公布的全球宽带环境排行榜显示，在宽带通信的速度、容量等用户使用的便利性方面，日本高居首位，是唯一已达到三五年后次世代网络环境的国家。2013年6月，日本惠普发布以高性能为卖点的大数据分析平台HAVEn，提供旨在帮助客户解决数据量、种类、速度、漏洞增多等问题的服务和解决方案。

新形势下的课题是促进技术开发的力度，强化产学研和政府及各界的技术人员之间的协作，完善供技术人才进行国际交流的基本设施等问题。

二、日本文化创意产业国际化发展的劣势

在文化创意产业全球化的今天，日本的文化创意产业面临着一些风险。但依靠日本在文化创意产业发展方面的有力支持，日本完全可以克服风险，将其具有竞争力的创意产品推向世界市场。

（一）日本文化创意产业的内需增长停滞

2004 年的数据显示，日本文化创意产业的市场规模仅次于美国，居世界第二，但在近几年仅保持微弱增长的态势。日本文化创意产业对海外市场的依存度为 1.9%，这个数字远不及美国 17.8% 的比例（见表 4–1）。由于迄今为止日本的文化创意产业的产品一直在满足日本国内市场需求，所以在海外交易的数量并不是很大，使得日本一些有很高价值的文化创意产品并没有活跃在海外市场上，因此，日本发展文化创意产业的国际市场势在必行。

表 4–1　日本与世界文化创意产业市场规模的比较

2004 年	文化创意产业规模	GDP	文化创意产业 /GDP	海外销售额 / 文化创意产业
日本	0.1 万亿美元	4.6 万亿美元	2.2%	1.9%
美国	0.6 万亿美元	11.7 万亿美元	5.1%	17.8%
世界	1.3 万亿美元	40.9 万亿美元	3.2%	

资料来源：姜毅然，张婉如，王海澜. 以市场为导向的日本文化创意产业。

日本从 2001 年到 2005 年文化创意产业的国内市场的增长率仅有 7%，而这一产业中的 DVD、互联网销售的影像制品却呈增长趋势，约占整个文化创意市场的 18%，尽管如此，其增长态势也不足以拉动整个市场。而电视、电影演出公司、杂志、报纸等占文化创意产业半壁江山的传统型非数字创意产品市场也正在逐渐向数字市场迁移，但这种迁移的速度毕竟不快，所以导致整个文化创意产业市场的发展只呈现略微增长的态势。深入分析不难发现，日本的少子老龄化的社会现象也是造成创意市场增长缓慢的原因之一，仅靠内需增长来拉动整个市场毕竟会受到一定限制。世界文化创意市场的增长率大约为 5.8%，美国大约为 5.6%，两者都大大超过了日本。因此，日本只有开拓国际市场，加大文化创意产品输出，才能盘活整个日本创意市场。

（二）缺乏精通国际市场业务的专业人士

由于缺乏精通有关知识产权的国际法律事物的专家，日本相关创意产品版权得不到有效保护和合理定价，造成了日本文化创意产品在国际市场上的低收益。

以动漫产业为例，只要找到一个有效的海外推广手段，就可以发现利润增长空间。日本最成功的动漫电影《千与千寻》在美国的全部销售收入为 1000 万美元，而《怪物史莱克 2》仅票房收入就达到 4.37 亿美元。日本动漫的版权所有者需要的是强有力的谈判者，以确保在国际市场上获得平等的权利，保证签订合理的收益分配合同，能够有效地审核销售收入。在合资项目上，目前大部分日本产品公司缺乏同美国的对手平等地进行讨价还价的能力，因为当这些公司能够获得与美国公司合作的机会时，就已经认为是一种成功了，所以不在意做某种妥协和让步。只有日本公司拥有高水平的策划能力和谈判能力的专业人士，在国际市场上才能得到其应有的利益，从而获取更大的成功。IG 产品制作公司的《攻壳机动队》（Ghost in the Shell）和其他一些影片在海外成功发行，赢得了大量的国际影迷，其原因之一就是该公司在美国拥有精通当地法律事务和商业事务的律师和会计师，他们帮助日本总部同美国发行商就发行与合作适宜进行谈判，签订了有利的合同。

（三）来自亚洲各国的全球化发展的冲击

1998 年以后在亚洲兴起的“韩流”，形成了强烈的“哈韩”风气，并抢占了日本很大一部分市场份额，这对日本的文化竞争力形成了强烈的冲击波。以“Cool Korea”为代表的韩国文化在亚洲市场上还带动了韩国制造业、旅游业等其他产业的迅速发展，致使日本引以自豪的汽车、家电等市场份额也受到了一定程度上的影响和冲击。根据日本博报堂全球 HABIT 2006–2009 调查数据显示，有 57% 的香港居民认为韩国制品比日本制品更具时代感，有 65% 的居民认为韩国商品相对于日本商品充满了活力，更符合潮流。韩国作为日本邻国，其以“韩流”之风为代表的软实力，不仅抢占了日本包括旅游观光业、电视电影业、动漫以及相关文化创意产业的市场份额，更在亚洲地区吸引了大批对韩国文化有着强烈向往的年轻人，实现了其文化和生活方式海外影响力的扩展，使得韩国国家形象和地位得以迅速提升。韩国文化创意产业的发展成为刺激日本政府开拓海外市场的直接原因。另外，中国香港、新加坡这些地区也在努力培育本土的文化创意产业，它们可能取代日本成为新的主要业务国。

由此可见，开拓海外市场、扩大海外市场占有率、提高创意产品知名度是日本文化创意产业国际化发展的必要选择。

第二节　日本国际合作战略具体政策

随着全球经济的发展，居民生活水平的提高，消费者对于文化创意产品的需求开始迅速增加，进而带来国内外文化创意产业的快速发展。然而文化创意产业作为一种新兴产业，其国际化进程离不开政府政策的扶植、引导和支持。在开拓文化创意产业的海外市场上，日本政府也起着相当重要的作用，一方面成立专门的海外流通促进机构对创意产品进行积极推广，另一方面出台一系列海外拓展相关创意产业业务的政策，同时还拨专款以支持文化创意产品在海外市场进行贸易与维权活动。

一、动漫业

（一）免费对国外提供本国动漫产品

日本政府不但将动漫作为一项重要的出口产业，而且还将其作为一种独立的文化来培养。日本外务省利用“政府开发援助”中的24亿日元“文化无偿援助”资金，从动漫制作商手中购买动画片的播放版权，并无偿地提供给发展中国家电视台播放，使不能花巨资购买播放权的发展中国家也能够播放日本的动漫片。例如日本官方曾无条件将《足球小将》的动画给伊拉克的电视台播放，把《岛耕作系列》送给海外的官员和企业，通过这些产品宣传，让他国民众了解日本的社会文化。但对这些发展中国家来讲，这种“免费的午餐”只是暂时的，等到其对日本动漫产品形成依赖后，再实现从免费到低价位再到正常价位的出口。在这种文化政策下，日本不仅培养了大量的知日派，出口了本国文化，同时也取得了良好的经济效益。

（二）注意知识产权的保护

在加强反对假冒和盗版的问题上，日本政府督促专利特许厅与海关合作采取有效措施制止假冒和盗版产品在日本流通。在国际方面，由于假冒和盗版侵权现象在亚洲地区比较严重，所造成的损失也比较大，日本政府通过双边或多边协定，同欧洲发达国家及美国一道，加强国际间的协作，打击和防治假冒和盗版侵权。2002 年 4 月 16 日，在日本政府的推动下，成立了“国际知识产权保护论坛”。该论坛的宗旨是促进不同企业间的横向联合，联合政府和企业的力量。政府为国际知识产权保护论坛提供了充分的支持，通过政府和民间的联合努力，加强对盗版的防治。到目前为止，已经有 157 个企业和组织加入了该论坛。由与版权相关的机构和产业所组成的“出版物海外发行协会”也加入到该论坛中去，成为反盗版的一支重要的组成力量。通过该论坛，日本政府积极呼吁亚洲国家保护日本在海外的知识产权，促进知识产权体系的国际合作和协调。

（三）派遣“职业学生”到海外留学

日本政府还派遣“职业学生”到世界动画名校留学。这种做法不仅能培养大量原创企划、行销、管理等方面的人才，完善动漫产业的人才结构，还可以与国外建立良好的人脉关系，加强了日本与其他动漫产业先进国家的沟通与合作。

二、游戏业

（一）政府积极的政策支持

数字内容产业中的游戏产业在信息技术飞速发展的大背景下，其市场规模不断扩大。然而自 2001 年以来，欧美游戏产业的崛起以及日本本土市场的缩小，开始对日本游戏产业的生存与发展提出前所未有的挑战，日本政府推出了一系列政策为游戏产业发展寻找新的出路。

2002 年 8 月，日本经济产业省与文部省联手促成建立了民间的“内容产品海外流通促进机构”，并拨专款支持该机构在海外市场开展文化贸易与维权活动。该机构由 17 家民间文化团体和 19 家规模以上文化企业组成，主要目的是促进日本文化创意产品的出口，管理海外市场的反盗版活动，代表日本文化产业界参加国际知识产权保护论坛，参加国际文化市场与日本文化企业相关联的诉讼法律活动，以保护日本文化产品和文化服务的知识产权，进而促进海外文化产业的各种知识产权不受侵犯，维护其合法权益。

2004 年 6 月 4 日，日本政府正式公布了《内容产业促进法》，同时内阁还同意把内容产业划入《创造新产业战略》的范畴。政府把内容产业定位为“积极振兴的新型产业”，希望通过文化创意产业实现经济结构的调整。政府还将动漫、游戏等内容产业作为一项基本国策，将其视为文化“软实力”的标志性产物。2006 年，日本经济产业省做出决定，为了强化该国游戏产业的国际竞争力制定“游戏产业战略”，以帮助该国游戏产业继续保持竞争优势。在日本政府看来，游戏产业不仅是国内经济的支柱之一，还是传递本国文化的重要渠道之一。通过游戏产业可以扩大日本文化的世界影响力，达到提升日本国家形象的目的。

（二）开放的融资模式

游戏产业在开发期初往往面临资金不足的困境，政府为了消除游戏企业的疑虑，为其营造出良好的市场环境，政府通常会为游戏企业直接或间接地提供资金的支持。首先，政府直接拨款，这是最为常见的资金支持方式，其目的在于体现政府对游戏产业的重视。政府通常会通过旗下专门的机构直接拨出大量的款项资金，用于游戏产业的发展。日本经济产业省每年通过日本计算机娱乐供应商协会（CESA）都会拨出一部分资金进行各种游戏展会的举办，许多地方政府会出资金进行协办。

日本游戏产业除了政府的大力支持，更重要的是得益于开放的融资模式，这与日本游戏产业在世界范围内取得的成就也不无关系。以游戏机生产商索尼公司为例，该公司拥有数量众多的海外股东，但银行股东数并不多，保守派企业文化通常则更加青睐于与诸如银行、商业合作伙伴以及公司员工保持长期合作，对于公司股东本身价值却并不重视。索尼的这种做法对于一家日本企业来说并不寻常，甚至可以说是有些“西化”。正是这种开放的融资模式，使得索尼大约三分之二的营收来自海外市场。

三、电影行业

日本为面向海外大力推广日本的影视作品，文化厅于 2004 年制定了

《日本影视振兴计划》，其主要内容是：制作具有魅力的日本电影；促进日本影视的流通；影视人才的培养和普及；日本影视胶卷的保存和继承；实施《媒体艺术振兴综合工程》。目的是对日本国内影视作品的制作给予援助，在培养影视作家的同时进军海外市场，为宣传日本文化造势。在电影的国际合作方面，日本政府也是积极出台有利政策，扩大日本电影在国际的影响力。

（一）灵活的资本运营政策

政府不仅出台各种优惠政策吸引本国大企业投资电影业，还积极吸引外资和独立制片人等，使得日本影视业开始在亚洲称雄。在日本电影跨国投融资领域，日本电影制作委员在其中扮演了举足轻重的角色。日本电影制作委员会在法律上属于不同机构的任意合伙形式，由几家不同业者签订合伙合约为共同目的出资经营电影，并不是单纯的投资，而是共同事业的性质。作品的著作权属于各家公司的资产，作品产生的利润按照各家公司投资比例来分配。这几年最成功的组合是由电影公司、电视台、出版社、报社以及广告代理商来组成的。2006 年，日本电影票房超过 20 亿日元的前 20 名的电影都是依靠这个委员会投资、制作和发行的。近年来，美国好莱坞电影公司也开始参与日本的电影制作委员会，包括美国时代华纳参与的《死亡笔记本：决胜时刻》（2006 年，52 亿日元票房）和美国环球影视参与的《多罗罗：天下之战》（2007 年，40 亿日元票房）。

日本制作委员会这种联合投资与联合制作的模式，不仅为行业外资金投资电影找到了一个捷径，而且更进一步发挥了不同行业的优势，促进了电影的制作、宣传与发行，从而保证了投资收益，取得了巨大的成功。

（二）国际共同制作补助金制度

日本于 2011 年首次设立了国际共同制作补助金制度，由文化厅和经济产业省共同成立了国际共同制作补助基金会。国际共同制作补助金制度的全部预算为 2 亿日元，为部分制作费用在 1 亿日元以上的电影承担 20% 的费用。目前，基金会已从申请补助的 11 部影片中选取了 5 部作为补助对象，其中包括 3 部剧情片和两部动画片。《如浴爱河》便是该制度的首个受益者，可以看作海外共同制作的成功范例。

有关专家指出，日本应该积极借鉴欧洲对电影的扶持政策。早在 20

年前，欧洲就设立了欧洲电影组织，通过支持电影产业扩大欧洲电影在世界范围内的影响力，近年还资助一些外国电影在欧洲上映。如今，欧洲电影组织的活动目标有三：一是多样化，促进世界范围内的电影交流；二是年轻化，让更多年轻观众走进影院；三是现代化，实现电影数字化。该组织和日本文化厅合作举办了培养电影专门人才的相关讲座。专家表示，日本也应该建立类似机构，以推动电影业发展。

（三）强有力的文化保护政策

日本对自己文化的坚守也影响了其跨国合作。日本选择合作伙伴时，更看重合作的原动力，比如受题材适合、演员适合或市场接受等因素影响较深。日本与他国合拍数量较少，但其合拍片的品质较高。如日本艾回公司看准中国的三国故事在日本当地大有市场，便重金投入，成为《赤壁》的最大海外投资商。果然，《赤壁》在日本的票房势如破竹，观众的反响是一片叫好。又如继日本、中国大陆和台湾三地合拍的《恋爱地图》取得成功之后，日本电影眼娱乐株式会社又以日本人熟悉的上海为背景，邀请中国的张一白导演执导中日合拍片《夜·上海》，其中有一场林夕与植树撞车的戏，完全是按照日本漫画的叙事方式拍摄的，在日本大受欢迎。霍建起因执导《那山那人那狗》和《暖》两部电影深受日本观众所熟悉，被邀执导中日合拍片《台北飘雪》。可见，日本与他国合拍片更显得独具匠心，而其原创的本土文化也保留得非常好。

四、音乐行业

近年来，日本针对海外市场打造了一个名为“COOL JAPAN”的关键词，意在全球推广出口日本的饮食、文化等产业。在媒体内容方面，日本游戏、动漫产业已经在海外取得相当高人气，其中游戏已经成为日本重要的出口产业。根据日本文化厅 2011 年 3 月发表的一项媒体内容出口额数据显示，日本游戏产业出口额达到了 5064 亿日元，比例占到了全体的 95.2%，其后依次为电视节目 92.5 亿日元（1.7%）、动漫 82.2 亿日元（1.5%）、电影 52.2 亿日元（1%）以及音乐 26.4 亿日元（0.5%），可以看出，后面几大媒体产业与游戏产业还存在很大的差距。

为了让日本的媒体产业快速走出国门，日本政府也是采取了一系列相应的措施。日本总务省于2013年6月制定的信息通信技术成长战略中，将放送媒体的海外发展纳为重点项目之一，计划通过与有关机构以及音乐电影事业单位合作，力争将5年后的放送节目出口额提升至目前的3倍。出口额最低的音乐产业目前也已经加速了进军海外的步伐，尤其是现场音乐会，2013年2月至5月期间，日本知名女歌手卡莉怪妞在全球举行的“100%KPP WORLD TOUR 2013”18场公演中，有8场是在欧美以及亚洲国家举行。日本女子流行电子音乐组合Perfume也于2012年秋季在亚洲多国举行了“Perfume WORLD TOUR 1st”巡回公演，从2013年7月开始，她们的第二场巡回公演“Perfume WORLD TOUR 2nd”也在欧洲地区展开。

为了扩大日本音乐在海外市场的规模，日本音乐事业者协会、日本音乐出版社协会、日本音乐制作者联盟三大机构联合打造了海外音乐推进项目“SYNC MUSIC JAPAN”，从“SYNC MUSIC JAPAN”了解到，2012年的一年期间内，在海外举行公演的日本J-POP系音乐艺人达到了73组，如果加上参加的世界各地音乐活动，海外出演的日本艺人累计达到了177组。该机构表示，今后将继续推动日本音乐艺人的海外活动。

五、旅游业

（一）对东南亚国家放松旅游签证管制

为吸引外国游客，促进国内经济发展，日本政府曾经先后对中国台湾、中国香港、韩国等国家和地区居民实施了免签证措施，由此极大地方便了这些国家和地区的游客访日旅游。为落实《观光立国推进基本计划（2012—2016年）》的要求，持续推进观光立国战略的发展，2013年6月25日，日本外务省决定自2013年7月1日开始放宽对东南亚游客的签证限制，以此吸引更多的东南亚国家游客访问日本。其中，对泰国和马来西亚的游客实施免签证措施，菲律宾和越南游客也将获得一定期限内多次出入日本国境的往返签证，对已经享有多次往返签证的印度尼西亚游客则延长他们滞留日本的时间。2015年1月，日本政府开始正式实施对华游客签证放宽的新政策。自此，中国游客申请3年多次往返短期签证的门槛被进一步降低，同时高收入人群申请多次往返签证的有效期由3年延长至5年。

（二）扩大对华旅游市场开放

日本政府在对内放松旅游规制、对外加强国际旅游合作的基础上，继续对中国开放旅游市场，吸引中国大陆旅游者赴日旅游。2008 年 3 月 3 日，日本政府批准中国大陆游客以家庭为单位申请赴日旅游，此前的政策是以家庭为单位的旅客只有参加旅游团才能赴日旅游。此外，日本政府对中国青少年赴日修学旅游市场也加大开放力度，2008 年 5 月 31 日，日本交通公社（JTB）组织北京四中的 407 名高中生参加为期 6 天的赴日修学旅游。持续不断地对华开放旅游市场，有利于日本早日实现观光立国战略目标。

（三）日本出台旅游退税政策

为吸引更多海外游客赴日旅游购物，2014 年 10 月 1 日起，日本正式实施新的退税政策。日本退税新政，不仅扩大了退税品的适用范围，将原本不包含在其中的食品、化妆品、药品及香烟等都列入可退税的清单，还调低了退税的最低消费额，同时也简化了申请退税的手续。对于外国游客来说，全新退税政策可谓是一个降低购物成本的好政策。

1. 扩大退税商品范围

许多游客到日本都会购买家电、服装、化妆品、食品、药品，但之前除了家电和服装之外，其他品类都是不能退税的。在 2014 年 10 月 1 日以后，日本的退税商品扩展至食品、饮料、化妆品、药品及香烟等商品。

2. 降低退税消费额

根据新的退税政策，最低的退税消费额由之前的 10000 日元降低到 5000 日元，但是要特别注意的是，这个措施适用于新加入的店铺，而在 2014 年 10 月 1 日之前那些实施 10000 日元才可退税的店铺是否调低额度，则取决于店铺自身的规定。但根据目前的观察，日本很多店铺为了吸引外国游客光顾，都已表示会自动降低最低退税额度。不过，新政策也实施了退税上限，退税上限每人 / 每日 / 每店铺 50 万日元，还要在退税时签署一份“购入誓约书”，表示在 30 日内带该退税商品离开日本。

3. 简化退税手续

随着退税新政策的实施，日本也简化了退税手续。其中一个重要的特点就是推广退税电子化，就是会逐步在更多的可退税店铺用电脑录入的方式而不是人手填写的方式办理相关手续，以此节省时间。

（四）依法实施日本品牌营销战略

为落实《增加访日外国游客的共同计划》持续推进观光立国战略的发展，日本政府决定依法实施日本品牌营销战略。2013 年 3 月 15 日，日本政府颁布实施了《株式会社海外需要开拓支援法》。根据该法，日本经济产业省 2013 年度专门拨款 500 亿日元帮助日本企业在世界各地实施日本品牌营销工作。日本贸易振兴机构则充分利用 37 个驻外分支机构，在世界各地展示日本质地精良的各种工业产品，努力宣传日本饮食文化、流行音乐等现代日本人的生活方式，免费发放由观光厅和日本政府观光局制作的旅游宣传手册。此外，日本贸易振兴机构还鼓励世界各地接受日本投资的外国企业员工访问日本。观光厅和日本政府观光局还主动邀请世界著名的旅游相关产业集团进入日本市场。当这些外国大集团在日本国内开展各种旅游业务的时候，日本贸易振兴机构也将给予积极的帮助和指导。例如，日本贸易振兴机构对外国航空公司在日本设立分公司、世界大型邮轮停靠日本港口、著名文化企业在日本建设主题公园等事项都将给予帮助，中国春秋航空公司在日本设立日本春秋旅行株式会社就曾经得到过日本贸易振兴机构的大力支持。

六、出版业

日本的出版产业政策很少是单独的政策体系，基本上是作为文化产业的一部分来制定和执行的。值得关注的是，在成为经济大国后，日本出版一直未能走向世界，直到 20 世纪 90 年代以后，日本出版业的海外市场才逐渐形成。推动日本出版走向海外的力量主要来自两个方面：首先，20 世纪 80 年代以来，为了扩大日本文化在海外的影响，日本政府出台了一系列政策，相关机构通过免费提供版权、出版资助等形式来激励日本出版物在海外的出版；其次，20 世纪 90 年代以后，数字出版技术触动了日本传统的出版格局，直接危及到了日本出版产业核心支柱之一的漫画出版，因此，日本企业转而到出版环境不同的海外市场寻求出路。为了让日本图书出版业走出去，在国际市场有一席之地，日本设立了一系列资助基金，在翻译、出版、发行、参与国际书展等方面为图书出版业走出去提供支持。

表 4–2　日本图书出版资助基金体系

项目	设立机构	资助内容
日本国际交流基金	外务省	日本主题图书翻译；补贴纸张、制版、印刷、装订等生产成本，降低销售价格，让读者有能力购买；资助出版商参与或举办国际书展
日本文学出版计划	文化厅	将日本小说翻译成外文，向海外读者发行；将翻译后的小说捐赠给公共图书馆、大学，传播日本文化
三得利基金会	三得利财团	将日本图书翻译为高质量外文图书；日本知名作家介绍日本文化的书，向海外介绍日本学术成就与日本文化
讲谈社野间基金	讲谈社	资助翻译日本系列图书，并对高质量图书的翻译者进行奖励
日本万国博览会纪念基金	1970 年日本万国博览会	资助翻译和出版日本与其他国家之间文化交流的出版物
日本研究国际中心基金	日本研究国际中心	资助翻译和出版海外学者研究日本的系列图书
笹川日中友好基金	日本财团	资助和策划关于日本文化的研究活动，出版相关图书

（一）从项目设置来看，日本基金项目体系可以分为出版专项资助基金和综合资助基金

专项资助基金主要是指针对图书翻译、出版、发行、参与国际展会等方面设置的专项资助基金。比如，日本文化出版计划、讲谈社野间基金、日本万国博览会纪念基金、日本研究国际中心基金都是针对图书翻译、出版、发行或参与国际展会的某一或多方面开展资助。综合资助基金主要是指基金项目不仅资助翻译、出版、发行日本系列图书，还资助其他对外文化交流项目。比如，国际交流基金、三得利基金会、笹川日中友好基金不仅资助日本系列图书的翻译、出版与发行，还资助日本对外文化教育、对外文化活动等项目。

（二）从设置机构来看，日本出版基金体系分为政府资助、企业资助、非政府组织资助

1. 政府设立的出版基金主要资助日文书籍翻译和出版

日本外务省设立国际交流基金会，把日本文化、社会科学和艺术领域的优秀日文书籍介绍到海外并资助翻译出版。国际交流基金每年都向不同国家和地区提供出版资助，在 2006 ~ 2010 年间，提供资助出版项目 293

项。当地的出版社出版由该基金提供的参考出版书目中的图书，则更容易获得出版资助。2002 年，为了传播日本的文化及价值观，日本文化厅发起日本文学出版计划（JLPP），实施“现代日本文化学的海外翻译和出版资助”项目，该活动取得了良好的效果。截至 2010 年，日本文化厅资助项目为 121 项，共有 86 部优秀作品被翻译成英语、法语、俄语和西班牙语在国外出版，向海外推介日本文化。

2. 企业财团设立日本系列图书翻译与出版资助基金，促进海外文化交流

日本三得利公司为了纪念公司成立 80 周年，成立三得利基金，为日本图书翻译提供资助，或者资助日本知名作家撰写的介绍日本文化的书，向海外介绍日本学术成就与日本文化。该基金每年出资 500 万日元，资助翻译 10 部人文社会科学领域的图书在海外出版，到 2010 年，已经有 237 部图书被翻译出版成英语、汉语、韩语、越南语、尼泊尔语等 21 种语言。同时，日本出版企业也非常重视资助翻译日本系列图书向海外出版，如日本讲谈社设立野间基金，资助翻译出版高质量的日本系列图书，并对其进行奖励。

3. 非政府公益组织设立基金，资助翻译出版日本与他国文化交流的图书

1970 年日本举办了世界博览会。为了促进日本与国外的文化交流，日本世博会将博览会一半的收入用于设立出版基金，支持翻译出版关于日本学术、教育、国际合作等相关图书，并将其捐赠给大学、研究机构；日本研究国际中心设立基金，资助翻译和出版海外学者研究日本的相关图书。日本财团设立笹川日中友好基金，资助和策划关于日本文化的研究活动，并出版相关图书，增进中国对日本文化的了解。笹川平和财团自 2009 年起，在中国遴选了社科文献出版社、南京大学出版社等 7 家出版社，冠以“阅读日本书系”项目，每年资助出版 10 ~ 15 种人文社会科学类中译本图书，目前已经出版有作品 24 部。

（三）从资助项目上看，日本出版基金主要选择文化交流的重点区域，资助翻译、出版、发行日本系列图书以及参与书展

通过对《日本国际交流基金 2002 年报》进行分析，我们可以看出：

一是日本国际交流基金重点资助日本系列图书出版，共计 33 部，日本系列图书与文学作品翻译共计 11 部，图书对外捐赠共计 311 个单位，资助参与国际书展共计 15 次；二是选择重点区域进行图书出版资助，扩大对外文化交流。国际交流基金重点资助的区域为欧洲，其次是亚洲和南北美洲（详见表 4–3）。

表 4–3　2002 年日本国际交流基金图书出版资助一览表

项目领域	项目名称	亚洲	大洋洲	南北美洲	欧洲	中东和北非	非洲	日本	总计
日本系列图书出版	出版帮助计划	7	0	8	12	4	0	2	33
	翻译帮助计划	2	0	0	5	0	0	2	9
日本文学作品翻译	翻译和出版							1	1
	俄文翻译和出版				1				1
图书捐赠	图书捐赠	107	11	54	114	16	9	0	311
书展参与	参加书展	4	0	4	5	1	0	1	15

通过梳理与归纳，我们可以将日本图书出版基金体系的资助内容大致分为以下几个方面：

1. 资助翻译和出版日本系列图书，增进国外对日本文化的了解

2010 年，笹川日中友好基金资助翻译出版了日本作家撰写的《日本文化的历史》、《战后漫画 50 年史》、《战后日本大众文化》、《日本地方自治》、《富士山与日本人》、《日本经济史 1600 ~ 2000》等全方位介绍日本历史、文化、政治、经济等的图书。

2. 资助文化交流的出版商参与或举办国际书展

日本国际交流基金资助了第 47 届贝尔格拉德国际书展、第 17 届巴西圣保罗国际书展、第 9 届北京国际书展。

3. 出资购买被翻译出版的图书，将其捐赠给国外文化机构

日本文学出版计划办事处（JLPP Office）实施日本文学出版项目，将日文小说翻译成英文、法文、德文、俄文，推荐给出版商。为了保证出版商的市场利益，日本文学出版计划办事处购买大量的图书捐赠给全世界的

公共图书馆、教育机构和研究机构。

（四）从资助资金来源上看，日本出版资助基金主要来源于政府财政支持、企业财团支持、非政府组织支持

日本图书出版基金之所以能够不断资助图书出版走出去，得益于日本图书出版基金来源的多元化。在日本图书出版资助体系中，日本国际交流基金的来源比较有代表性。从日本国际交流基金 2008 年度财务报表（见表 4–4）可知，其每年收入主要来源于政府的拨款，此外还包括投资收益、捐赠收益、委托项目收益以及其他收益，这些收益的 40% ~ 60% 都将用于资助日本系列图书翻译、出版、发行以及参与图书展会。

表 4–4　日本国际交流基金 2008 年度财务报表　　单位：日元

项目收益	预算	实际收益
政府资助	12892237	12892237
投资收益	2251125	2098936
捐赠收益	878338	763952
委托项目收益	707795	1095314
其他收益	179670	457138
总计	16909165	17307579

值得注意的是，日本国际交流基金会对出版产业的资助基金还得到了企业、社会组织和个人的捐赠支持。以 2008 年为例，日本国际交流基金就得到了企业财团、非政府组织和个人的捐款，如表 4–5。

表 4–5　2008 年日本国际交流基金接受捐款明细

2008 年获得捐款数额		捐款数量（项）	捐款总额（日元）
一般捐款	项目经费捐款	19	60844295
	私人捐款	3	111000
	企业成员捐款	54	10650000
	日本文化交流基金会捐款	633	2760000
特定项目捐款		43	689689532

从表 4–4 可以看出，2008 年日本国际交流基金得到的捐款可以分为两个部分：一般项目捐款和特定项目捐款。其中一般项目捐款将根据捐赠人

或者企业的意愿设立专项基金，对图书出版进行支持；特定项目捐款用于图书出版，促进国际文化交流，比如资助对外日语教学中的教材出版。

日本企业财团、个人、非政府组织积极参与到日本国际交流基金的捐赠上，一方面是因为捐赠其可用于设立专项的图书出版计划，因而实现其文化传播与交流的目的；另一方面是因为日本国际交流基金得到了日本税收的支持，根据公司税征收条例和个人所得税条例规定，日本政府对资助出版产业走出去的捐赠人或者捐赠单位给予企业所得税或者个人所得税减免优惠。

七、计算机网络业

日本是世界上信息化程度最高、网络信息技术最发达的国家之一，但日本同样面临着网络安全问题的严峻挑战，因而近年来日本出台多份国家战略文件，注重从国家战略层面加强与他国的网络安全合作。

2010 年 5 月 11 日，为适应不断变化的环境，日本内阁官房长官平野博文主持的信息安全政策会议通过了《保护国民信息安全战略》，旨在保护关键基础设施的安全，降低日本民众在使用 IT 技术时所面临的风险。该战略囊括了信息安全政策会议于 2009 年 2 月 3 日制定的《第二个国家信息安全战略》的全部内容，具有时间跨度长（2010 年度至 2013 年度）、内容涉及面广等特点，是一个全面的信息安全战略。在国际合作方面，该文件首先提出的就是要加强同美国、东盟、欧洲等国家及地区的合作，而在亚太地区仅提到了加强与亚太经合组织、亚太地区计算机应急响应组的合作，其他合作国际组织包括东盟地区论坛、国际电信联盟、国际观察与预警组织、事件响应及安全组织论坛等。文件强调要加强 NISC 作为交流窗口的作用，积极参加各种相关的国际会议，与国外机构建立信息共享体制。

2013 年 6 月，日本政府发布《网络安全战略》——“塑造全球领先、高延展和有活力的网络空间”。为了跟上网络空间全球化的步伐，日本谋求构建“世界领先的”网络空间，并尝试在这个全球性的战略空间内做出自己的贡献以及提供外展服务。采取的措施包括：加强部长级别对话，积极参与国际准则的制定，积极拓展海外市场，加强支持以及建立信任措施。《战略》中提出要扩展网络空间国际合作，提出增加协调国际性安全事故的参与国数量。通过这些举措，日本旨在为其网军国际化、专业化作铺垫，以高技术信息化武器装备的网军打造强大的网络威慑能力，进而提升其国际地位，争取更多在网络空间的国际话语权。

2013 年 10 月，日本信息安全政策委员会发布《网络安全合作国际战略》，对日本开展网络空间国际合作的目标、原则、重要举措和国家间合作机制建设等做出阐述，是日本全面提升网络空间安全能力，实现网络安全强国战略的国际宣言。根据该战略，日本提出了网络安全国际合作的重点领域，包括强化网络安全事件动态响应，建立计算机安全事件响应组并组织演习；建立各国网络安全主管部门信息共享和应急协调机制，推进网络空间国际合作全球框架建设；加强各国网络空间事务处理能力建设，提升全球网络安全标准，通过国际合作发展应对网络威胁的先进技术；推动网络空间国际规则制定，积极参加各类多边框架下的网络空间政策制定和能力建设磋商，传播日本的网络安全基本原则和政策等具体主张。日本还提出了若干加强区域合作的重点举措，包括：加强亚太区域合作，特别是深化日本与东盟在网络空间人才建设、技术研发、信息共享和关键基础设施保护等方面的合作，开展日本与印度间网络安全磋商，发展伙伴关系；深化日美安保条约基础上的日美伙伴关系，强化两国政府部门间网络安全对话、联合演习和信息共享等方面合作；加强日欧网络安全合作，发展日英网络对话和日欧网络安全论坛等基础上的日欧伙伴关系；向非洲、南美洲提供网络安全技术援助。

第三节　日本文化创意产业国际合作战略

日本提出把 21 世纪作为日本依靠本国的文化资源与文化优势开始新一轮发展的世纪，积极参与国际文化市场竞争，在文化上做出国际贡献，对外传播日本文化。为了实现这一战略目标，日本在国际市场提出了一系列国际合作措施。

一、动漫业

（一）国际合作手段

1. 销售著作权

19 世纪 70 年代，日本动画开始羽翼丰满进军国际市场。1963 年元旦，手冢治虫创作的世界上第一部电视动画连续剧《铁臂阿童木》在富士电视台播出，获得成功。同年 9 月，这部动画片被美国国家广播公司（NBC）购买，进入北美市场，此后又被 40 多个国家购买和转播，成为日本动画出口的先驱。此后，电影《魔神 Z》在欧洲大行其道；90 年代的《龙珠》和《宠物小精灵》冲击了美国市场，日本动画的出口大幅度上升。《宠物小精灵》系列剧在世界 60 多个国家播放，从海外给日本带来了 380 亿日元的收入，是日本国内收入的两倍，成为日本第一部在海外获得商业性成功的动画片。1999 年 11 月，《宠物小精灵》的电影版《超梦的逆袭》在美国上映，成为首部打破欧美电影票房纪录的亚洲影片。新世纪日本动画电影代表作《千与千寻》在美国电影市场创造了“单场观众人数最多”的纪录。此后，日本动画产业风生水起，在国际舞台上展露异彩，2004 年至 2005 年期间，日本在海外发行的主要动画电影见表 4–6。

表 4–6　2004 ~ 2005 年日本在海外发行的主要动画电影

电影名称	发行时间	海外发行情况
哈维尔的移动城堡	2004–11–1	海外 50 个国家发行
蒸汽男孩	2004–7–1	美国、中国台湾和法国发行
攻壳机动队 2	2004–3–1	美国发行
游戏王		美国发行

数据来源：“Japanese Film Industry”，Jetro Japan Economic Monthly，May，2005。

2. 国外设立当地法人

近年来，日本各大动漫厂商都纷纷在北美及欧洲市场设立当地法人，亲自在当地开展产品的推广业务。采用这种做法可以和当地发行公司就发行等事业开展更加细致的合作。

就日本碧日株式会社（VIZ Media）来说，先是通过版权输出的方式在海外培育市场，然后在海外建立出版机构，做到在产品“走出去”的同时资本也“走出去”。VIZ Media 在日本、美国、欧洲、中国大陆、香港等地设有公司，尤其以美国“VIZ Media”最为人所知，主要从事日本漫画出版、日本动画代理、日本动漫画及其相关作品改编的真人电影和电视制作，特别专注日本流行文化。2002 年，VIZ Media 在美国推出了《周刊少年 Jump》英文月刊，首次实现了日本出版商在海外定期出版漫画杂志。由于《周刊少年 Jump》获得了良好的市场效益，2005 年 6 月，日本出版商又在北美推出了以女性读者为对象的漫画杂志《少女 Beat》。2005 年 11 月，VIZ Media 又与 2004 年在汉堡设立的出版企业东京文化（TOKYOPOP）达成在德国进行出版业务合作的协议。在 2005 年 10 月，VIZ Media 与英国的版权代理公司合作在荷兰成立欧洲 VIZ Media，主要业务是在欧洲对日本的综合出版社——小学馆和集英社的出版内容进行一元化管理和版权的销售等。《2012 年度通商白书》中一组有关日本出版拓展海外市场的数据表明，2011 年美国畅销漫画图书的前 10 种有 7 种是 VIZ Media 出版的。

Production I.G 是另一个通过设立海外集团公司推进国际事业的代表。Production I.G 公司制作风格严谨，凡是他们出版的动画，不论长短都力图做到最好，I.G 就代表着画面精美。《攻壳机动队》、《精灵守护人》、《好想告诉你》、《东之伊甸》等都是 Production I.G 的产品。1995 年 11 月在美国洛杉矶设立 Production I.G.LLC 公司，作为 Production I.G 的关联公司，在美国设立法人。Production I.G.LLC 主要作为海外商业的窗口，向世界展示日本动漫。2012 年 9 月，Production I.G 的第二个海外集团公司 Production I.G Canadian Bureau 在加拿大渥太华成立，该公司由日本动画制作公司 Production I.G、加拿大的动画公司 The Nakamura Group Advantage 和日本电影商业咨询公司 Filosophia 共同出资建立，新公司更注重于当地商业的开拓，目标是海外电影的共同制作及其运营、管理。

3. 技术合作

日本动漫产业非常重视对动画技术的开发，如每年举行的东京国际动画节会举行学术和科研活动，共同探讨动画产业未来的发展。在动画技术发展方面，日本动画企业开始向无纸动画转移，通过互联网与全球各地相通，各地动画师同时在电脑上互相交流，共同进行创作和制作。还有一些制作企业在制作产品之初就将海外市场的发行列入自己产品销售的视野之中，已经不考虑在日本市场上发行等因素。他们利用技术合作，在发行当地寻找技术伙伴，同时寻求市场的支持，以促进自己的作品早日在当地上市。由于起始阶段就和合作伙伴进行共同开发，所以可以获得在合作对象所在国家市场的巨大成功，带来比在日本国内市场上发行时层次完全不同的收益，因此成功的可能性也会大得多。

（二）不同地区的市场战略

1. 美国市场

有必要有针对性地制作一些指向美国市场的动漫产品，在美国市场运用标准的模式进行销售也是十分有效的手段。

2. 亚洲市场

在亚洲市场，由于不完善的媒体体制和猖獗的盗版行为，很大程度上阻碍了文化创意产品的交易。有必要根据该国的人口、购买力、宗教和所处区域等其他有关因素开展细致的贸易工作。因此，日本在亚洲国家开展业务时并不是和整个亚洲地区签订合同，而是和每一个国家或地区分别签订许可合同。

3. 欧洲市场

欧洲市场非常重视文化的多样性，实现真正意义上的国际联合制作，这对日本和欧洲双方文化的融合以及开展创意文化交易都非常重要。

二、游戏业

（一）国际合作手段

1. 海外设立当地法人

日本的大型游戏企业一直依靠在北美及欧洲设立当地法人代理机构来进行游戏软件的销售。也有一些企业在中国和韩国设立了当地法人，以此获得与当地发行公司进行全面沟通等有利条件。

2011 年，Marvelous AQL 成立海外事业部，主要针对在线游戏和家用机游戏的全球推广。希望通过网络来布局全球，成为让世界都为之惊叹的内容提供商，提供多种多样的世界级的内容。AQL 希望把日本的原创内容出口到北美、澳大利亚和亚洲等地，加强与其他公司的内容的世界级买卖，使收益最大化。目前在北美地区，已经和美国 XSEED JKS，Inc 公司合作，并得到社交游戏公司 Checkpoint Studios Inc 的资本注入，这都有助于海外内容的获得。

2014 年，日本社交游戏开发公司 Enish 在上海成立其首个海外分社，为完成向国内外市场积极推动其游戏的成长战略做出了重要的一步。Enish公司表示，今后会继续关注成长迅速的中国游戏市场，力图向中国推广更多优质游戏，积极与当地优秀的游戏开发商进行业务合作，进一步实现其在海外的成长战略。

2. 满足当地市场的需求

一款日本游戏要想在海外做出成绩，本地化工作必不可少。除了游戏文本、语音本地化之外，游戏玩法乃至文化本地化也很重要。近年来，各游戏产品生产厂家注重的不仅仅是将游戏翻译成当地的语言，同时将人物的设计、变更游戏难度等适应当地需求的条件放在重要位置，有的企业甚至设立了使产品本土化的专门机构，以适应当地市场的需求偏好。

以日本游戏公司 DeNA 为例，DeNA 在海外事业逐步走低的情况下，其中国区业绩却逆势繁荣。在组织架构上，DeNA 中国的总部在上海，并在北京、深圳均设有分支机构，在大连设有大型测试中心，当前在中国有超过 400 名员工；而在产品本土化上，DeNA 中国主要制作发行《变形金刚》、《NBA》、《灌篮高手》等知名 IP 游戏，按照中国人的审美、思维设计游戏模式。

3. 国内游戏大亨强强联手

日本 GREE 株式会社和万代南梦宫集团已经达成放眼全球、加强全球事业合作的协议。2012 年 5 月 23 日，日本 GREE 株式会社就已经开始在全球范围内发布应用平台 GREE Platform，针对万代南梦宫社交游戏的各个不同市场，开展相应的本地化优化工作。2012 年 6 月 27 日，GREE 和万代南梦宫开始在日本范围内发行其社交游戏《NARUTO- ナルト －忍マスターズ》，主要针对手机用户的相关游戏服务；其次，将《NARUTO- ナルト －忍マスターズ》编制成其他语言版本，并将其推向海外市场。之所以将《NARUTO- ナルト －忍マスターズ》社交游戏作为第一弹合作内容，是因为其漫画《火影忍者》的累计销售量突破 1.2 亿部，在日本和世界范围内有拥有广泛的影响力。针对两家公司的强强合作，日本 GREE 株式会社拥有世界级的稳固平台和游戏运营技巧，而万代南梦宫在动漫角色活用、游戏开发技术方面持有很强的核心竞争力，这样的两家公司合作，将成为一股新的力量涌入全球市场，在全球游戏市场上大展风采。通过两家公司强有力的合作而在全球范围内发行的游戏相关内容，不仅仅提高了这两家公司在国际市场上的知名度，更使两家公司的强强合作在国际游戏市场上更好地发挥了自己的优势。

4. 举办国际性游戏展

日本每年举办日本国际游戏展览会（TGS），该游戏展始于 1996 年，它“作为世界唯一的电脑娱乐展”，与游戏产业一道得到了长足的发展。该游戏展经过 10 多年的发展，观展人数逐年增加。2014 年，展览会上参观新设的儿童区的观众比上一年增加了 30%，面向公众的一般公开日的观众比上一年增加了 1 万人次，达到了 160096 人，观众人数在历届展览会中排名第三。厂商和海外媒体的数量也连续 2 年创造了最高纪录，面向企业人士的专业日吸引了世界 22 个国家和地区的观众。2015 年，主办方加强海外招商活动，为媒体采访提供更多便利条件，进一步推动国际化进程。

（二）不同地区的市场战略

1. 美国市场

日本游戏制造商提供的产品应当符合当地消费者的喜好，例如，设立当地法人或开发适应当地需求的本地化产品等。

2. 亚洲市场

游戏制造商应立足于以个人电脑为平台的在线游戏产品为主的新兴市场，在维持游戏机普及所带来的市场业务的同时，努力开展游戏软件，将在线游戏业务列为未来发展的重点。

3. 欧洲市场

近年来，欧洲市场快速发展。由于欧洲地区每个国家语言和居民喜好不同，日本企业需要适应当地需求，通过与当地伙伴的合作，提供满足当地消费者兴趣的游戏产品。

三、电影行业

（一）国际合作手段

1. 销售版权

将在日本国内制作的日本电影通过国外电影节或参加影展等形式积极开展版权交易。尽管如此，由于亚洲电影与欧美电影存在很大差别，以及国外观众很不习惯字幕放映等原因，除极少数作品之外，目前尚且不能期待获得很大的交易量。要想打入国际市场，除凭借作品本身的水平外，发行能力也不可小视。从日本动画片过去在国际电影节获得成功的范例看，由好莱坞巨商投资而制作的作品可以确保在海外发行的份额。

2. 改编权的出售

好莱坞巨商们积极地购买各国电影的改编权，目前他们已经购买了日本的《午夜凶铃》、《让我们跳舞吧》等影片的改编权。但是仅靠出售改编权的收入还是十分有限的，况且日本的版权人都是倾向于以十分便宜的价格出售版权，因为即便日后作品走红，作品票房的利益份额毕竟有限。今后出售改编权的交易会越来越多，如何改变目前的廉价交易，尽可能开展共同制作，这才是最主要的手段之一。

3. 国际共同制作

20 世纪 50 年代，日本电影作品屡屡斩获国际大奖，催生了一大批享誉世界的电影大师。然而，最近几年日本电影的国际影响力变得越来越小。在戛纳国际电影节和威尼斯国际电影节上，鲜有能够受到人们关注和欢迎的作品。面对这种不利局面，日本正在积极寻求复兴本土电影的策略。

面对以“融合”与“对话”为特征的新的历史阶段，国际共同制作不仅是一个文化输出的平台、电影走出去的主要渠道、用“借船出海”的思路打造电影产业实力的跳板，更是一个力图与全球主流电影市场和全球主流电影观众价值观相融合的“行业事实”。日本电影界认为，向世界推广日本电影的一个有效方式是谋求国际共同制作。入围第 65 届戛纳国际电影节竞赛单元的日本电影《如浴爱河》就是一部由法国和日本联合制作、由伊朗导演执导的影片。值得一提的是，这是伊朗导演阿巴斯 · 基亚罗斯塔米第一次拍摄有关日本题材的作品。由于伊朗国内对电影的审查制度非常严格，因此选择在日本制作电影也是阿巴斯的愿望。目前，日本和法国共同制作的电影已有 10 部之多。

4. 投入数字化重新制作

除了向海外寻求合作之外，积极地投入数字化重新制作，让日本老电影重焕光彩也被认为是一个好办法。戛纳国际电影节从 2004 年开始创立了

“戛纳经典回顾展映单元”，利用修复的胶片呈现经典老片，展示各国的电影发行公司、版权所有者、电影资料馆以及国家档案库的工作成果。重新制作的英国经典电影《阿拉伯的劳伦斯》、日本经典电影《楢山节考》等获得了观众的一致好评。

松竹映像公司的佐藤究表示：“当今老电影具有巨大的市场潜力，尤其是在欧美国家，因此，通过数字化修复或重新制作经典老电影是符合市场需求的。我们只需要投入资金就可以获得相当高的收益，同时有助于高效地推广日本电影，提高其在世界范围内的影响力。”

（二）不同地区的市场战略

1. 美国市场

日本应该在向美国积极推销本国的原著改编权的同时，建立一种类似于“剧本银行”的制度，充分利用国际共同制作的框架模式，探索交易形式的转变。同时，应注意交易的透明化和信息的公开化，融资业务也必不可少。

2. 亚洲市场

日本今后应该注重在亚洲举办的电影节上宣传自己的作品，以谋求获得广泛的亚洲地区和规避一些文化方面的限制。至于流通分配，应将重点放在打击盗版上。

3. 欧洲市场

日本应努力将本国的电影产品打入欧洲各电影节市场，并谋求与欧洲各国进行共同制作，还可将与好莱坞共同创作的作品销往欧洲市场。

四、音乐行业

在经济全球化的趋势下，文化交流一直是各国间相互理解的重要手段，音乐作为文化的一种重要表达，也早已成为当今世界的重要议题。日本音乐文化的国际合作多体现在研讨会、讲座、工作坊和演出等方面。

（一）国际合作手段

1. 召开跨国研讨会

2011 年 11 月 2 日至 5 日，第六届世界音乐周“中日国际音乐研讨会”在中央音乐学院举行，35 位来自日本与中国各院校的知名学者、艺术家们齐聚一堂，就日本传统音乐文化、日本音乐教育、日本音乐研究动态以及中日音乐文化交流等问题展开一系列的探讨与展演。此次中日音乐文化主题的交流由研讨会、讲座、工作坊和演出4部分构成，除了重点呈现日本的传统邦乐文化外，会议还在传统音乐保护与发展、中日音乐比较研究和多元音乐教育等方面进行了跨文化的交流，为与会双方提供了相互学习、借鉴的平台，也使得学者们在面对面的交流中增进了了解并得到了提高。

2. 举办国际性音乐节

日本有两个国际闻名的音乐节，即富士摇滚音乐节和SUMMER SONIC音乐节。每年夏季，国际著名音乐艺人齐聚两大音乐节，举行音乐的饕餮盛宴。

（1）富士摇滚音乐节

富士摇滚音乐节一般简称为“富士摇滚”（Fuji Rock），创建于1997年，每年7月下旬、8月上旬在日本新泻县苗场滑雪场举办，至今已经有18年历史。作为日本摇滚盛事的先驱，该音乐节每次都有超过200组国内外的音乐人参与，是日本最大规模的户外音乐活动，现已成为亚洲最大摇滚音乐节。

至于为何定名为“富士音乐节”，则是因为第一届音乐节是在富士山边举办的，该音乐节的会徽也因此用到了富士山的形象。从第三届开始，音乐节就固定在新泻苗场举行，并从原来的两天改为固定三天。值得一提的是，虽然音乐节的标题中有“摇滚”字样，但早已不局限于摇滚类音乐而提倡百花齐放了。每年的富士摇滚音乐节都是大牌云集，如深受年轻人推崇的Emo代表团体闹翻天男孩、格拉斯哥招牌乐队弗兰兹·费迪南、另类摇滚乐队Weezer、素有“摇滚女诗人”之称的老前辈帕蒂·史密斯（Patti Smith）、由传奇歌手本·哈珀（Ben Harper）带领的Relentless 7乐队以及一直以来都相当受欢迎的跳舞组合Basement Jaxx等国际顶级乐队、歌手争相加盟。

富士音乐节更号称全球最干净的盛典，所以对不进行分类就把垃圾扔掉、随便丢弃白色污染物等破坏环境的行为都要进行批评。对此种做法大表赞同的音乐人很多，所以该音乐节治安良好且观众都非常自制，各种综合评价极高，在全球享有盛名。

（2）SUMMER SONIC 音乐节

SUMMER SONIC 音乐节始办于 2000 年，在人气上与富士摇滚音乐节平分秋色。它是城市型音乐节，在千叶县与大阪府两个地区同时举办，其最大特征是参演艺术家的巡回演出制，是日本国内屈指可数的摇滚音乐节之一。2009 年是 SUMMER SONIC 音乐节 10 周年，SUMMER SONIC 音乐节请来了最热门的国际一线大牌前来助阵：由林肯公园领衔，九寸钉和我的化学罗曼史（My Chemical Romance）压轴的 10 周年庆典，还包括了同样来自美国的独立噪音乐队音速青年（Sonic Youth）、另类摇滚老将烈焰红唇（The Flaming Lips）、当下热门的纽约新晋舞后 Lady Gaga 以及深受独立小青年们喜爱的 Mercury Rev，华丽强大的阵容有点让人不敢相信自己的眼睛。

（二）不同地区的市场战略

1. 美国市场

在多样性的民族生活和多类型文化并存的美国，语言并不是真正的障碍。美国音乐市场的特点是创意，追求前所未有的旋律的新鲜感，依靠“个性的魅力”和“演出的扩大”开拓出那些追求日本音乐的“不同的感觉”的潜在的消费者的需求。

2. 亚洲市场

可充分利用亚洲市场离日本很近的地理优势，鼓励日本的艺人积极参加亚洲的音乐会，利用与当地歌手同台演唱的机会，用当地的语言翻唱日本歌曲。

今后在互联网上发布音乐的形式将成为音乐传播的主流，充分利用互联网和移动设备推广日本音乐成为日本音乐界今后努力的方向。

3. 欧洲市场

与其他市场相比，欧洲市场的语言障碍显得尤为突出。日本音乐要想打入欧洲市场，需要通过对消费者经常使用现场表演和互联网宣传，要通过耐心、踏实的工作来提高欧洲市场对日本音乐的知名度。此外，还应进行符合国外视听习惯的展示、推广活动，并建立相应的网络组织。

五、旅游业

为了发展入境旅游，日本政府还与世界各国尤其是东亚各国家地区之间开展了非常广泛的旅游合作（参见表 4–7）。通过国际旅游合作，一方面加强了与世界其他国家旅游行业的交流，同时也开拓了国际旅游市场，提高了日本旅游的魅力。日本与他国的旅游合作主要体现在 APEC 旅游部长会议、东盟及中日韩首次“10+3”旅游部长会议、中日韩旅游服务贸易合作等方面。

为了加强亚太地区旅游交流与合作，推动亚太地区旅游业的发展，自 2000 年起，APEC 开始举行旅游部长级会议，每两年举行一次，由当年 APEC 东道主在领导人非正式会议前主办。APEC 旅游部长会议对推动亚太区域旅游市场一体化，促进旅游与其他产业融合发展，推动旅游产业转型和增长，加强 APEC 旅游合作，促进亚太地区旅游的互联互通等方面发挥着重要作用。

东盟与中日韩旅游部长会议自 2002 年成立以来，每年召开一次，会议建立了东盟与中日韩三国旅游合作的基本框架，东盟与中日韩三国在旅游合作上达到了许多共识。中日韩三国在“10+3”区域合作安排下展开间接的合作，以旅游部长会议达成的共识为指导性蓝本，以教育旅游论坛为辅助，以民间活动为补充。

中日韩旅游服务贸易合作一直在积极地进行中，到目前为止，三国共举办了 7 届旅游部长会议。通过会议，三国展开了丰富多彩的官方、民间交流活动，三国密切合作，努力消除制约旅游发展的不利因素。从 2006 年开始，中日韩三国共举行了 7 次教育旅游论坛，围绕新时期的教育旅游发展前景、教育旅游交流的发展趋势和教育旅游接待的现状等问题进行了深入探讨。

但是，日本与他国的以上三种形式的合作主要在交流层面，在务实层面的合作还需加强。

表 4–7　21 世纪日本参加的国际旅游合作

年份	国际旅游合作项目	参与国家地区
2000	首届 APEC 旅游部长会议：《汉城宣言》	APEC 成员各国
2002	第二届 APEC 旅游部长级会议：《曼萨尼约宣言》	APEC 成员各国
	东盟及中日韩首次“10+3”旅游部长会议	“10+3”国家旅游部门
	日美两国政府关于扩大旅游交流备忘录	日美旅游行政主管部门

续表

年份	国际旅游合作项目	参与国家地区
2003	东盟及中日韩“10+3”旅游部长特别会议:《北京宣言》	“10+3”国家旅游部门
	中日韩签署旅游合作备忘录打造周游三国旅游项目	日中韩旅游行政主管部门
2004	第三届 APEC 旅游部长级会议	APEC 成员各国
	东盟及中日韩第三届“10+3”旅游部长会议	“10+3”国家旅游部门
	扩大日韩观光合作交流共同宣言	日韩旅游行政主管部门
2005	东盟及中日韩第四届“10+3”旅游部长会议	“10+3”国家旅游部门
	2005 年日韩观光交流年活动	日韩旅游行政主管部门
	日俄两国政府就旅游领域加强合作的计划	日俄旅游行政主管部门
2006	第四届 APEC 旅游部长会议	APEC 成员各国
	东盟及中日韩第五届“10+3”旅游部长会议	“10+3”国家旅游部门
	2006 年日中观光交流年活动	日中旅游行政主管部门
	2006 年日新观光交流年活动	日新旅游行政主管部门
	首届中日韩部长级会议:《北海道宣言》	日中韩旅游行政主管部门
2007	东盟及中日韩第六届“10+3”旅游部长会议	“10+3”国家旅游部门
	2007 年日印签署观光合作备忘录	日印旅游行政主管部门
	2007 年日印观光交流年活动	日印旅游行政主管部门
	日印就双方旅游签证简略化问题达成意向	日印旅游行政主管部门
	中日就如何继续加强中日旅游合作交换意见	日中旅游行政主管部门
	第二届中日韩部长级会议:《青岛宣言》	日中韩旅游行政主管部门
2008	第五届 APEC 旅游部长会议:《帕查卡马克宣言》	APEC 成员各国
	东盟及中日韩第七届“10+3”旅游部长会议	“10+3”国家旅游部门
	第三届中日韩部长级会议:《釜山宣言》	日中韩旅游行政主管部门
	中日韩旅游交流运营委员会启动	日中韩旅游行政主管部门
2009	东盟及中日韩第八届“10+3”旅游部长会议	“10+3”国家旅游部门
	第四届中日韩部长级会议:《名古屋联合声明》	日中韩旅游行政主管部门
2010	第六届 APEC 旅游部长会议:《奈良宣言》	APEC 成员各国
	东盟及中日韩第九届“10+3”旅游部长会议	“10+3”国家旅游部门
	签署《第五届中日韩旅游部长会议联合声明》	日中韩旅游行政主管部门
2011	东盟及中日韩第十届“10+3”旅游部长会议:通过《2011 年至 2015 年东盟旅游发展战略计划》	“10+3”国家旅游部门
	签署《第六届中日韩旅游部长会议联合声明》	日中韩旅游行政主管部门

续表

年份	国际旅游合作项目	参与国家地区
2012	第七届 APEC 旅游部长会议：《哈巴罗夫斯克宣言》	APEC 成员各国
	东盟及中日韩第十一届“10+3”旅游部长会议	“10+3”国家旅游部门
2013	东盟及中日韩第十二届“10+3”旅游部长会议	“10+3”国家旅游部门
2014	第八届 APEC 旅游部长会议：《澳门宣言》	APEC 成员各国
	东盟及中日韩第十三届“10+3”旅游部长会议	“10+3”国家旅游部门
2015	签署《第七届中日韩旅游部长会议联合声明》	日中韩旅游行政主管部门

六、出版业

日本是最早推行出版产业化的国家，因而在日本也形成了一些独特的出版文化和经营理念。就出版业的国际化来说，日本出版业界的运作模式仍有许多值得借鉴之处。

（一）适应当地市场的需求

为了融入美国市场，日本出版商就出版物开本、印刷装订、彩色印刷和分级制 4 个方面进行了版本调整。由于美国图书的主要流通渠道是图书书店，为了适应当地的销售流通渠道，以便摆在书店的书架上销售，日本出版商根据美国图书的开本形式来印制出版物，漫画图书开本也由原来的 17×11 厘米扩展为 23×15 厘米。美国的漫画多是采用彩色印刷，日本版的漫画也由本土版的黑白印刷升级为彩色印刷。鉴于美国对出版物的内容有相应的法律条文限制，尤其对色情和暴力有严格的要求，日本出版商引入了出版分级制度，将漫画分为 4 个等级：（A）一般读者（All Ages）；（T）13 岁以上（Teen）；（T+）16 岁以上（Older Teen）；（M）18 岁以上（Mature）。

（二）主动出击战略

早在 20 世纪 90 年代末期，日本出版商就已瞄准中国的时尚、信息类市场。在一个历史时期内，日本的时尚和信息类杂志曾依次影响过中国台湾、中国香港和中国内地。1995 年，在经过市场调查以后，主妇之友社在中国推出了《瑞丽》服饰美容杂志，杂志很快打开了中国市场，发行册数为 40 万，已超过了其在日本本土的发行册数。其后，讲谈社于 2000 年在中国推出了 ViVi 杂志的中文版，2001 年又在中国出版 Oggi 中文版。到 2002 年，又有 4 家出版社相继在中国开展出版业务，主要经营时尚和信息类杂志，在中国出版业界形成了一定的市场和规模效应。

表 4-8 日本杂志海外主要市场一览表

杂志种类	出版社	在日本的名称	出版国家	在出版国家的名称	创刊年
时尚类杂志	主妇之友社	Ray	中国	瑞丽 服装 美容	1995
		Cawail ef	中国	瑞丽 伊人风尚 可爱先锋	2000
		Mira	中国台湾	米娜风尚	2002
	讲谈社	Vivi	中国	昕薇	2000
		With	中国	秀	2005
		Style	中国	俏丽	2001
	小学馆	Oggi	中国	今日风采	2005
		Cancm	中国	今日佳丽	2002
	HACHETTE 妇女画报社	Vingt-cing ans	韩国	炫色	2004
	扶桑社	Luci	中国	露茜	2002
漫画类杂志	COREMIX	Comic Bunch	韩国		
	小学馆 集英社	少年 Jump	美国	SHONEN JUMP	2003
信息类杂志	角川书店	Walker 系列	韩国		2001
		Newtype	美国 加拿大	Newtype USA	2002
	Recruit	Zexy	中国	皆喜	2004
	JTB	Rurubu 信息版	韩国		2002

来源：诸葛蔚东. 日本出版走向海外的途径分析［J］. 中国出版，2010.3

（三）通过国外当地法人进行销售

为了加大日本出版业在海外市场中渗透的力度，2004 年 6 月，日本中盘领域两大超级企业之一的日贩在北京设立了北京书锦缘咨询有限公司，主要经营版权、翻译服务、编辑、平面设计、印刷和销售等方面的业务，该公司的宗旨是成为日本出版业打进中国市场的大本营。2005 年 8 月，日本的 IT 出版商 Inpress 也开始在中国经营 IT 类图书和杂志；2005 年 10 月，日本最大的专业少儿出版社日本白杨社在北京开办了儿童书店。

（四）教育性合作

教育性合作，指的是出版机构与非营利性的教育机构之间的合作。

1947 年 3 月，岩波茂雄先生曾立遗嘱捐赠岩波书店内出版的日文书刊给中国的 5 所大学：北京大学、中山大学、暨南大学、中央大学、武汉大学；1949 年以后，捐赠对象改为北京大学、中山大学、东北师范大学、北京图书馆（现中国国家图书馆）、武汉大学。这种赠书活动一直持续至今，这在世界出版史上也属罕见的事例。

岩波书店的社标是一个“播种人”的形象，由日本雕刻家高村光太郎加工雕制的名为《播种者》的铜雕：一个身形壮健的农人立于苍茫广阔的土地上，挥手播撒种子。播种，寓意辛勤耕耘的意志和期待收获的希望，更蕴藏着一种对事业的热爱与燃烧的激情，它真切地反映了创办人岩波茂雄先生创办岩波书店的宏远理想与信念，那就是秉承诚实真挚的态度，以促进与传达文化为己任，做文化的播种者，做文化的快递人。

对出版人来说，出版的首要职责应是传承文化，文化理性是第一位的，而不应该是经济理性。在通过何种方式能把文化传承的职责做深、做透上，岩波书店提供了一个很好的事例。

七、计算机网络行业

日本政府在网络安全领域积极谋求国家合作，既是出于拓展和实现其政治、军事利益的需要，也是基于对网络安全本质属性的深刻认识。由于网络安全问题的跨国性，在维护网络安全问题上，一国无法“自扫门前雪”，网络安全不是单一国家的责任，必须要各国协调配合，建立和强化网络安全双边、多边协调机制，以解决面临的网络安全现实问题。

2000 年 5 月，法国和日本共同主持了主题为“政府机构和私营部门关于网络空间安全与信任对话”的八国集团会议，这是世界上首次以打击网络犯罪为主题议题的国际性会议。

2001 年 10 月 6 日，西方七国集团财长会议制定了《打击资助恐怖主义活动的行动计划》，呼吁加强反恐信息共享、切断恐怖分子的金融网络以及确保金融部门不为恐怖分子所利用。

2001年11月23日，欧洲委员会43个成员国以及美国、日本、南非正式签署《打击网络犯罪条约》，这是第一份有关打击网络犯罪的国际公约，它对诸如互联网诈骗、网络破坏行为等犯罪活动制定了刑事处罚条款，并制定了一些全球通用的互联网犯罪程序。

日本近年来不断加强与美国的网络防御合作。继1996年和2012年两次修改《日美防卫合作指针》之后，2014年7月11日，日本防卫相小野寺五典与美国国防部长哈格尔在美国国防部举行了会谈，双方根据解禁集体自卫权等情况，确认了在2014年年底前第三次修改《日美防卫合作指针》的方针，将宇宙空间的军事利用、网络攻击应对举措纳入合作内容。

第五章　韩国文化创意产业现状

第一节　韩国文化创意产业发展的经济背景

韩国国土面积为10万平方公里，国土面积狭小，资源匮乏，在1960年以前又经历了日本统治和韩战，传统文化也被割裂。以至于到了20世纪60年代初，韩国还是个一穷二白的农业国，人均GDP不到100美元，是世界上最贫穷落后的国家之一，在世人眼中是一个“没有希望的国家”。很多时候，韩国是作为中国的近邻，在研究中国问题的时候被轻轻带过的一笔，没有人对它有太多的关心，更谈不上文化的关心。

1961年朴正熙执政后，韩国经济、文化才有所好转。1962～1967年，韩国通过实施第一个经济增长五年计划，创造了“汉江奇迹”。20世纪60年代中期至80年代中期的短短20多年时间里，韩国政府进行工业化建设，实行了“出口导向型”的经济开发战略，成功推动了本国经济的飞速发展，IT、造船、汽车、钢铁、合成纤维等制造工业体系迅速在汉江两岸拔地而起。在首尔市中区，各大国际知名企业和金融机构云集。在江南区，高楼鳞次栉比，商品琳琅满目，是韩国最繁华的商业区。“汉江奇迹”一举把韩国带入经济强国之列，成为和香港、台湾、新加坡齐名的“亚洲四小龙”。1996年，韩国加入经济合作与发展组织（OECD），成为新兴工业化经济体的主要代表之一。

1997年，韩国遭遇了突如其来的亚洲金融危机，然而仅仅不到5年，韩国再次崛起。1999年，其经济增长即反弹至10%左右，后虽有下降，但在疲软的世界经济中，依然不失为一个亮点。

2004年，韩国经济总量居世界第11位，人均GDP超过14000美元。

经济的腾飞激发了韩国人急于摆脱几千年来的文化从属地位，膨胀了韩国人想成为文化强国的民族心理。应该说，经济的腾飞为韩国人谋求文化独立和扩张提供了基本前提。韩国文化的广泛传播是以韩国经济取得巨大发展为基础的。经济的发展以及政府对文化创意产业推广的高度重视是促使韩国文化创意产业迅速发展的最根本原因。

第二节　韩国文化创意产业结构

日本和韩国将文化创意产业称为“内容产业”（contents industries）。韩国是较早开始由官方提出“文化创意产业”概念的国家之一，在发展文化创意产业早期就以法律的形式对文化创意产业的概念进行了界定。根据韩国政府在1999年2月所发布的《文化创意产业振兴法》第二条的规定，“文化创意产业”是指“从事与文化产品相关的开发、制作、生产、流通、消费等有关的服务的产业”，主要包括如下门类：电影相关产业；音乐唱片、录影带、游戏产品相关产业；出版、印刷物、定期期刊相关产业；放送影像产品相关产业；文化财产相关产业；体现艺术性、创意性、娱乐性、休闲性，创造经济附加价值人物造型、动画、设计（产业设计除外）、广告、演出、美术品、工艺品相关产业；从事数字化文化内容收集、加工、开发、制作、生产等相关服务产业；其他由总统命令的传统服装、食品等产业。韩国的文化创意产业中比较有影响力的是以下产业。

一、电影产业

进入21世纪，韩国政府已意识到文化创意产业是高附加值产业，明显加大了文化创意产业投资力度。在文化创意产业中，又将主导文化创意产业定为影视文化创意产业。为此，韩国政府设立了中长期的育成政策，以迎接世界影视产业市场。韩国影视产业振兴院为此制定了一系列的研究开发项目。还投入人力物力，开发研究了许多影视产业信息、政策、市场、技术、国际交流等方面的项目。

韩国电影的迅速发展最关键的因素是积多年之努力。韩国电影界已形成了一支有实力、有魄力、有创新精神而又埋头苦干的编、导、演队伍，能创作出内容丰富、情节独特而又有丰富传统文化内涵的符合观众审美情趣的优秀电影。这也与韩国政府对文化创意产业所采取的政策分不开，韩国政府通过强制手段来保证国产电影在上映档期上的配额，给予专门发行国产电影的发行公司和专映国产电影的影院以税收上的优惠政策。2005年年初，韩国开始筹建的“韩流坞”（Hallyuwood），就是防止以少数明星为中心的“韩流”成为泡沫，希望通过政府与商界系统的努力和支持，让“韩流”持续不断地“吹”下去。

以1995年为转折点，韩国电影出现了大幅度跃动与走向世界的趋势。从艺术品位与票房效应及在国际电影节获奖几个方面看，都产生了很大的影响力。韩国电影在国际几大电影节上屡获大奖。2004年，共有319部韩国电影参加了824次国外电影节，获得66个奖项；在2004年的第57届法国“戛纳”国际电影节上，韩国电影《老男孩》获得评委大奖，成为韩国电影史上光辉的里程碑。2012年9月8日，韩国导演金基德执导的电影《圣殇》（Pieta）在意大利举行的第69届威尼斯国际电影节上荣获“金狮奖”。

国内市场上，韩国国产影片票房不断攀升，国内观众对本国影片的兴趣不断高涨，甚至超越了对国外大片的关注。

从1995年到2004年，韩国电影观众数量增加了8倍多，由4613万增加到1.35亿。2004年韩国十大卖座电影中，国产电影占了6部。

国际市场上，韩国电影的出口额逐年上涨，增幅明显。出口额从1995年的21万美元，猛升到2003年的3098多万美元，增长147倍；2004年又猛升到5828多万美元，比1995年增长278倍。2003年，韩国向56个国家出口了164部电影，比2002年平均增加了8万美元。2004年，韩国电影出口额为5828万美元，向62个国家出口了193部电影，平均每部出口价格为30万美元，比2002年平均每部增加了19万美元。2004年从对各地区的出口情况来看，对亚洲地区的出口额为4532.75万美元，占总出口额的77.8%，但是对欧洲和北美地区的出口额分别仅达到14.1%和5.0%。2004年韩国电影的出口额中，对日本的出口额比重最大，为4040.1万美元，占总出口额的69.3%，与前一年相比增长了91%。2005年，电影出口额7599万美元。

2005 年，随着《太极旗飘扬》、《朋友》等热门影片的放映，其国产影片市场占有率达到了 58.7%。影片《王的男人》在放映 67 天后，观众人数累计达到了 1175 万人次，刷新了韩国历来最高票房纪录。

2012 年，韩国进电影院观影的人次高达 1.9489 亿，其中看韩国产电影的人次为 1.1461 亿，国产电影占有率达到 58.8%。在这个总人口不足 5000 万的国家，相当于人均看电影 3.9 次，国产电影观众首次突破 1 亿人次，人均看国产电影 2.3 次。韩国观看国产电影人数与本国人口总数的比率高达 230%，远超英国（99%）、德国（35%）、法国（35%）、日本（49%）等其他文化发达国家。2012 年，韩国电影总票房 17123 亿韩元，其中韩国产电影占近 59%。韩国电影市场居世界第七、八位。

2013 年，根据韩国广播公司网站报道，韩国电影人气指数持续不衰，电影观众再次超过 1 亿人次，超过 2012 年，从而再创历史新高。其中，韩国电影《7 号房的礼物》2013 年的观众已超 1000 万人次。此外，《雪国列车》和《观相》的观众也分别超过了 900 万人次。观众超过 500 万人次的韩国电影多达 8 部，人气作品相继涌现。

表 5-1　2004～2013 年韩国电影产业主要数据表

类别 / 年度		2004	2005	2006	2007	2008	2009	2010	2011	2012	2013
观影人次	总观影人次（万人）	13517	14552	15341	15878	15083	15696	14918	15972	19489	21332
	增长率（%）	—	7.7	5.4	3.5	-5.0	4.1	-5.0	7.1	22.0	9.5
	韩国电影（万人）	8019	8544	9791	7939	6355	7641	6940	8287	11461	12727
	增长率（%）	—	6.5	14.6	-18.9	-20.0	20.2	-9.2	19.4	38.3	11.0
	占有率（%）	59.3	58.7	63.8	50.0	42.1	48.7	46.5	51.9	58.8	59.7
	外国电影（万人）	5498	6008	5550	7939	8728	8055	1978	7685	8028	8605
	增长率（%）	—	9.3	-7.6	43.0	9.9	-7.7	-1.0	-3.7	4.5	7.2
	占有率（%）	40.7	41.3	36.2	50.0	57.9	51.3	53.5	48.1	41.2	40.3
首轮上映数量	韩国电影（部）	74	83	108	112	108	118	140	150	175	183
	外国电影（部）	194	215	237	281	272	243	286	289	456	722

续表

类别 / 年度		2004	2005	2006	2007	2008	2009	2010	2011	2012	2013
银幕数（个）		1451	1648	1880	1975	2004	2055	2003	1974	2081	2184
人均观影（次）		2.78	2.98	3.13	3.22	3.04	3.15	2.92	3.15	3.83	4.25
韩国电影投资收益率（%）		3.1	7.9	−24.5	−40.5	−43.5	−13.1	−11.0	−14.7	13.3	15.2
总销售额	影院票房（亿韩元）	8498	8981	9257	9918	9794	10941	11684	12358	14551	15512
	附加市场（亿韩元）	6536	5433	3900	2750	2224	888	1109	1709	2158	2676
	海外输出（亿韩元）	638	832	268	267	230	155	462	382	414	651
	总计（亿韩元）	15672	15246	13425	12935	12248	11984	13255	14449	17123	18839

表 5-2　2011 ~ 2013 年韩国电影海外出口额　　单位：韩元

类别	2011	比上年（%）	2012	比上年（%）	2013	比上年（%）
完成作品出口	15828662	—	20174950	27.5	37071445	83.7
技术服务出口	19041163	—	17649854	−7.3	22388411	26.8
海外出口总额	34869825	—	37824804	8.5	59459856	57.2

注：1. 海外出口额指完成作品加服务出口额。

2. 成片输出额为定金与附加收益相加的金额（over age）。

3. 技术服务输出额为外国电影在 VFX、DI、3D、音效、特效、武术等技术为外国电影接单的金额和外国电影在韩国发生的费用相加的金额。

迄今，韩国共拍出 8 部观众人数超过千万的电影，每部票房合 4.5 亿 ~ 6 亿元人民币。

表 5-3　韩国千万以上观众电影　　单位：万人

电影	观众人数
盗贼同盟	1302
怪物	1301
光海	1230
王的男人	1230
7 号房的礼物	1200

续表

电影	观众人数
太极旗飘扬	1174
海云台	1145
实尾岛	1108

其中，2012 年一年就上映了两部观众千万级电影：《盗贼同盟》（观众 1302 万，票房 936 亿韩元，合人民币 5.2 亿元）和《怪物》（观众 1301 万，票房 785 亿韩元，合人民币 4.36 亿元）。2012 年，观众超过 400 万的韩国产电影有 9 部，超过百万的韩国产电影就有 27 部。

韩国影视明星往往成为“个人企业”，美国的《纽约时报》将裴勇俊称为“创汇 23 亿美元的男人”。韩国经济研究院的一份报告则认为，“勇俊经济效果”本身就超过 29 亿美元。

韩国电影发展也并非一帆风顺，其电影人曾上演过一幕幕极其悲壮的抗争。1998 年，在美国好莱坞电影强烈冲击下，韩国产电影处于最低谷，国产电影仅占韩国电影市场份额的四分之一。而这可怜的市场份额还是在国产电影配额制（Screen Quota，即国产电影义务上映制）保护下取得的。该制度规定，每年每家影院必须要有 40% 时间也就是 146 天得放映韩国国产电影。1998 年 12 月 1 日，近千韩国电影界知名人士聚集于汉城光化门大厦，举行“扼杀韩国电影阴谋谴责大会”，齐声高喊美国电影出口商是“刽子手”。当红的影星们站在最前排，怀抱自己的“遗像”，为韩国电影举行葬礼，还有男影星当场剃光头表示对进口外国电影的抗议，其场面十分惨烈。

在 2006 年的韩美自由贸易协定（FTA）谈判中，在美国压力下，韩国政府将韩国电影的义务上映天数“国产影片配额制”从 146 天缩短至 73 天，甚至要求在韩国直接发行好莱坞大片，这无疑会使韩国产电影雪上加霜。对此电影界强烈反对，声称“文化不是交易对象”。电影界人士纷纷上街举行示威，一位曾获得政府颁发文化勋章的演员愤怒地将勋章掷还，称“践踏文化主权国家的勋章毫无价值”。从 2007 年开始，美国好莱坞大片不断蚕食韩国的电影市场，韩国产电影观众人数连续 4 年减少。

穷则思变，流失的电影观众，美国大片的压力，成了促使韩国电影界觉醒的导火线。韩国电影人意识到，“如果不想遭受观众冷遇，就要把电影做得更好”。韩国电影人从寻找韩国主体性主动文化意识入手，挑选结构和内容充实的剧本来制作电影。用国外电影无法模仿的韩国式故事夺回观众。正是这种不服输的精神让韩国电影置于死地而后生。

进入 2013 年，韩国产电影上升势头更猛。第一季度，票房排行榜前 10 名中，有 7 部是韩国产影片，国产电影市场份额占 58.8%。说韩国产电影打败美国好莱坞大片决不是虚言。

表 5–4　2013 年韩国电影市场各国影片观众占有率

国籍 / 类别		上映数量	票房收入（百万韩元）	票房收入占有率（%）	观影人次	观影人次占有率（%）
韩国		217	909206	58.8	127108547	59.9
美国	直接发行	50	381986	24.7	49599370	23.4
	进口	229	186276	12.1	25696169	12.1
	合计	279	568262	36.8	75295539	35.5
中国		56	4410	0.3	675799	0.3
欧洲		219	45629	2.9	6507117	3.3
日本		178	11843	0.8	1796488	0.9
其他		48	6259	0.3	947001	0.4
总计		997	1545608	100.0	212330491	100.0

韩国媒体认为，现在取得的佳绩证明，当初韩美之间对韩国产影片配额的减少的谈判不是毒药反而是良药，将国产影片市场占有率提高至 60%，令好莱坞大片也望洋兴叹。

二、电视剧产业

韩剧诞生于 20 世纪 60 年代。1945 年，韩国从日本殖民统治之下独立；1953 年，朝鲜战争结束，韩国进入了相对稳定的发展期。在此环境下，韩国于 20 世纪 60 年代相继成立了几家广播电视台，开始制作播出爱情动作片。1962 年 1 月 19 日，KBS 电视台制作的韩国第一部电视剧《我也要做人》播出。随后，第一部日剧《下着雪》、第一部历史剧《童养媳》以及第一部家庭剧《继母》也相继播出。1987 年，MBC 电视台制作播出电视剧《火鸟》，标志着迷你剧类型的诞生。20 世纪 90 年代以来，韩剧的发展进入上升期，在东亚电视剧的发展大潮中异军突起。

20 世纪 90 年代后的韩剧经历了三个发展阶段：

第一个阶段是 90 年代初的学徒阶段。20 世纪 90 年代初期，韩剧效仿美剧、港剧、日剧，此时韩剧的月播出量仅 10 部左右。

第二阶段是 90 年代中期，多部优秀的家庭剧偶像剧涌现，韩国观众表现出强烈的收视热情，热播电视剧的收视率达到了 50% 以上。同时，这一现象也激发了电视台投入电视剧的生产制作，韩国三大电视台韩国广播公司（KBS）、文化广播公司（MBC）、民营的汉城广播公司（SBS）进行收视竞争。

第三个阶段是 21 世纪初期至今，大量的韩剧通过海外传播，使得韩剧风靡亚洲荧屏，备受瞩目。在 21 世纪，随着《蓝色生死恋》、《冬季恋歌》、《大长今》、《继承者们》、《来自星星的你》等剧的热播，韩国电视剧已经不仅仅局限于本土，俨然成为流行于亚洲的文化势力。伴随着这股浪潮，以韩国电视剧为代表的韩国娱乐文化创意产业迅速发展，产业链条日趋丰富，逐渐成为支撑韩国经济的重要产业之一。

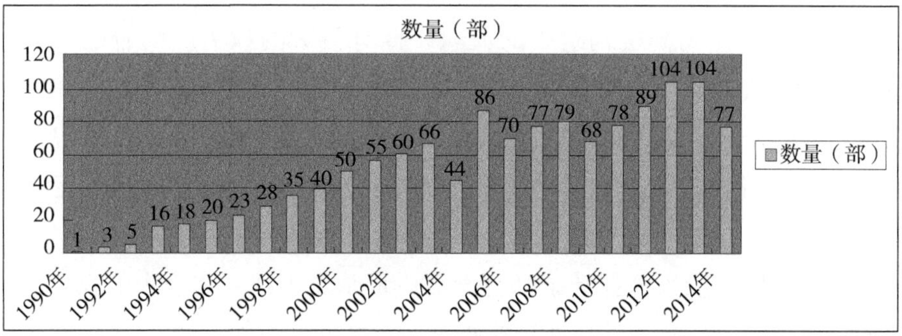

图 5-1 韩国官方电视台电视剧出口情况表

注：2014 年至 10 月份已安排 61 部

韩国的电视业是典型的寡头垄断市场结构，最著名的电视台有 4 家，即国营的 KBS、MBC、民营的 SBS 和教育台（EBS）。四大电视台不但联合垄断了韩国电视收视市场和广告市场，并且各自垂直整合节目流通和传播环节，形成了“制播合一”的电视节目产制格局，即电视剧的制作与播放均由电视台来完成，电视台既是制作商又是播放媒体。随着韩剧产业的深化，这种存在着种种弊端的体制已经很难适应市场的需求，韩剧的制作模式转为“制播分离”，也就是电视剧的制作业务与播出业务由不同的主体来完成。

各台网相互之间极少进行横向节目交流，绝大多数节目在本台播出后，国内市场便极少再有人问津，这就必然导致在国内市场空间有限的情况下，韩国电视转向海外市场的拓展，因此收视率成为立足国内市场和开拓海外市场的基础。

韩剧制作过程表现出高度的市场化特点，“边写、边拍、边播”是韩国电视剧生产与转播机制的主要特点。以 20 集左右的电视剧为例，开播前编剧只需要写出 4 集左右的完整剧本以及 10 集左右的剧情梗概即开始拍摄，播出后根据原有的设计再综合观众的反馈继续完成后面的剧本。如今韩国电视剧的生产已经实现“流水化作业”：主笔作者设计情节—提纲作者编写提纲—对话作者撰写台词—总编剧汇总为脚本—制片人和导演前期筹备—前期拍摄—后期制作—发行播放。这种专业化的生产模式，不仅使数百集的电视剧制作成为可能，更重要的是面向市场的生产能够做到适销对路。

对于韩剧，编剧是剧组中的灵魂，拥有极大的权力。随着电视剧的播出，编剧获知观众的反馈，及时对剧情进行调整。这使得韩剧更能把握观众的喜好，符合收视群的心理需求。韩剧的导演和制作人集为一身，在制作中处于灵魂的地位，既负责艺术创作，又负责整部剧的管理运作和营销。

大量的资金投入，保证了韩剧的高质量制作水准。在当今电视“内容为王”的时代，韩剧凭借高品质高质量迅速打开了海外市场。

从内容题材上看，韩国电视剧从 20 世纪 60 年代诞生，到 90 年代的大发展，再到 21 世纪初的大繁荣，其内容题材也在逐渐扩宽。早期的韩剧多为爱国的政治内容；七八十年代，生活题材家庭伦理剧和以女性视角为主的爱情剧逐渐得到观众青睐；90 年代，以历史为背景的传奇历史剧走入观众的眼帘；进入新世纪，韩剧在自身发展的同时，也深受世界各地流行文化的影响，题材更加丰富多样，青春励志、职业悬疑、谍战警匪、虚构穿越等无所不有。韩国电视剧的人物设置和细节把握是其尤为突出的特点。人物是戏的执行者，同时也是唤起观众感同身受的关键之所在。无论这些人物做什么，编剧给他们的行为制造了一个合理的感情支点，从而得到观众的赞同与欣赏。在剧本构成的诸多元素中，有两个最为特别也是最为活跃的元素，即“细节”和“悬念”。在影视作品中，细节的描写至少包含两大方面，第一是指对人物情绪的刻画和细节动作的描绘，可以被称作“情绪细节”或者“动作细节”。透过人物的情绪和动作，你可以把主角、配角人物描写得具有个性而让观众印象深刻。第二是指对物件细节的运用和处理。韩剧的编剧懂得利用剧中的某一物件当作串线的载体，让一件或者多件事件参与“戏剧行为”，并且通过它来引发矛盾，激化冲突。发生一件事情，让人物卷到戏剧纠葛中去，从而改变人物的性格、命运与属性，以及他们的前途和欲望。

在价格方面，为保持出口竞争力，韩国公司采取了低价拓展市场的策略，节目单价要比日本低得多。早期韩剧价格每集仅为两三千美元，但从2001年到2005年间，韩剧不仅引进基数逐年增加，而且价格也上涨了15倍之多。

2002年韩国电视剧出口额1495万美元，2003年3098万美元，2004年5828万美元，每年以2倍的速度增长。“韩流”鼎盛时期的2005年，韩国电视剧出口额达到1.162亿美元，2002～2005年平均每年增长率89.7%。

2005年，韩国电视节目（KBS、SBS、MBC有线电视）出口额达1.2349亿美元，89%出口到亚洲国家和地区，其中台湾地区为11.4%，日本为60.1%，中国大陆为9.9%。

根据韩国电视剧振兴委员会数据，2011年韩国制作了216部电影、160部电视剧，这些影视作品中37%出口到海外。当年，韩剧的出口额达到了1.58亿美元，是2001年的近20倍。同年，韩国向中国出口的产业中，游戏和广告的出口额最大，向日本出口的游戏和音乐数额也是最高的。韩国的文化创意产业之所以出口到这些国家，而且深受欢迎，究其原因，韩国、中国和日本同属东北亚，除地理位置相互毗邻外，更有着相似的文化背景。尤其是韩中两国同受儒家文化的影响，有着非常相似的感情基础，更利于接受韩国的文化创意产品。

2012 年，电视剧占韩国文化产业总销售额的 60%，占韩国文化产业总出口额的 50% 以上。

三、音乐产业

在韩国，流行歌手主要受美、日影响，大都走以说唱为主的 Hip-Hop 路线，节奏明快容易上口，受到在校中学生和青年人的喜爱。早在 1990 年代，韩国流行音乐家开始融合美国流行音乐风格，如说唱、摇滚和电子音乐等。1990 年代末，韩国流行音乐进入了日本音乐市场，首先在东亚流行。

1995 年，韩国企业家 Soo Man Lee 成立了韩国最大的经纪公司和唱片公司 SM 娱乐。20 世纪 90 年代末，YG 娱乐、DSP 娱乐、JYP、FNC 音乐也冲到市场，以最快的速度生产音乐人才。

H.O.T. 被认为是第一个韩国流行音乐男孩偶像乐队，1995 年首次亮相。1996 年 9 月，S. M. Entertainment 公司推出的 H.O.T 组合第一辑《We Hate All Kinds Of Violence》企划上市，标志着韩国新娱乐时代的到来。此组合出道之初的定位为“偶像团体”，以其夸张的造型、嘻哈的曲风、积极向上并富有时代特征的励志歌曲赢得了全亚洲尤其是年轻一代的热爱和推崇，并由此刮起了东亚音乐的嘻哈曲风。

1998 年金融危机后，韩国政府明确提出要借鉴美、日流行音乐产业模式，打造“韩国版格莱美奖”。

自 2000 年代中期以来，韩国流行音乐市场经历了两位数的增长速度。2001 年，韩国成为全球第 15 大音乐市场，

2002 年，韩国大众音乐产业市场的销售额达 3 亿多美元，本国歌手占据了国内市场的 76% 左右。BoA 成为第一个在日本公信榜音乐榜单第一名的韩国流行音乐歌手，不久之后，韩国音乐艺术家 Rain 献歌给一场满座 4 万名北京歌迷的音乐会。

由于 2002 年随着韩国检察机关对韩国公关费的搜查趋于长期化，导致当年整个韩国唱片市场几乎陷于瘫痪状态。但与此同时，韩国唱片市场不断地向国外市场进军，韩国流行音乐作为全球“韩流”的一部分开始传播到世界其他地区。

随着宽带应用的快速普及和非法下载的不断增多，造成 2002 ~ 2005 年韩国音乐市场销售额快速下跌。2004 年，韩国在线音乐市场的销售额达 20.7 亿元人民币，比 2003 年增长 35%。而到了 2005 年，韩国的排名已经下降到全球排名的第 29 位。

在这段时期内，有 85% 的韩国实体音乐零售商倒闭。韩国政府为振兴本国音乐产业的发展，加大对版权问题的立法，这让此前被数字音乐网络盗版和实体音乐销量锐减搞得苦不堪言的韩国音乐人重新看到了希望。2003 年，为支持音乐产业发展，韩国文化观光部发表《音乐产业振兴五年计划》，力争将音乐产业发展成核心文化创意产业，内容包括对海外固定节目给予支持、扩大海外市场等，以体现政府要把音乐产业发展成为核心产业的决心。

在制定政策的同时，韩国政府加大对音乐产业的投资力度。韩国文化体育观光部于 2009 年 2 月推出《音乐产业振兴中期计划》，2007 年为止投资 4043 亿韩元促进大众音乐的发展。

由于韩国政府的一系列政策措施的推动，在 2009 年上半年，韩国的音乐销售额增长了 18%，其中数字音乐的销售额增长了 32%，实体音乐的销售额增长了 5%。

2010 年以后，又迎来了“韩流文化”向外扩张的第二波高峰。表现在以“少女时代”、“东方神起”等歌唱组合为代表的 K-POP 韩国歌曲取代了韩国影视剧风靡全球。

2012 年，韩国音乐界表现突出，多家韩国演艺企划公司音乐产业出口额均创下新高，如 SM 公司出口额高达 1036 亿韩元，较 2011 年增长了两倍多；YG 公司的出口额达 534 亿韩元，较 2011 年增长 216 亿韩元；CJ E&M 公司出口额也由 2011 年的 35 亿韩元增加到了 2012 年的 158 亿韩元，猛增 4.5 倍。这一年，土耳其歌迷的数量首次超过了 10 万，并在 2013 年达到 15 万；在墨西哥，有 70 个韩国流行音乐粉丝俱乐部，至少有万名成员。

韩国演艺企划公司音乐产业出口额的增长得益于旗下歌手在海外演出市场的影响力的扩大，其人气歌手 80% 以上时间忙于海外演出。YG 旗下 BIGBANG 和 PSY 对于音乐出口贡献最大。BIGBANG 展开全球巡演，在亚洲、美洲、欧洲的 12 个国家 24 座城市共举办了 48 场演唱会，共吸引 80 万名观众。唱歌手朴载咏（鸟叔）凭借《江南 style》获得很大收益，其在美国 iTunes 的收益约为 100 亿韩元，演唱会收益也颇高。

SM 拥有东方神起、少女时代、Super junior、SHINee、f（x）、EXO 等超人气乐团。2012 年，东方神起通过日本巡回演唱会吸引了 55 万名观众。Super junior 演唱会吸引了韩国、日本、泰国、新加坡等来自世界各地的 35.8 万名观众。这些乐团的俱乐部会员遍布全球，仅在日本，东方神起就拥有会员 20 万人，Super junior 则拥有当地会员 5 万人以上，其会员费约为每人 7 万韩元。

“包装”对于韩国的音乐产业的发展有着不可忽视的作用，无论是音乐曲风、专辑制作、舞蹈编排、服装造型的精心打造以及后期宣传策略等都离不开“包装”。韩国的唱片业拥有一套十分完整的造星机制，对于音乐的“包装”有着十分丰富的经验和运营模式。这也是韩国音乐产业发展必备的内在动力。

随着新型媒体的逐步发展，韩国音乐产业也发生了结构性变化，手机铃声、音乐下载、音乐电子邮件等的市场销售额已超过传统的唱片业。今后，韩国音乐产业将有效地结合各种媒体和形式，发展成为综合性的艺术产业。

四、游戏产业

韩国不断寻找能促进经济增长新的文化创意产业。经过韩国的不断寻找和探索，网络游戏成为战胜国际金融危机的排头兵。

韩国的游戏产业主要包括电脑游戏、街头游戏机、网络游戏、家庭游戏机和手机游戏。其中，发展成果最为显著的是韩国的网络游戏。韩国希望随着宽带网的逐渐普及，将确立网络游戏产业的新标准，使网络游戏成为韩国最具创造性的产业经济。

近年来，韩国的网络在线游戏迅猛发展，已成为全球在线网络游戏行业最红火的国家之一。韩国最大的网上游戏公司是 Ncsoft 开发的“天堂”游戏，自 1998 年推出以来，仅国内就有会员达到 600 万人，全球会员超过 1000 万。“天堂”游戏不仅风靡亚洲，且与微软和索尼等巨头的游戏产品在国际上形成犄角之势。“天堂”34 岁的创办人跃居韩国第七大富翁。

1997 年，韩国整个网络游戏市场规模只有 100 亿 ~ 200 亿韩元；2002 年，韩国游戏产业的市场规模仅为 3.4 兆韩元；而到 2003 年，韩国网络游戏收入达到 3.97 亿美元，位居亚太地区首位，其后为中国台湾（1.704 亿美元）和中国内地（1.597 亿美元）。据韩国报纸报道，2003 年在中国网络游戏市场上，75% 的产品是从韩国引进的。

据韩国文化观光部所属韩国游戏产业开发院 2005 年 7 月 6 日公布的《2005 年大韩民国游戏白皮书》，2004 年韩国网游高速增长，增幅高达 31.5%，产值高达 1.0186 万亿韩元，在历史上首次突破 1 万亿大关，占全部游戏销售额的 61.9%，以 5.334 亿美元的用户订购收入稳居亚太地区在线游戏市场的首位。

2009 年，据英国国家科学技术艺术基金会委托市场调查企业制作的报告，韩国游戏产业竞争力总分为 129 分，位居世界第三。美国和日本分别以 171 分和 133 分，位居前两位。接下来是：加拿大（120 分）、英国（105 分）、中国（94 分，第六位）、法国（78 分）、德国（64 分）等。

表 5–5　韩国网络游戏市场销售额及其增长趋势

年份	2004	2005	2006	2007	2008	2009	增均年增长率（%）
销售额（亿韩元）	10186	14397	17768	22403	26922	37087	29.5
同比增长（%）	35.1	41.3	23.4	26.1	20.2	37.8	–

资料来源：《2010 韩国文化创意产业统计报告》

表 5–6　韩国游戏产业出口进口销售额（2002 ~ 2009 年）

类别		2002	2003	2004	2005	2006	2007	2008	2009
出口	销售额（千美元）	140796	172743	387692	564660	671994	781004	1093865	1204856
	增长率（%）	7.9	22.7	124.4	45.6	19.0	16.2	40.1	13.4
进口	销售额（千美元）	160962	166454	205108	232923	207556	389549	386920	332250
	增长率（%）	146.3	3.4	23.2	13.6	–10.9	87.7	–0.67	–14.1

资料来源：《2010 韩国游戏产业白皮书》

韩国文化体育观光部与韩国文化产业振兴院于 2015 年 10 月底发布了“2015 韩国游戏产业白皮书”。报告显示 2014 年韩国游戏市场同比增长 2.6%，成功逆转了 2013 年的下降态势。2013 年是自 2007 年以来韩国游戏市场首次呈现下降态势，降幅为 0.3%。

据韩国文化信息振兴院 2012 年 10 月 4 日发行的《2012 韩国游戏白皮书》统计显示，2010 年韩国游戏产业产值为 7.3 万亿韩元，2011 年韩国国内游戏市场的规模增长了 18.5%，达到了 8.8 万亿韩元，2012 年突破 10 万亿韩元。韩国游戏产品中占有最大比重的是网络游戏，2011 年网络游戏的销售额为 6.2 万亿韩元，占整个游戏市场的 70.8%。

2011 年，韩国游戏出口额为 23.78 亿美元，比 2010 年增加了 48.1%，其中，网络游戏的出口额为 22.89 亿美元，占整个游戏出口的 96.2%；进口则减少了 15.5%，为 2.05 亿美元。韩国国产游戏出口最多的地区是中国，占全部的 38.2%，接着依次是日本（27.4%）、东南亚（18%）、北美（7.6%）、欧洲（6.4%）等。2011 年游戏产业工作者的总人数为 95015 名。

2012 年，电游出口 30 亿美元。

最近韩国统计部门发表了《2014 大韩民国游戏白皮书》，针对 2013 年全年的韩国游戏产业进行统计分析。令韩国业界人士担忧的是，从这一年开始，韩国游戏产业规模已经开始出现下滑。

此游戏白皮书所统计的内容涵盖面相当广泛，包括了市场规模、用户分布、玩家现状、游戏文化、相关技术、法律法规、市场动向，等等。2013 年全年，韩国游戏产业规模达到 97198 亿韩元（约 553 亿元人民币），而 2012 年为 97525 亿韩元，下滑幅度为 0.3%。其实从 2008 年开始，韩国游戏产业基本上都是以 10% 以上的速度增长，然而由于游戏市场竞争过于激烈，导致 2013 年规模不涨反降。

该数据统计中有一项颇有意思，都说韩国以 PC 网游为主力，尽管 2013 年韩国线上游戏仍旧有 54523 亿韩元的规模，但是相比 2012 年已经下降了 19.6%，相反，手游规模则大涨 190.6%，约为 23277 亿韩元，占比 23.9%。如此下去，手游成为主力军只是时间问题。

不过，韩国线上游戏出口业务并没有出现下滑，并且还在以 2.8% 的速度小幅增加，主要出口到中国、日本、北美、欧洲以及东南亚国家，其中出口到中国的比例就占 33.4%，位居榜首。另一方面，2013 年出口世界的手游只有 8.2%，而韩国 2013 年国内市场的收入就占全世界游戏市场的 6.3%。

五、动漫产业

韩国目前已经成为世界三大动画生产国之一，成为亚洲乃至世界数字内容产业的主要主宰者之一。2002 年以来，韩国文化振兴院拨款 15.5 亿韩元支持 178 项文化事业，建立了国家级动画漫画产业基地 4 处，并在政府相关职能部门的指导下，实现了动画漫画产业的教育培训、研究开发、产业孵化及国际交流四大功能。这标志着韩国正在从产、学、研三方面系统推动原创动画漫画游戏产业的发展。

2003 年，韩国文化观光部发表卡通振兴 5 年计划，通过国家及民间共同努力融资 2000 亿韩元发展卡通业。据韩国出版商协会统计，2003 年，韩国动画的销售额为 3200 亿韩元，加上卡通等衍生产品，总的市场销售额为 7700 亿韩元（约为 2.7 亿美元），占世界市场份额的 0.4%，每年向海外出口 0.8 亿 ~ 1 亿美元。

2004 上半年，韩国漫画的出版品种较 2003 年同期上升了 17.5%，销售册数上升了 5.2%。尽管从数据上看韩国的动画漫画产业在全球市场的份额中很小，但韩国的动画漫画产业（特别是动画产业）发展势头强劲，并且形成了具有韩国特色的发展模式。

表 5–7　韩国动漫产业各领域销售额（2009 年）

类别	企业数量（家）	人数（名）	销售额（百万韩元）	出口（千美元）	进口（千美元）
漫画	10109	10748	739094	4209	5492
游戏	30535	43365	6580600	1240856	332250
动画	289	4170	418570	89651	7397
卡通形象	1542	23406	5358272	236521	196367
总计	42475	81689	13096536	1571237	541506

韩国在动画漫画制作机制上逐步实现了从“以集体制作为中心”向

“以个人制作为中心”的转变。在技术上，十分注意学习与借鉴日本和美国等发达国家的经验，在学习中创新，注意将动画漫画制作与自己的优势产业相结合，如将动画制作与网络技术结合，在IT基础上迅速发展Flash等数码动画。

在投资模式上，韩国的动画漫画产业也形成了创业投资、政府投资以及民间投资等多种投资组合。韩国动漫界实行编辑“终身雇佣制”，动漫从选题开始到发行都是编辑一手经办的，他们对作品的把握和市场的了解起到关键作用，这种“终身雇佣制”把漫画编辑的命运和漫画事业的兴旺紧密联系在一起，有力推动了动漫产业的兴盛与发展。目前，韩国以数码技术为重点的动画漫画产业战略已经取得了较好的成效。

六、出版产业

1987年，韩国政府刚刚开始实施出版企业登记制度的时候，出版社只有3000家左右；到1994年年底，韩国的出版社已经突破1万家；此后，出版社数量增速加快。2002年，韩国拥有22498家出版社，书业从业人员有21万人，其中出版印刷业从业人员约20万人，传统书店从业人员约8000人，互联网书店及分销人员约2000人。2012年，出版社数量朝着4万家迈进。相比出版社数量的迅速增加，韩国出版业的市场份额增长却非常缓慢，因此，出版社之间的竞争十分激烈。虽然大多数韩国出版社都规模很小，但几家实力较强的重点出版集团，如熊津、Think、Big等3家企业，已经进入世界出版业前50强排行榜。

韩国新闻出版业发达，市场发展较早，商业化操作成熟度高，居世界前列。2002年，韩国共有新闻机构260家，有报社60家，其中10家全国性综合报纸、38家地方综合报纸、7家经济类报纸、2家外文报纸和3家体育报纸。《朝鲜日报》、《中央日报》、《东亚日报》、《韩国日报》、《大韩每日》和《京乡新闻》为六大全国性韩文日报，除《大韩每日》外，其他报纸均属私营。

2004年，韩国出版的图书为1.09亿册，比2003年下降2.2%；但种类比2003年的35394种上升了0.1%，其中包括翻译书10088种。每种书的平均印量为3000册；一般图书市场容量为23亿美元，约占其国内生产总值的 1%，名列世界第七；若加上教育图书的市场份额，则大约为 83 亿美元。

2008 年，韩国出版新书为 43099 种，与 2007 年相比，增加 2005 种，增幅为 4.9%。新书发行册数为 1.065 亿册，与 2007 年相比，减少 2598 万余册，降幅为 19.6%，发行册数大大减少是创纪录的。而 2007 年的新书出版品种数与 2006 年相比减少 9.7%；2007 年的新书发行册数与 2006 年相比增加 17.1%。可以看出，2008 年韩国图书市场呈现出版新书微增、发行册数大减的态势。

韩国国内的图书市场狭小、竞争激烈，韩国出版社早就把开拓海外市场视为发展的重要一环。而相邻的中国，因为文化传统相近，更是成为韩国图书大举进发的目标。韩国进入中国的图书主要分 3 种类型：第一类是随着韩国电影、电视剧热播而进入中国，如《我的野蛮女友》、《冬季恋歌》、《蓝色生死恋》等。第二类是爱情小说，以《菊花香》、《玉兰花开》等为代表。第三类是时下仍在热销的小说，这类小说主要是网络化写作，适合青少年的思维和阅读习惯，走红后进入发行市场，而其面向的读者以 20 岁以下的中学生为主，年龄层低，喜欢追求时尚。总体看，韩国图书情节简单，符合中国读者的情感表达方式，市场前景较为广阔。

2002 年，我国引进韩国图书的版权数量为 275 种，占两国版权总贸易额的 72.75%；韩国引进我国图书的版权数量为 103 种，占两国版权总贸易额的 27.25%。从发展趋向来看，自 2003 年韩国青春小说风靡国内出版界之后，韩国版影视书成为 2005 年韩国图书输出的又一股高潮。《菊花香》、《我的野蛮女友》在中国大陆市场已有 10 多万册的销售量；《浪漫满屋》、《我叫金三顺》、《巴黎恋人》的同名影视小说又在 2005 年 8 月前后纷纷上市，加上此前大肆炒作的《大长今》，韩国小说已经在中国成为一股新的畅销书势力。

第三节　韩国文化创意产业销售与出口情况

韩国人对自己的文化创意产品的国际竞争力颇为自信，认为韩国文化创意产品竞争力尽管不及美国，但同欧洲处于同等水平，而且比日本和中国等其他亚洲国家要高。如果将韩国文化创意产品分数定为100分，美国和欧洲分别是110.7分和100.5分，而日本、中国及其他亚洲国家分别为96.6分、83.6分和71.7分。

近些年来，韩国的文化创意产业增长迅速，文化创意产业销售额和出口额保持着强劲的增长势头。据统计显示，仅在2008～2011年，韩国的文化内容产业年均销售额增加了9.2%，出口额增加了22.5%。2012年，文化内容产业的销售额约为89万亿韩元，出口额48亿美元，分别比2011年增加了6.9和11.6个百分点。

一、韩国国内文化创意产业销售额

韩国的文化创意产业现在已经发展成为与金融业、房地产业齐头并进的三大支柱产业之一。经济总量在世界排名十强之外的韩国，却是世界文化创意产业强国之一。

2001年，韩国文化创意产业的市场销售总额为13兆韩元，约合人民币747亿元；2002年达到18.3兆韩元，约合人民币1000亿元，折合174.6亿美元，与GDP（634.3兆韩元）之比为2.89%。

根据韩国文化观光部公布的《2004年韩国文化创意产业白皮书》的内容，2003年，韩国文化创意产业的市场销售额为44万亿韩元（按当年汇率，折合370亿美元），占当年韩国GDP的6%（世界平均为4%，中国为3%）。

1999～2003年这5年间，韩国文化创意产业的市场规模年均增长约27.7%，而2002年韩国的GDP增长率仅6.1%，可见韩国文化创意产业的发展速度远远超过国内GDP的增长速度。

2004年，韩国文化创意产品进口额为4.7亿美元，比2003年的6亿美元的进口额下降了22%，2004年度文化创意产品贸易收支顺差达到了3.3亿美元。

2005年，韩国文化创意产业总销售额比2004年增长13.3%。其中，电影增长最高，为28.9%，其他依次为出版28.2%，音乐18.9%，广告13.6%。根据产业不同，所占销售额比率为出版37.8%，广告16%，广播15.5%，动画0.5%，漫画1%，数字教育及信息1.8%。

2007 年，韩国文化创意产业占 GDP 的比重接近 7%；文化创意产品出口达 100 亿美元，占世界文化市场 5% 的份额，为世界第五大文化创意产业强国。

据韩国文化观光部《2011 年韩国文化内容产业白皮书》，2010 年韩国文化创意产业销售总额达到 72 万亿韩元（约合 650 亿美元），占当年韩国 GDP 的 6.2% 左右。据相关报道，文化创意产业占 GDP 比重世界平均为 4%；美国文化创意产业实力最雄厚，占 GDP 的四分之一；一般发达国家在 8% 左右；中国在 2011 年才首超 3%。

2011 年，韩国文化创意产业占 GDP 总量 6.2%，文化创意产品出口占韩国出口总额比重不足 1%，绝对量也不算很高。

2012 年，韩国文化内容产业的销售额约为 89 万亿韩元（约合 810 亿美元），比 2011 年增加了 6.9 个百分点。除出版、漫画，所有领域都呈现增长态势，其中广播电视增 11.2%，游戏增 10.8%，是增长势头最为强劲的两个领域。在并不景气的经济环境下，韩国文化创意产业的销售额从 2008 年至 2012 年达到年平均 8.2% 的增长率。

2013 年，韩国国内文化创意产业的总产值为 91.5 万亿韩元，出口约 51 亿美元，是世界排名第七的文化创意产业生产和消费国家。

表 5-8　韩国文化创意产业销售额　　单位：兆亿韩元

产业 \ 年份	2005	2006	2007	2008	2009	2010	2011	年均增长率（%）
出版	19.39	19.88	21.6	21.05	20.61	21.24	21.24	1.5
漫画	0.44	0.73	0.76	0.72	0.74	0.74	0.75	9.3
音乐	1.79	2.40	2.36	2.60	2.74	2.96	3.82	13.5
游戏	8.68	7.45	5.14	5.60	6.58	7.43	8.8	0.2
电影	3.28	3.62	3.18	2.89	3.31	3.43	3.77	2.3
动漫画	0.23	0.29	0.31	0.40	0.42	0.51	0.53	14.9
广播	8.64	9.72	10.53	9.35	9.88	11.18	12.75	6.7
广告	8.42	9.12	9.43	9.31	9.19	10.32	12.17	6.3
卡通形象	2.08	4.55	5.12	5.10	5.36	5.90	7.21	23.0
总计	52.95	57.76	58.43	57.02	58.83	63.71	71.04	5.0

数据来源：文化体育观光部，统计资料库（www.mcst.go.kr）

近几年来，韩国文化创意产业的国内销售额呈现连年增长的趋势，并且在未来的发展中依然保持着增长势头。从 2005 年至 2011 年，7 年间的年均增长率达到 5.0%。

从以上数据统计中可以清楚地看出，在九大行业中，卡通形象产业、动漫画产业和音乐产业的国内销售额增长最大，年均增长率最高，成为韩国文化创意产业发展中新的经济增长点。而游戏产业和电影产业的增长则相对缓慢，但随着游戏和电影的不断开发创作，具有继续增长的势头。广播和广告也在稳步地增长。

近些年，韩国的文化内容产业增长速度远超 GDP 增长率。据专门研究韩国文化内容产业的韩流未来战略研究论坛报道，在 2008 ~ 2011 年，韩国的文化内容产业年均销售额增加了 9.2%，出口额增加了 22.5%，从业人数增加了 3.3%。而这期间，韩国的经济增长年均仅为 3% 左右。

二、韩国文化创意产业从业人员结构和数量

文化创意产业与制造业不同，不存在环境污染问题，对就业的拉动大。据韩国媒体报道，每 10 亿韩元的销售额，在制造业只能带来 7 ~ 8 人的就业效果，而在文化内容产业能带来 14 ~ 15 人的就业效果。2012 年，韩国从事文化创意产业的就业人员高达 61 万，这对近些年来陷于“无就业增加的经济增长”的韩国来说无疑为一大福音。

随着文化创意产业逐渐被重视，韩国文化创意产业的从业人员结构也在发生变化。

表 5-9　韩国文化创意产业从业人员数　　单位：人

产业 \ 年份	2005	2006	2007	2008	2009	2010	2011	比率（%）	年均增长率（%）
出版	214904	218377	225347	210084	206926	203226	198691	41.2	-1.3
漫画	9048	12818	11772	11093	10748	10779	10358	2.1	2.3
音乐	65346	65431	75027	66475	76539	76654	78181	14.0	3.0
游戏	141263	105773	92572	95292	92533	94973	95015	20.0	-6.4
电影	29078	25769	23935	19908	28041	30561	29569	5.2	0.3
动漫画	3586	3412	3847	3924	4170	4349	4646	0.8	4.4

续表

产业＼年份	2005	2006	2007	2008	2009	2010	2011	比率（%）	年均增长率（%）
广播	29634	29308	28913	34393	34714	34584	38366	6.4	4.4
广告	29625	27487	29416	30700	33509	34438	34647	6.1	2.6
卡通形象	8825	19889	21846	21092	23406	25102	26418	4.1	20.1
总计	531309	508264	512675	492961	510586	514666	515891	100.0	−0.5

数据来源：文化体育观光部，统计资料库（www.mcst.go.kr）

根据表 5–9 的统计资料显示，在 2005 年至 2011 年间，韩国出版和游戏产业的从业人数在整个文化创意产业中所的比率最高，分别为 41.2% 和 20.0%，然而年均增长率却出现了负增长。由于数字技术的广泛应用和韩国大力推行数字文化内容的原因，在文化创意产业的行业中，出版产业和漫画产业的从业人数不断减少。而其余各个产业的从业人数都在不同程度的增加中，尤其广播产业、动漫产业、广告产业和卡通产业的人员增加比较明显。另外，近几年，韩国文化创意产业的从业人员整体上处于增加的状态，文化创意产业受到越来越多人的青睐。文化创意产业在韩国的发展不但带动了经济的增长，也解决了较大的就业问题。

2012 年，韩国文化创意产业从业人数比 2011 年增加 1.1%，达 61.1437 万名，其中，从事出版、漫画、动漫工作的人数有所减少，广播电视（6.3%）、广告（5.1%）领域从业人数增幅最大。

经过十几年的发展，韩国文化创意产业的发展与调控政策逐渐完善，形成了一条自发运转的产业链条。但韩国也存在文化创意产业的地区分布结构出现不平衡、不合理的现象。从企业数量来看，首尔从事文化创意产业的企业约占全国总数的 37%，京畿道为约占 17.5%，其他依次为釜山、大邱、庆南、仁川、大田、光州等城市。

从就业人数来看，首尔约占全国的半数，京畿道约占 15.6%，釜山约占 5.1%，其他城市的从业人数占据的比例均不到 5%。首尔一枝独秀，其文化创意产业的产值和规模远远大于其他城市，这与首尔在韩国的地位而产生的文化创意产业聚集现象是相称的。

第六章　韩国发展文化创意产业的政策法规

韩国人认为，20世纪六七十年代韩国完成了工业化，靠制造业实现了汉江奇迹；八九十年代靠技术创新，通过发展IT业使韩国成为科技强国；21世纪则是文化的世纪，文化上的强国将成为经济强国，文化上对某一大国的依附将会比经济上政治上的依附更为可怕。因此，“振兴文化创意产业”成为韩国的国家战略性话题。

韩国文化创意产业的成就并非一蹴而就，而是经过了一个漫长的发展过程，经历了几届政府的努力才取得的。韩国政府在政策层面构建发展文化创意产业的法律支持及服务体系，通过颁布一系列的政策法律法规，对文化创意产业的发展进行影响。

第一节　文化创意产业政策

韩国文化创意产业的成功与韩国政府在文化创意产业发展过程中的积极作用密切相关。韩国政府规划了良好的文化发展战略，制定了积极的文化创意产业发展政策，采取了相应的发展措施，在韩国文化创意产业发展中成功地引导着韩国文化创意产业的发展。

一、早期政府（20世纪50年代至1992年）

1960年起开始推进现代化的朴正熙政府（1963～1979年）强调，随着经济发展的现代化步伐加快，急需更新国民观念，因此也更加重视文化、教育和传媒的作用。朴正熙政府尤其重视文化，认为文化是第二经济，文化与经济发展有着密切的联系。这种认识持续到了1980年以后。朴正熙总统发现了文化发展对国家发展的重大价值，所以出台了一系列文化保护措施。最重要的一个是对传统文化的继承，另一个是对传统文化的发展，并且提出了如何与现代化相结合形成文化创意产业。

1960年代，韩国于政府内设置了大众文化中心；20世纪80年代，该中心管理的文化创意产业逐渐显露出其连接艺术创作与市场的桥梁作用。

1983年，韩国政府制定的《第五个经济社会发展五年修改计划》包含了对文化部分的阐述，文化政策成为国家的社会发展战略之一。

1986年，全斗焕政府在《第六个经济发展的五年计划》中制定了“文化的发展与国家的发展同步化”这一具有奠基意义的文化战略，“国家发展动力文化化”被制定为国家政策目标，为此后的“文化立国”国家战略的产生奠定了基础。

1988年，韩国政府制定了两项政策，一是逐步放开电检制度，允许影像人士随意拍电影和电视剧；二是加大对进口电影的限制，外国影视片不能随便进入韩国市场。

1990年，韩国进入了世界经济20强，韩国国民因着收入的增加，开始关注更好的生活质量与大众文化消费。当年韩国政府颁布了《文化发展十年规划》，首次将“文化面向全体国民”的政策理念写入政府规划。

1990年，韩国民主化浪潮前后，韩剧发生第一次蜕变。当时韩国政府在电视行业“国退民进”，完成市场化改革，半国营性质的韩国广播公司电视台（KBS）缩减规模，民营的首尔广播公司电视台（SBS）创立，二者与韩国文化广播公司电视台（MBC）形成了今天“三巨头”的局面。随后，唱片、电影的事前审查制度相继废除，改为分级制。

二、金泳三政府（1993～1997年）

金泳三总统曾在出席的国家科学技术咨询会议上谈到了好莱坞电影《侏罗纪公园》一年内盈利8.5亿美元，赶得上韩国150万台汽车出口的获益。这个案例让韩国政府和舆论及企业开始关注文化创意产业的经济增值，意识到文化艺术作为创造高附加值的无形资源，文化创意产业的发展成为重要的政策目标之一，通过政府政策来把文化创意产业作为培养和扶持对象。

在组织机构方面，金泳三政府改革过去以政府为主导的组织部门，将重点放在了各部门自律性与创意性的方面，将政府机构整顿重点放在了塑造小而强的政府。政府机构缩减，政府文化部门职能加强。

1993 年，金泳三政府融合文化部门与体育部门的功能，将文化部更名为文化体育部。1994 年，由交通部掌管的观光业务移交给文化体育部，过去由公报处负责的媒体业务，即新闻与广播广告相关业务也转到文化部名下，同时文化观光部新设文化创意产业（政策）局，着手实施文化创意产业相关的制度整顿与各种政策、法律体系的开发，积极强调文化产业在经济领域的重要性。

在文化政策方面，1993 年文化体育部制定了《文化繁荣五年计划》，进一步将文化创意产业的开发作为重要政策目标。1994 年《尖端影像产业振兴方案》指出，电影、录像带等影像媒体将会成为 21 世纪最受关注的高附加值产业。1996 年颁布《迈向 21 世纪的韩国文化蓝图与战略》，其中“文化的产业化及信息化”成为主要的政策理念。1997 年颁布《文化蓝图 2000》，将文化创意产业作为新文化的模式，提出“文化创意产业与产业的文化性”概念。作为立国战略，文化创意产业蓝图与国家中长期发展计划的确立是从金大中政府（1998 ~ 2002 年）执政后正式开始。同年，设立“文化创意产业基金”，为新创办的文化企业提供贷款。

1997 年席卷亚洲的金融风暴重创了保持了二三十年高速增长的四小龙之一的韩国经济，金融危机使以外贸出口型为主的韩国外汇储备跌到谷底，先后有 9 家银行、3 个财团倒闭，失业率激增，韩国经济发展陷入了瓶颈状态中，很多文化创意产业相关企业受影响而放弃投资，而且国民的文化消费也是有了大滑坡。然而当时世界情况是，美国、日本、欧洲等发达国家已经将文化创意产业设立为 21 世纪国家的主要战略产业，正在正规地实行各种制度整顿等细节工作，而且发达国家所开发的文化创意已经在全球的文化创意产业市场上占有了大部分的份额。

以制造业为中心的落后的产业构造是招致 1997 年韩国金融危机的一个主要原因，但文化创意产业是不需要投资工厂或大型设备的项目，而是具有巨大产出量和利益量的高增值产业。加之韩国面积小、自然资源有限，所以人力资是最重要的资源，而需要人力资源的文化创意产业正吻合了韩国的国情，所以它被看作是适合韩国的并能引导韩国未来经济的知识产业。政府下属的产业研究院（MET）发表的展望文化创意产业经济价值的报告书上说，“投入 15.3 兆亿韩元用于扶持文化知识产业的话，一年能创造 32 万余个新工作位置，这同时能实现解决当时的失业问题和调整产业构造的目标。”这也成为政府的政策运行的坚实后盾。金融海啸促成了韩国文化创意产业的真正变革。

三、金大中政府（1998～2002 年）

金泳三政府为文化创意产业的发展扫清障碍，安抚与鼓励并重，尽量减少对文化创意产业发展的干预，在此基础上，金大中政府将目光转向文化国家的实现。

（一）1998 年

金大中上任之后，在亚洲金融危机的语境下，他提出的立国之本一个是高新技术，另一个就是文化创意产业。金大中政府一方面大刀阔斧地整顿企业、金融界，另一方面充分认识到此次金融危机并非单纯的经济问题，而是过去一直以来主导韩国社会经济发展的政策模式失效造成，认识到只注重发展物质型产业存在很大的局限性，国家经济的持续发展必须大力持续发展文化创意产业。

1998 年 2 月 25 日，金大中总统在其演说中强调文化的经济性价值，指出“文化创意产业是 21 世纪的基干产业，是旅游产业、影视产业、文化特产等具有无限发展可能性的产业的代表，是财富的宝库”。

金大中政府以“文化是国家发展的核心原因”作为前提，强调文化是通过与社会各领域的直接互动而积极奉献于国家发展的核心因素，认为 21 世纪新时期是“知识革命时代”，文化创意产业将成为各国之间竞争的基础和源泉，从某种意义上来说，文化创意产业的发展比物质型产业的发展更加重要。这些想法和思路比英国在 1999 年提出通过文化来重振帝国的政策还要早。

在金大中就任总统的 1998 年，韩国正式制定了“文化立国”的重要国家战略，确定将低消耗、无污染、立足于创新创意的文化创意产业作为 21 世纪国家经济发展的重点产业加以优先发展，确立了把韩国建设成为 21 世纪文化大国、知识经济强国的目标，而不再仅仅将文化简单地视为消遣娱乐，也不再将文化仅仅作为与世界交流沟通的工具而已。

同年，明确了由“设计立国”到“文化立国”，“文化即国家”的概念开始在本土开花结果。还提出了“韩国文化世界化”的口号，将韩国文化推向全球，以此作为推动韩国经济发展的新动力。规定电视台必须保有80% 以上国内制作的节目，对国产剧的播放时间设下限，对进口影视剧的播放设上限，黄金时段不能播出外购影片，以保护本土影视剧的发展。快速调整了国内的产业结构，加快向文化创意产业大举进军的脚步。

就此，韩国制定了以“政府支持、企业投资、民间运作”为框架的“文化立国”坚定不变的国家战略的新国策，从政策上对文化创意产业进行积极培育扶持，优先发展，并启动政策、法规、组织和资金等多方面的支持，开始将资源投入到资讯、娱乐产业等与文化相关的产业。在文化创意产业的人才、研发到完成生产后的国际行销等一列环节进行协助和辅导，颁布了一系列的政策法律法规，对文化创意产业采取“援助但不干涉”的原则，为韩国文化创意产业兴起做了准备。其中 1998 年 10 月 20 日颁布的《国民政府的新文化政策》内容包括：第一，视文化创意产业为创造国富的国家新型基干产业，通过文化的力量实现“第二次建国”；第二，追求以文化为中心价值的知识信息社会；第三，通过文化主义建立成熟的文化公民社会与民族共同体的基础；第四，确立韩国文化追求体现普遍化世界主义，以“体现开放文化”作为政策方向；第五，设文化创意产业为增进国家竞争力的主要手段；第六，构建文化创意产业的划时代发展体系；第七，为文化创意产业的国际竞争力和文化整体性而努力。

1998 年，金大中政府成立了“文化创意产业基金会”，并且将原《电影法》中有关电影拍摄的审批审查制度改为“申报制”。同年，还成立了游戏产业振兴中心（壮大游戏软件产业）和 IT 业振兴院（壮大数字内容与软件）。

（二）1999 年

1. 政策方面

（1）1999 年 2 月，金大中政府制定《文化创意产业振兴基本法》，实现了对文化创意产业概念与范畴的具体定义，政府各项文化创意产业振兴政策也由此正式启动。

（2）首次颁布了文化创意产业相关的长期发展计划《文化创意产业（发展）五年计划》，力争从 2001 年开始，用 5 年时间把韩国文化创意产业产值在世界市场的份额由当时的 1% 增加到 5%，成为世界五大文化创意产业强国之一，到 2007 年达到 100 亿美元，最终目标是把韩国建设成为 21 世纪文化大国、知识经济强国。截至 2003 年，韩国的文化创意产业总产值已占 GDP 的 5%。

（3）韩国国会通过了《文化创意产业促进法》，明确“协助文化、娱乐、内容产业”，犹如支持信息、电子、汽车工业一样，给予文化、娱乐等产业以推进协助。

（4）制定《音像制品及游戏相关法律》、《设立文化地区特别法》，修改《电影振兴法》。

2. 组织机构方面

（1）成立“文化创意产业振兴委员会”，由总理出任委员长，成员包括 11 个政府部门长官和通讯公司、电视台、电子企业、大学等 8 名民间专家。“文化创意产业振兴委员会”打破部门界限，解放文化束缚，实现部门间及产业间的有效融合，使各个利益系统之间协同作战。

（2）成立“文化创意产业基金”，提供新创文化企业贷款。

上述政策法规是韩国文化创意产业振兴开始的标志，为设立文化领域的投资合作社奠定了好的基础。政府因此在各文化创意产业领域设立了专门支援机关。政府通过这法律让文化创意产业工业区和各种为文化创意产业而设立的振兴基金都能实现，并且使之活性化。

（三）2000 年

2000 年 2 月，颁布了《文化创意产业蓝图 21》，以“文化创意产业成为 21 世纪国家基干产业”、“文化创意产业成为知识经济中的领先产业”为发展目标。

制定《文化创意产业发展推进计划》，再次修改《电影振兴法》。

此外，随着文化创意产业数字化的加速及媒体融合等内容市场的急剧膨胀，金大中政府也意识到为应对灵活市场环境而急需整编政策支持系统的必要性。

（四）2001 年

2001 年 2 月 14 日，金大中总统通过文化观光部的年报指出，“以文化观光部为中心，以国运之名推进相关措施”以来，为了确保数字时代文化内容各领域的实质性竞争力，特制定了具体的实践计划，这就是《内容韩国蓝图 21》（Content Korea Vision21），以“实现 21 世纪文化大国、知识经济强国”为蓝图，“为 2003 年进入文化内容核心生产国行列建立基础”作为发展目标。这一蓝图的制定是基于如下的认识：

第一，世界经济的流向从资本、劳动为中心转向知识与创意为主导的知识经济，文化内容产业成为核心产业；

第二，文化内容产业在全球范围快速发展的前景下，主要发达国家将文化内容产业视为国家战略性新兴产业积极培育；

第三，韩国当时的文化创意产业规模只占世界市场份额的 1% 左右，专门人才与投资力量薄弱，急需得到快速发展；

第四，1999 ~ 2000 年之间，随着政府对文化创意产业的大力推动，韩国文化创意产品的制作力量加强，对电影、动画、游戏等领域的民间投资开始活跃，海外市场开发顺利，开始显现一系列的有利条件。

换句话说，金大中政府意识到培育文化内容产业是激发经济活力、促进社会发展的具有国家性和时代性的重大课题，而此后的政策推进再次确认了发展的可能性。《内容韩国蓝图 21》为达到这一目标，制定了三大推进战略与五大核心项目。三大推进战略为：第一，支持开发高品质文化内容；第二，最大限度地扩大文化内容产业之间的协同效应；第三，集中培养战略内容产业领域。五大核心项目的内容为：第一，为适应数字时代的发展，对相关法令及制度进行调整。第二，扩大文化内容创作力量。第三，创建产业发展基础。第四，培育引领知识经济的专门人才。第五，扩大国际市场的战略市场营销。

同年，“世界设计大会（ICSID）”在韩国举办，韩国政府投资约 100 亿日元设立“韩国设计中心”；建立文化创意产业振兴院，扶持动画、音乐、卡通；韩国全国经济人联合会成立“产业设计特别委员会”，以产、官、财的结合方式，支持产业的设计活动。

金大中政府时期不仅在政府机构方面进行改革，而且明确文化创意产业发展战略和中长期发展计划，对文化创意产业的发展提出了具体的政策方针，推出一系列重大举措，取得了明显效果，直接促成了韩国的再次崛起。韩国网游业自1998年以来产值翻了一倍，游戏《天堂》风靡亚洲；电影出口增长了50倍，从1995年的21万美元到2001年的100多万美元；韩国三大电视公司之一的MBC，2000年在上海电视节只卖出5万美元的片子，而在2002年却卖出了100多万美元。

金大中竞选总统时便提出，要将文化经费提升到占其国家总预算的1%，该目标早已经达到。1998年在文化部分的政府预算是168亿韩元，2002年增加到1958亿韩元，超过政府第一次预算的10倍。金大中政府为韩国文化创意产业的发展奠定了基础，有力地推动了文化创意产业的发展。

四、卢武铉政府（2003～2007年）

2002年12月新当选的韩国总统卢武铉，尚未执政已开始对韩国文化创意产业流露出关注。他在公开私人的多种场合下，一再强调文化创意产业的重要性。他认为，文化创意产业是21世纪的高附加值产业。对于韩国人来说，文化不是一般的产业，积极地育成文化创意产业，也是为了国民生活质量和品位的提高。同时，在地方经济发展中，以各具特色的文化创意产业来带动地方经济的发展，有利于地方经济的独立和国家整个经济布局的均衡发展。

卢武铉政府继续了之前的文化创意产业政策，并把文化创意产业作为次时代成长动力十大产业之一，提出了“成为世界五大文化创意产业强国”的规划，使韩国的文化创意产业与游戏产业能持续发展。更加重视文化创意产业的发展，在围绕“文化立国”国家战略的基础上，继续坚持“援助但不干涉”原则，推动以自律、参与、分权为特点的文化政策。提出了“新艺术产业”、“创意韩国”、“文化强国”等关于文化的重要思想，并相继制定了一系列保护及促进文化创意产业发展的政策，分别于2004年和2005年制定了《创意韩国》、《新艺术政策》以及《C-Korea 2010》等中长期发展规划，为韩国文化立国勾勒出了总体的政策蓝图。

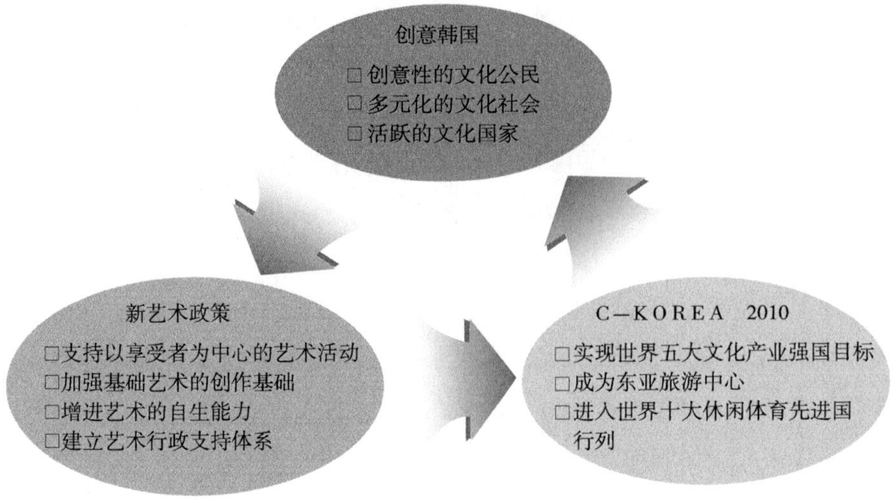

图 6–1 卢武铉政府的文化政策结构图

（一）《创意韩国》

2004 年 6 月，卢武铉政府发布了《创意韩国》，该文件是 2003 年 7 月由文化行政革新委员会与文化蓝图推进团联合筹备，集中体现了韩国政府的文化蓝图，指出国家的未来取决于文化的可持续发展，个人、地方、国家的创意性是发展的动力，创意源自文化。

《创意韩国》克服了以往政府的缺陷，为确立创造更美好未来为前提的国家发展战略，将文化确定为国家议题（agenda），提出了“创造性的文化公民、多元化的文化社会、活跃性的文化之国”等三大发展目标。

《创意韩国》还规划了五大基本发展方向：（1）通过文化参与提高公民的创造性。（2）提高文化的独特性与创意的多样性。（3）让文化成为国家发展的新动力。（4）建立国家均衡发展的文化基础。（5）为实现和平与繁荣，加强文化交流与合作。此外，还提出了 27 项推进项目。

（二）《新艺术政策》

《新艺术政策》以创造性艺术振兴为目的，提出了四大基本方向：（1）加强以享有者为中心的艺术活动；（2）增进艺术的创造性；（3）扩张艺术的自生能力；（4）构筑开放的艺术行政体系。此外，还提出了 14 项重点推进项目。

（三）《C–KOREA 2010》

2005年，卢武铉政府发表了《C–KOREA2010》，提出了以创意（Creativity）与文化（Culture）为基础，通过对文化、旅游、休闲、体育等各种内容（Content）的产业化运用，提前迎接3万美元国民人均收入时代来临的中长期发展蓝图与战略。卢武铉政府强调创意（Creativity）为“21世纪国家发展动力”，文化（Culture）为“影响国际时代竞争力的核心力量”，内容（Content）为“不存在雇佣关系的时代发展突破口”。为实现创意、文化和内容的3C培育，提出以文化创意产业、旅游产业、休闲体育产业为中心的政策议题。

《C–KOREA 2010》以“文化创造富强幸福的大韩民国”为发展蓝图，制定了三大政策目标：第一，成为世界第五大文化创意产业强国；第二，成为东北亚的旅游中心；第三，进入世界十大休闲体育发达国行列。具体的推进任务如下：第一，构建活跃的市场结构。第二，创造新市场与新需求的蓝海（Blue Ocean）战略。第三，构筑协同治理（Governance）系统。具体实施项目包括四大核心项目：第一，培育具有国际水平的文化市场。第二，文化创意产业流通结构的革新。第三，活跃著作权产业并建立相关基础。

五、李明博政府（2008～2012年）

2008年美国次贷危机引发了全球金融危机，韩国的各行各业受到巨大冲击，文化创意产业也经受了极大冲击，作为1997年亚洲金融危机中崛起的韩国文化创意产业的电影、电视剧受到的冲击更大。电影、电视剧的拍摄纷纷遭到了巨大的资金危机，但韩国始终坚持“文化立国”坚定不变的国家战略。基于此，为了解决当时文化创意产业的难题，韩国围绕“文化立国”的策略，积极制定政策来扶持其文化创意产业。在韩国的努力下，全球金融危机并没遏制文化创意产业的发展，只是使文化创意产业的发展速度有所放缓，文化创意产业还在保持着增长。

李明博政府希望开创“先进化之路”，通过经济、生活品质的先进化和灵活运用国际规范为途径，使韩国成为高品质国家，走向世界一流国家行列。在其“五大国政方向”中，第三大方向就是“繁荣文化与发展科技”，在这个方向指引下，韩国文化体育观光部提出了未来的文化构想——“建设软实力强大的创造文化国家”。

李明博政府将文化政策目标定为：通过积极培育文化创意产业的发展，借此提升国家的软实力。韩国试图让文化愉悦社会，让文化消解社会矛盾并促进经济全面发展。因而韩国战略重点是要培育和壮大韩国自己的内容产业、文化艺术、媒介经营体育、观光产业 4 个软实力主要依附的产业，使它们成为韩国提高国民生活品质和国家经济增长的核心动力。李明博政府这一新政策的提出，有效地继承了韩国自 20 世纪 90 年代以来奉行的“文化立国”国策，并在原来的基础上有了新发展。这一新政策也是韩国新政府面对国际上竞争日益激烈的文化创意产业环境给出的新对策。

4 个软实力产业重点将内容产业置于战略发展地位；将“通过振兴文化艺术实现生活质量的先进化”列入国家重大战略发展目标；推进“体育生活化、产业化、国家化”战略；把发展观光产业看作“无就业增长时代”的政策替代方案。

（一）《内容产业振兴基本计划》（2011 年）

2011 年 5 月，李明博政府发布文化创意产业发展战略《内容产业振兴基本计划》（2011 年）。该计划以“体现智慧内容的韩国（Smart Content Korea）”为战略目标，提出到 2015 年将韩国文化创意产业占 GDP 值从 2009 年的 2.7% 提升到 5%，出口规模占 GDP 值从 2009 年的 4.2% 提升到 7% 以上，创造 10 万人口就业。目的是通过文化出口及交流的扩大，提高国家的创造力，以高附加值的文化创意产业创造韩国经济再次腾飞。

该计划制定了 2015 年进入国际内容产业五大强国行列的具体计划，以及五大核心促进战略和十五大重点项目。

表 6–1 《内容产业振兴基本计划》五大战略与十五大项目

五大推进战略	十五大重点课题
一、创建国家化的内容产业培育体系	1. 确立内容产业培育推进体系 2. 对内容产业投资财源史无前例的扩充 3. 推动政府融合的内容（开辟新市场）创新
二、通过提高国家创造力实现青年就业	1. 创意人才的培养 2. 扩大以内容产业为基础的青年就业 3. 改善创作环境

续表

五大推进战略	十五大重点课题
三、扩大国际市场	1. 根据不同地区的特点加强战略化市场开辟 2. 建立国际网络 3. 集中扶持能国际化的优秀内容（killer content）
四、扩建协同发展生态体系	1. 引导著作权保护并灵活运用 2. 加强著作权保护并灵活运用 3. 创造企业之间、企业与消费者之间的公平竞争环境
五、加强制作、流通、技术等核心基础建设	1. 扩大内容制作的基础环境 2. 建立先进的流通基础渠道 3. 研发下一代内容先进技术

在法制方面，积极制定并实施符合本土内容的国际化、智能化和整合化的法规制度，扩大民间对内容开发的投资。

建立专门人才培养基地，改善创作环境，开辟国际市场，制定了由文化部、外交部、知识经济部和广播通信委员会等相关机关以及民间专家组成的“韩国文化内容产业出口协商会”，以及“韩国文化内容产业国际内容基金”等专项计划。

（二）《文化蓝图 2012》

为实现国家蓝图，李明博政府提出了“创意性的实用主义”的实践规范，其文化政策集中体现在 2008 年 12 月底发表的《文化蓝图 2012》中。该蓝图将文化战略目标定为建设一个“有品位的文化国家——大韩民国”，确定了四大发展目标：（1）文化绽放的国家；（2）以内容实现富有的国家；（3）有故事的旅游国家；（4）通过体育而快乐的国家。

（三）“韩流”文化振兴的三大政策

韩国文化体育观光部在 2012 年 1～4 月间提出了“韩流”文化振兴的三大政策：第一，《传统文化的创意性发展战略》（2012 年 1 月）；第二，《世界化的韩国文化艺术发展战略——以 K-Arts 促进“韩流”的名牌化》（2012 年 2 月）；第三，《韩国文化创意产业全球竞争力强化方案》（2012 年 4 月）。

以上方案均以“韩流”的大众化、现代化、世界化为目标，不但要扩充“韩流”的内容，而且要提高“韩流”的内涵和质量。2012 年 1 月 30

日，文化体育观光部设立了“韩流文化振兴团”，以促进“韩流”政策的制度化与体系化。

为了成功实施以上政策方案，韩国政府更加重视中央政府内部间的合作、政府与下属机构间的合作、政府与民间部门间的相互合作。

六、朴槿惠政府（2013～2016年）

2013年2月25日，韩国历史上第一位女性总统朴槿惠在韩国国会议事堂前的国会广场正式宣誓就职，成为韩国第18任总统。朴槿惠在就职演说中说，作为总统将以“经济振兴”、“国民幸福”和“文化兴盛”三大核心理念为基础，为国民开启一个充满希望的新时代。在文化兴盛方面，朴槿惠说，将与国民一同营造一种跨越民族和语言、思想意识和习俗、促进人类和平发展的文化。

朴槿惠总统上台伊始，即提出了一个“创造经济”增长思路，即将韩国两个强项——风靡全球的韩流文化和韩国信息技术（IT）——加以融合，打造文化创意产业，成为韩国新的经济增长点，认为这是实现经济兴国的重要途径。

为推动融合了韩流文化和韩国信息技术的创意经济的发展，朴槿惠上台后还专门新设了一个“未来创造科学部”。由于朴槿惠几乎时时讲“创造经济”的重要性，处处道设立“未来创造科学部”的必要性，韩国媒体戏称“创造经济”为“朴槿惠经济”，“未来创造科学部”为“朴槿惠部”。

2014年底颁布的《2015年内容产业振兴实施计划》集中表述了朴槿惠政府文化创意产业政策，文化创意产业对提升国家形象所起到的作用进一步得到重视。2014年12月31日，韩国国务总理牵头召开的第五次内容产业振兴委员会议审议通过了《2015年内容产业振兴实施计划》，对2015年韩国内容产业政策的主要方向进行了详细阐述。该内容产业指制造、开发、包装和销售信息产品及服务的产业，包括出版、广播、电影、游戏、信息服务等。

根据该计划，2015年，韩国政府将投入4522亿韩元（约合人民币26.52亿元），从5个方向全面推进内容产业的发展，即建构投融资及技术基础，推进产业发展与创业、创造工作岗位的融合及创意人才培养，推动企业进军国际市场，健康的业态环境建设及“内容”利用，强化各类内容产业的竞争力并推动其形成合力。韩国希望通过这一计划，实现产业销售额 102 万亿韩元（约合人民币 5982 亿元）、海外输出额 61 亿美元（约合人民币 380 亿元）及创造 63 万个工作岗位的年度目标。

根据该计划，韩国政府在 2015 年将继续通过双向交流活动，巩固韩国与他国之间的友好关系，推动内容产业在该国的影响力，从而提升韩国国家形象。计划称，政府将通过对韩国电影节的举办和电视剧在海外的放映提供支援，构建韩国在海外的友好形象。此外，还将继续为发展中国家提供援助，如东盟国家大学网络教学支援、海外小型图书馆建设等文化援助项目。

（一）加大资金、技术和政策支持力度

目前韩国文化部门的财政预算占国内生产总值的比重为 1.39%，远低于经合组织的平均值 1.9%。而朴槿惠在竞选时就承诺，在她执政的 5 年内，要将对文化财政预算比重提高到占 GDP 的 2% 左右。要将年销售额超过 1 亿美元的文化内容企业从 2010 年 16 个增至 2020 年 100 个。韩国政府还将把向文化创意产业投资的基金中的基金（Fund-of-Funds）规模扩大到 2020 年 2 万亿韩元。

2015 年，韩国政府将建构一系列内容产业方面的国际基金，如“韩中国际合作基金”，该基金由韩、中两国政府及两国民间机构出资，总融资规模达 2000 亿韩元。此外，还将推出融资规模达 1000 亿韩元的数字内容基金，推动数字化在内容产业中的发展。

技术支持方面，韩国政府将着力推动具有跨界性质的内容服务产业的发展，如开发可供民众体验的文化技术、建设都市中心型数字主题公园、推动教育类电视节目与现代通信技术的融合等。

为了消除内容产业发展过程中的制度性障碍，2015 年韩国政府还将集中对内容产业中一系列的等级审议制度进行改善，其中包括游戏、音乐录影带等多个领域。

（二）加强跨学科人才培养

2015 年，韩国政府将进一步对从事内容产业创业的人才提供支援。

进一步扩大“内容韩国”的影响力，搜集来自各方的创意，让创意能够进一步实现产业化，同时，也使得内容产业进一步与地方特色文化资源相融合，形成更具特色的内容产业。以这些产业为对象，政府还将为 1000 名雇佣员工提供雇佣支援资金。此外，政府还将持续对智能风险创意学校、创业孵化中心、一人创造企业等项目提供支持。

鉴于数字文化创意产业的不断发展，韩国政府也将着力加强对相关领域尤其是跨学科人才的培养。2015 年，韩国欲培养数字文化创意产业专业人才 320 名，融合型创意人才 120 名。此外，针对在校学生推出的各项活动，也将为韩国内容产业培养更多的后续人才——针对青少年推出的“创意教室”活动、针对大学生推出的海外硕士项目等，面向特定人群进行具有周期性的教育培训活动。

（三）进一步促进健康业态环境形成

为了使内容产业能够在更加健康的业态环境中发展，2014 年韩国政府曾经推出名为“有利创造的好环境”的项目，推出各类活动，营造健康的买卖、竞争环境，引起韩国国内各界的广泛关注。2015 年这一活动将会继续。2015 年国库出资 34 亿韩元支持打造大、中、小企业间内容产业的交易模式；进一步强化数字文化创意产业、网络教学、电影、电视节目、出版等行业合同的标准化程度及实效性。

（四）推动残障人士参与文化生活

为了让残障人士等文化疏外阶层能够更加有效、积极地参与到文化生活中来，开发更具针对性的技术，2015 年韩国将开发播放字幕及画面解释功能的配套系统，预计境内将有 30 家电影院每年上映 40 部带有字幕或画面解释功能的电影。

（五）强化各领域竞争力及协作机制

根据内容产业所处时代环境的不同，结合受众获取文化资源手段的不断更新以及文化创意产业间跨界融合的不断加强，政府对各领域的支持政策也有所倾斜和变化。在广播电视产业，对数字媒体产品开发和提高电视通信系统传输效率等方面进行特别支持；游戏产业领域，则对手机游戏有所倾斜，并着力支持有关灾难安全对策、老年人、医疗、国防等内容的游戏的开发；电影方面则大力支持线下电影服务相关的项目；音乐产业，为独立音乐人提供更大支持，将新建两所独立音乐人音乐创作所，为独立音乐的发展提供有效空间；动画方面，为剧场和新媒体动画片制作提供支援；音乐剧方面，根据音乐剧种类的不同，设立音乐剧研究院并为其提供排练场所。

伴随新媒体的不断发展，数字文化创意产业得到韩国政府的进一步重视。2015 年，韩国政府将为 1050 种优秀电子书籍的制作提供支持。此外，还将着力推动网络学习、数字教科书、公共信息资源库等项目的开发与应用。

第二节　文化创意产业法律法规

韩国政府制定了专门的法律法规，确立了“文化立国”的国家方针，从国家意志高度明确了发展文化创意产业的方向，并制定了具体的实施规划和明确的发展目标。

为了配合“文化立国”，韩国政府先后出台了《创新企业培育特别法》、《文化创意产业促进法》等法律，陆续对多部法律做了部分或全面修订，为文化创意产业的发展提供了法律法规保障。

表 6-2　韩国文化创意产业相关的法律

法律名称	通过和修订时间	制定目的及内容
《公共演出法》	1961.12.30 2010.03.17	保障艺术的自由，同时对振兴健康的公演活动的各事项做了规定。
《租税特例限制法》	1965.12.20 2010.12.27	对租税减免或重税征收等租税特例以及限制事项做了规定，在力图保证税的公平和租税政策有效率的实施的同时，对内容产业方面的所得税、法人税等税收实行优惠。
信息通信网的利用促进以及信息保护等相关法律	1986.05.12 2010.03.22	目的是促进信息通信网的利用，保护信息通信服务用户的个人情报，同时构筑能够健康利用的环境。
《放送法》	1987.11.28 2010.06.08	目的是保障放送的自由和独立，提高放送的公共责任，保护观众听众的权利，增进民主舆论的形成，服务于放送事业的发展和公共福利的提高。

续表

法律名称	通过和修订时间	制定目的及内容
《唱片录像带暨游戏制品法》	1996.06 重新修订	在这部法律中游戏作为一个新的影像物也成为文化振兴措施的支持对象。
《创新企业培育特别法》	1997	激励数字行业竞争，制定了针对某特定产业如游戏和动漫产业的声音、形象等方面知识产权的相关法规，以满足数字文化创意产业发展的需要。
《新传播法》	1999 年前后	要求地面电视事业者必须保有 80% 以上国内制作的节目，对国产电视剧的播放时间设下限，而对进口电影的播放设上限。
《文化创意产业振兴基本法》	1999.02.08 2010.06.10	确立文化娱乐产业的相关规定，推进文化、娱乐及内容产业的发展，在法律上规定鼓励和建设文化创意产业。 规定了支持、培育文化创意产业所必要的事项，目的是建立文化创意产业的基础，强化竞争力。
《内容产业振兴法》	2002.02.14 2010.06.10	规定了振兴内容产业所必要的事项，目的是建立内容产业的基础，强化竞争力。
《出版文化创意产业振兴法》	2002.08.26 2010.03.17	规定了与出版有关的事项，支持培育出版产业及出版物的审查，确立健康的流通构造相关的事项。
音乐产业振兴相关法律	2006.04.28 2010.06.10	规定了振兴内容产业所必要的事项，包括数字产品、MP3 有关规定，目的是促进相关产业的发展。
游戏产业振兴相关法律	2006.04.28 2010.03.31	2004 年出台《游戏产业振兴法》（草案），2006 年正式立法，2007 年之后多次修正该法，规定了建立游戏产业基础和游戏用户的利用等相关事项，目的是促进游戏产业的振兴和确立健康的游戏文化。
电影和录像制品振兴相关法律	2006.04.28 2010.03.31	目的是提高电影、录像制品的质量，在网络与数字技术发展、录像制品发展为网上形态之际，扩大录像制品的概念，促进影像产业的振兴。
《印刷文化创意产业振兴法》	2007.07.19 2009.03.05	规定了与印刷有关的事项、印刷文化创意产业的支援培育所必要的事项。
《因特网·多媒体放送事业法》	2008.01.17 2010.03.21	目的是使在放送·通信融合日益发展的进程中利用因特网、多媒体进行放送事业的公司团体能适当正确运营，保护用户的权利，促进相关技术和产业的发展，保护放送的公益性。

在数字出版管理方面，韩国既有相对完备的法律体系，也有成熟的行政管理体系，以此共同规范数字出版的发展。

韩国有关数字出版的法律制度针对各种形式的数字产品做出详细的规定，能够更好地解决数字时代产生的新问题。三级版权行政管理体系及

“小政府、大协会”的出版物市场管理模式有效地对数字时代互联网版权侵权行为进行管理。把数字出版物纳入市场管理范畴，能够起到合理配置资源、推动数字出版产业良性发展的作用。

表 6-3　韩国有关数字出版的规定

法律名称	通过和修订时间	相关规定
《计算机程序保护法》	1957	制定后曾进行多次修订。2006 年 10 月 4 日修订时将原来规定的可处 3 年有期徒刑或5000万韩元罚金提升至可处5年有期徒刑或5000万韩元罚金，惯犯可处 7 年有期徒刑或 7000 万韩元罚金。
《著作权法》	1986	先后进行过 21 次修改，其中 2006 年和 2009 年完成了两次重要修改。与数字出版的发展同步，不断更新法律内容。
《出版及印刷振兴法》	2002	该法设立了对网络书店进行限制的条款，第 22 条第 2 项规定“出版物销售者依据《关于垄断限制及公平交易的法律》第 29 条规定第 2 项，其销售的出版物属于作品时，必须按照定价销售。在使用信息通信网销售这类出版物时，可以在原定价 10% 的范围内打折销售。”
《电子出版产业育成法》	2010	根据该法，韩国政府将在 5 年内向电子书市场投放 635 亿韩元，使电子书市场规模扩大 5 倍。

一、《文化创意产业振兴基本法》

在“文化立国”战略提出不久，韩国政府于 1999 年 1 月首次制定了有关文化创意产业的综合性法规《文化创意产业振兴基本法》，提出振兴文化创意产业的基本方针政策。这是金大中政府为文化创意产业进入国际市场全面发展奠定的一个重要基础。

该基本法正式把文化创意产业列入国家支柱产业，把文化事业提升为 21 世纪创造高附加值的重点发展产业。通过国会立法，把此前尚不明确的文化创意产业概念加以界定，其第 2 条第 1 项将文化创意产业定义为与文化商品的开发、制作、生产、流通、消费等相关的产业。主要包括电影、音乐、创意设计、游戏、广告、动漫、出版印刷、广播、演出、卡通形象、传统文化，以及随着数码技术的发展，网络和手机内容等具有高附加值和高增长潜力的领域。此外，还有根据总统令指定的相关产业。

该基本法规定了文化创意产业的内容、文化内容流通定义和知识产权保护的义务，制定了文化创意产业统计调查，新增了消费者保护规定。

根据此法律，从 1999 年到 2003 年筹集 5000 亿韩元规模的文化创意产业振兴基金，支援与文化创意产业关联企业的创业与制作活动、输出等方面费用。另外把与文化创意产业关联的设施集中到一地，提高直接效率。为提高文化商品开发和制作效率性提供保障，即设立文化创意产业基地。同时，设立非政府机构“韩国文化创意产业振兴委员会”，作用是产业政策调整机能，并讨论设定文化创意产业发展 5 年计划、五大战略，提供集中支援方案。为此，到 2003 年为止，筹集 2.3 兆亿韩元，其中政府的投入为 8000 亿。

二、《著作权法》

知识产权是艺术文化创意产业的核心价值所在，也是最容易引起争端的关键，确立了保护知识产权的相关法律法规，才能营造出一个有利于艺术文化创意产业发展的和谐环境。为此韩国先后制定了一系列的法律法规，通过《著作权法》明确著作权的问题。

1990 年后，韩国针对文化创意产业发展需要两次修订《著作权法》，一方面加大力度保护著作权，为著作权人提供适当的经济补偿，促进创造性活动；另一方面也在更大程度上实现大众对文化产品的公平享受。

《著作权法》明确规定了在线服务提供者的权利义务，既规定其享有临时复制等合理使用的权利，也赋予版权人求偿权，要求在线服务提供者必须采用技术措施，保护拥有数字版权的作品的在线传播，并对权利管理信息进行保护。其第 103 条规定在线服务提供商要履行通告义务，第 142 条规定当权利人提出要求时，在线服务提供者有义务采取阻断相关盗版物等非法传送的技术性措施。

韩国官办协会由政府全额资助并由政府授权。它们代替政府行使一定的职能，有效地打击盗版及审查出版物内容，杜绝盗版及有害出版物的流通。在韩国由复写传送权中心集中管理出版物的著作权，由出版物伦理委员会负责对出版物内容进行审查。韩国复写传送权中心的主要任务有两个：一是接受版权所有者的委托，对著作权和传送权进行集中管理；二是杜绝盗版出版物的流通。在打击盗版方面，该协会采取与政府执法人员联合协作的方式。

三、《电影法》

从韩国电影来看，韩国 20 世纪 70 年代的电影处在默默无闻的状态中，充其量是外国文化的移植。此时韩国电影业处在封闭状态，政府用进口税来控制外来电影对本土市场的冲击，以扶持本国电影的发展。但是这种封闭的电影保护手段作用不大，把外国电影进口税收投入到本国电影制作发行上，并没有把韩国电影带向理想境地。

到了 20 世纪 80 年代，韩国电影人开始进行电影内容和形式的摸索，不断地使电影走向现实，在电影中同化现实批判现实。这种对现实的关注使韩国电影开始在观众心目中树立了新的形象。正当韩国电影进入有分量的现实探索并获得观众认可时，1986 年韩国修改了《电影法》，电影产业开始开放。国内外企业都可以参与电影制作、剧场运营、录像制造、有线电视、广告公司等电影产业和与电影相关的产业。韩国著名的大企业几乎都参与了影视业的运营，这对刚有转机的电影业是一个冲击。

《电影法》的修改主要基于 20 世纪 70 年代韩国《电影法》限制外国电影的进口，以外国片进口税来振兴国产影片的失败这一事实。尽管韩国电影制作业从业人员强烈地反对开放，但是外国电影进口自由化得到了法律保障，美国的环球、华纳、迪士尼、20 世纪福克斯、哥伦比亚等主要电影制作发行公司借此大举进军韩国，在韩国做起了电影业生意。面临巨大生存压力的韩国电影业奋起直追，采用了各种方式与外国势力竞争。

韩国政府重视保护民族电影的发展，20 世纪 90 年代以来，尽管《电影法》规定了电影制作发行等一系列的自由开放政策，但同样政府也规定了剧场放映国产片的场次比例，这一办法有效地控制了外国大片对韩国本土电影的冲击。据 2002 年 7 月韩国文化部的统计显示，韩国人不顾世界杯的助威热潮，上半年到电影院看电影的观众比 2001 年增加了 17.4%。韩国国产片的观众增加趋势超过了全体增加率的 41.5%，韩国国产片的观众占有率从 2001 年同期的 38.3% 达到 46.1%，增加了 7.8 个百分点。与世界杯分享观众，可谓韩国电影的一大自豪。

第三节　韩国文化创意产业政策的特点

由于韩国政府政策方面的大力支持，文化创意产业得到了长足的发展。每届新总统上任、新政府组建的时候，都会依据其国家政策理念来规划国家发展战略。文化发展政策及文化创意产业政策随着每届新政府的成立发生着不同的变化，虽然不同政府在对待文化创意产业的具体方法上有所差异，但都意识到了文化创意产业对一国经济的重要性，同时也采取了相应的措施予以扶持。

从金大中政府时期以“使文化创意产业成为21世纪国家骨干产业”为目标，正式确立并推进文化创意产业振兴政策以来，到卢武铉政府、李明博政府、朴槿惠政府时期韩国文化创意产业立国战略的表现，呈现出如下几个特点：

第一，韩国政府的文化创意产业振兴政策特别集中在极力提高文化创意产业的经济价值方面。

这与金大中政府将文化创意产业立国战略作为国家性战略、克服亚洲金融危机有着密切的关系。在当时的环境下，21世纪初的韩国在整个社会的价值角度方面，新自由主义政治经济理论占据了重要的位置。在以培育文化创意产业为目的的法制调整过程中，金大中政府的文化政策方向以“缓解规制”为基础，直到卢武铉政府时期也坚持这一方向。卢武铉政府的文化创意产业立国战略，在培育国际水平的文化创意产业市场、创新文化创意产业流通结构、活跃著作权产业的基础环境等方面推动的产业政策，比金大中政府更为实用、更为实际。李明博政府批评金大中政府和卢武铉政府为“左派政府”，表现出新保守主义理念性倾向，进一步强化自由市场主义观点来推动韩国文化创意产业的发展。

第二，韩国文化创意产业立国战略着重于制定文化创意产业的法律制度以及政府扶持的相关规范。

金大中政府2000年制定了《文化创意产业振兴基本法》，提供了文化创意产业发展与振兴的法律依据。卢武铉政府通过持续修订完善，发展出文化创意产业丰富、专业的具体形态。李明博政府 2009 年修订了《文化创意产业振兴基本法》，2010 年通过了《内容产业振兴法》，为振兴内容产业提供了法律依据。

第三，韩国的文化创意产业立国战略从一开始就集中扶持重点的战略领域。

对具有成功可能性或竞争力的发展领域提供集中扶持，培育韩国文化创意产业的领先行业及对外出口的优势产业。金大中政府为了培育游戏产业，从 2000 年起连续三年投资 1500 亿韩元设立了“游戏综合支持中心”、“游戏产业园区”，为培育游戏专门人才还成立了游戏学院（Game Academy）。卢武铉政府将游戏、电影、音乐和影视广播确定为核心文化内容产业，进行集中培育。李明博政府也制定了集中培育面向世界开发优秀内容的国际战略，重点发展在世界市场中具备成功可能性和衍生附加值的电影、电视剧和动画。

第四，韩国的文化创意产业立国战略大体分为 5 个领域，即法律法规的制度完善、创作力度品质的提高、产业基础环境的营造、专门人才的培养、海外市场的开辟等。

相比金大中政府主要集中于文化创意产业法律制度的制定、为建立文化创意产业发展基础而着力于基础环境的构筑，卢武铉政府则集中于人才的培养、地方文化创意产业的培育、数字文化内容的打造等领域。虽然各政府之间不无差异，但从整体来看，韩国历届政府都是从以上 5 个领域出发，制定战略目标并推进实施。韩国的文化创意产业立国战略除了上述的共同特点以外，也会依据各政府不同的国政理念表现出不同的特点。金大中政府着力于为培育文化创意产业建立基础，也取得了一定的政策成果，如引发了对文化创意产业振兴的社会共识，为振兴文化创意产业调整法律制度，确立产业相关财政，为发展文化创意产业设立并重组支持机构等。卢武铉政府一方面继承了金大中政府的政策，另一方面追求文化创意产业与纯粹艺术的均衡发展。为符合地方均衡发展这一国家的课题，扩大了对地方文化创意产业培育的支持力度，并摸索文化与旅游、体育之间的协同效应。李明博政府对于过去政府的政策理念采取了否定的态度，更多倾向于市场主义的发展。在文化创意产业政策方面，李明博政府确立了选择与集中、事后支持、间接支持的支持体系，特别强调对实用与效率的重视。

第五，使文化创意产业的消费者和供应者都能更多地参与到文化艺术活动中。

一方面，文化服务和文化多样性是韩国制定一切文化政策的出发点和落脚点，韩国文化政策力求做到以人为本，服务大众，制定面向文化消费者的“文化服务”政策。韩国文化体育观光部副董事、文化政策局相关负责人龙昊声介绍，韩国一直以来都非常重视文化艺术政策，并设立了文化体育观光部负责文化事务。文化体育观光部可以在文化、艺术、体育、观光、宗教、媒体、国政宣传等方面实行各种政策。“目前，韩国的文化艺术领域主要由文化体育观光部下设的文化创意产业局、文化政策局和艺术政策局负责。”在文化体育观光部的下设部门中，文化政策局和艺术政策局是与国家的文化战略息息相关的部门，二者之间是相辅相成的伙伴关系。其中，文化政策局主要侧重宏观计划的分析和制定，比如文化服务政策、文化多样性的发展政策等。艺术政策局则更多的是细化文化战略，其下设艺术政策科、传统艺术演出科、空间设计文化科和文化艺术教育科。无论是侧重宏观的文化政策局，还是关注细节的艺术政策局，其出发点都是以文化服务和文化多样性为中心，以人为本，为大众服务。“韩国一直追求‘文化的民主化’，长期以来文化艺术的最大消费者是属于富裕阶层或社会的掌权阶层，但文化民主化意味着通过政府文化政策提供公共文化服务，关心弱势群体的文化消费状态，让大众享受更多的文化艺术产业，这就是文化服务的政策。”

另一方面，注重对文化产品供应者的政策支持。有些文化艺术在文化生态系统里处于弱势，很难靠自身生存下来，而这些文化通常是具有传承意义的文化遗产、民间文化等，因此，韩国政府对弱势的文化艺术项目提供更多的政策支持，如传统文化的保存、地域文化的推广等。

韩国政府推出的文化代金券和艺术家服务法让文化政策的影响扩大到社会各个阶层，并使文化创意产业的消费者和供应者能更多地参与到文化艺术活动中。为了贯彻以大众为主的文化策略，2011 年 4 月，韩国政府制定了文化代金券政策，该政策主要面向韩国的基础生活需求者。“基础生活需求者”是韩国国民最低生活保障制度中年收入达不到最低生活费标准的人，他们可以向政府申请基础生活保障服务。目前，韩国政府每年为300余万名基础生活需求者提供文化代金券，这些代金券可以用于欣赏演出、参与文化艺术活动等。“这样的文化代金券政策虽然是比较直接的文化服务手段，但取得了非常显著的效果，文化艺术不再只是高收入阶层才能享受，文化生活同样是大众生活中的必需品。”

第六，逐年加大对文化创意产业的投资和文化财政预算。

2000年，韩国的文化财政预算首次突破了国家总预算的1%。之后，文化预算一直占国家总预算的1%以上，并随着国家总预算的增加而不断增加。至2014年，文化预算达到了5.4兆韩元，占国家总预算的1.5%。

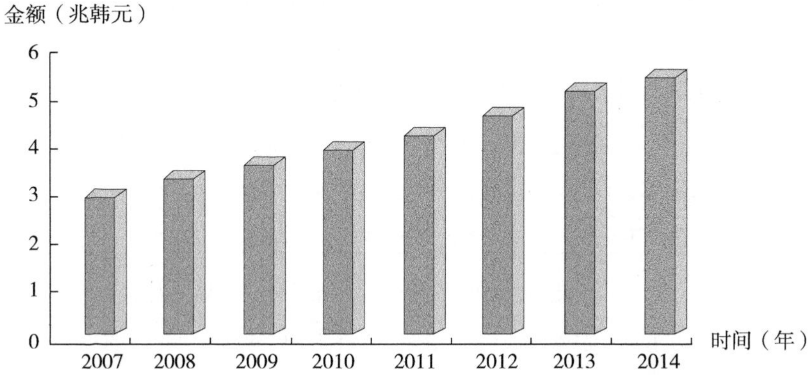

图6–2　2007～2014年韩国政府文化财政预算

第七，韩国的文化创意产业立国战略将文化内容的海外市场开发作为核心目标并持续推进。

《内容韩国蓝图21》以“为2003年进入文化内容核心生产国行列提供基础”定为目标，《C—KOREA2010》以“实现世界五大文化创意产业强国”为目标，《内容产业振兴基本计划》以“进入2015年内容产业五大强国行列”为目标。这些战略与1960年现代化以来着力推进集中出口型发展模式的韩国经济结构有着密切的联系。特别是20世纪90年代中期以来，这些战略作为发达国家的文化创意产业培育政策及文化交流开放政策而被积极推进。

第四节　韩国文化创意产业政策的成果

从 1999 年开始，韩国将发展文化创意产业提升为国家战略，逐步放松管制，鼓励民间资本和企业发展文化创意产业。韩国政府的文化政策促进了韩国文化创意产业的突飞猛进。1999 年，韩国文化创意产业规模是 21 兆韩元，2013 年增长到 91.5 兆韩元，年增长率达 7.5%，成为近年韩国经济持续低迷中的一大亮点。

韩国的流行音乐 2012 年出口额就创造了 1000 亿韩元，鸟叔的《江南 Style》仅在社交网上就出现了 16 亿的点击率，并迅速蹿红到了联合国。以“国家策划”为核心的韩国影视剧，更是在几年之间就覆盖了亚洲、美洲、欧洲的 33 个国家和地区，仅 2011 年，韩剧出口已上升为 1.55 亿美元，成为韩国继汽车制造业之后赚取外汇的第二大支柱产业；因《来自星星的你》让“都教授”金秀贤红遍了中国的大江南北，到中国的一次出场费达 600 万元人民币，他所属的经纪公司估算他至少创出了 9000 多万美元的效益。而此前的影星裴勇俊，曾带动了旅游和机票、航空股的持续上涨。

韩国文化创意产业的振兴促进了韩国经济的发展，为国家创造了巨大的贸易机会，提供了更多的工作岗位，更重要的是，韩国文化在海外的传播与推广扩大了韩国的国际影响力，提升了韩国的国家形象与软实力，增强了韩国民众的民族自豪感。

表 6-4　韩国文化创意产业销售额与出口额（2009 ~ 2013 年）

年份	2009	2010	2011	2012	2013	年均增长率（%）
销售额（百亿韩元）	6708.0	7332.0	8297.0	8727.0	9153.0	7.5
出口额（亿美元）	26.1	31.9	43.0	46.1	51.0	16.9

韩国文化创意产业销售在本书第五章第三节已有介绍，本节主要介绍韩国文化创意产业产品的间接经济效益和非经济交易。

一、韩国文化创意产品的间接经济效益

在韩国政府的统一规划与大力支持下，韩国的文化创意产业蓬勃发展。不仅如此，韩国的文化创意产业犹如驱动器，将整体经济带动得活跃起来。在文化创意产品大量出口创汇的同时，韩国也宣扬了本国文化。这种“软力量”，对外具有强大的辐射力和影响力，对内同样表现出强大的渗透力和推动力，文化创意产业不仅自身创造了巨大经济效益，还带动了旅游、化妆品、整容、服装、饮食、手机、电脑等产业。2012 年 5 月底，韩国进出口银行海外经济研究所发表的《韩流出口影响分析与金融支援方案》表明，韩国文化创意产业出口每增加 100 美元，就能使韩国商品出口增加 412 美元，达 4 倍之多。具体到细分领域，手机等信息技术产品的出口平均会随之增加 395 美元，服装的出口额也会增加 35 美元，加工食品的出口额会增加 31 美元。韩国有 51.9% 的企业销售额都是受到“韩流”走红的影响。据报道，《冬日恋歌》曾为韩国带来的经济效益超过 3 万亿韩元，《大长今》所衍生的周边经济效益更是突破 3 兆韩元（折合人民币约 156 亿元）。

2005 年 3 月 15 日的《朝鲜日报》发表的韩国产业政策研究院对韩流的经济波及效果的分析报告表明，2004 年，由韩流文化创意产品的出口对韩国其他制造业、服务业的产额、附加值、创造就业岗位所带来的间接经济效益达 4.5 万亿韩元（约合 41 亿美元），其中由中国大陆市场产生的经济效益为 3.3 万亿韩元、香港为 1.3 万亿韩元、日本为 0.83 万亿韩元、台湾为 0.62 万亿韩元。该报告还证实，在中国，对韩流品牌价值的评估远远高于日本和美国。而在中国形成韩流的首要功臣是电视连续剧。

2011 年，韩国人宣称“韩流”创造的附加值已经达到了 56.17 亿美元，“韩流”的无形资产总值达到了 947.9 亿美元，相当于三星的一半。

正如《哈利波特》成功以后打开创造经济时代的英国一样，“文化 = 内容 = 想象力”正成为韩国经济的新成长的动力。

（一）韩流带动就业

韩国文化创意产业每 100 万美元的出口，就会带动 14 ~ 15 个人就业，而传统制造业却只能带动 7 ~ 8 个人就业。

2004年初推出的《实尾岛》、《太极旗飘扬》两部韩国大片，在观众人数、票房收入、创造就业岗位几个方面都攀上了一个新高峰。这两部电影观众人数都超过了1100万，两部电影的票房收入一个为775亿韩元，一个为781亿韩元。2004年上半年，这两部电影大约创造了4600多个岗位，相当于生产922200辆现代索纳塔轿车的就业数量。

（二）韩流带动旅游热

1998年的亚洲金融危机后，韩国旅游业一直低迷，连续5年旅游服务收入下降，借助韩流文化，2004年才止跌回升。据韩国观光公社委托韩国学者做的一份《韩流旅游营销效果分析及发展方向调查》，来韩国的游客很多是直接或间接受到韩国影视剧的影响来韩旅游的。

KBS的韩剧《秋天的童话》、《冬季恋歌》在台湾热播后，束草和南怡岛到处都是台湾游客。演员剧中使用的品牌服饰、汽车、手机相继成为台湾人争购的目标。《冬季恋歌》外景地——一个私人拥有的小岛，每天接待的游客量要以千计，光门票收入都使小岛的产权所有者赚得盆满钵满。

而后随着《大长今》的热播，韩国的《大长今主题公园》游客更是日以数千计了。

据韩国银行消息，2012年韩国接待外国游客突破1100万人次，旅游收入达142.3080亿美元，创历史新高。特别是中国游客来韩国观光的人数近年增长强劲：2005年58.5万人次，2008年116.7万人次，2011年220万人次，几乎是每隔三年就要翻一番。除了港澳地区之外，韩国是中国人出境游人数最多的一个国家，来韩国旅游的外国人，每5名游客中就有一位来自中国。韩国专家分析，韩国目前成为中国游客出国首选目的地原因有：中韩两国历史相通、地理相近、文化相似；深受韩流文化的影响，年轻人成了游韩国的主力军。

（三）韩流助韩国化妆品热销

随着《冬季恋歌》上映，女性观众喜爱女主角崔智友，爱屋及乌，也喜欢使用她用过的韩国化妆品。在该片上映的头半年，韩国化妆品对亚洲出口规模同比增加了近50%，其中台湾增加118%，香港增加82%，中国大陆增加了58%。韩国媒体不无得意地写道："韩流"和化妆的关系证实了一句营销格言，卖货先卖形象。

《来自星星的你》的热播，使韩国的化妆品也纷纷受益，从 BB 霜到唇膏，从眼影到洗面奶，据爱茉莉公司 2013 年财报：中国市场增长 29%，达 3387 亿韩元。

在亚洲地区，韩国的 CD 唱片等音乐出口对韩国化妆品出口的牵引效果明显。据韩国《中央日报》报道，2011 年，韩国化妆品的出口总额为 8.05 亿美元。过去三年间，韩国化妆品对中国、日本及东南亚 5 国出口翻一番，据分析，这主要是受到地区经济快速发展和韩流热潮的双重影响。以中国为例，2011 年中国进口的韩国化妆品为 2.2868 亿美元，而 2009 年仅 1.19 亿美元，两年间增长近一倍。

（四）韩流带动整容业

借助韩流影视剧的影响，韩国整形外科声誉鹊起。韩国报纸报道了上海的一个例子：2005 年，韩国电视剧《大长今》在中国热播时，6 位韩国整形外科医生在上海开办了一家拥有高端设备的整形外科医院，在当地掀起打造韩流明星容颜的热潮。做一个双眼皮手术费要 100 万韩元（当时合人民币 7000 元），面部轮廓整形手术费 390 万韩元（约 28000 元人民币），价格是上海当地医院价格的两倍。但顾客仍络绎不绝，女性顾客拿着金喜善、宋慧乔、李英爱的剧照，将她们作为整形模仿对象。

（五）韩流带动了韩国服装和饮食业的出口

《大长今》在两岸三地播放后，韩国的膳食和医药产品也热销。在香港，人参和冬虫夏草比以前销量上升了 10% ~ 20%。来韩国旅游的客人买高丽参的数量也增多不少。

再如《江南 style》，不仅促进了韩国音乐产业的发展，还带来了相关产业链的繁荣。据韩国央行发布的消息称，借助《江南 style》，截止 2012 年三季度，《江南 style》的风靡使韩国文化娱乐服务业收支创下了 400 亿韩元顺差，韩国江南区餐厅的预约率达到了江北地区的 236%。此外，朴载相不仅活跃于音乐、表演舞台，更进军广告、股票市场，与其相关的数十家企业的市价总值两个月内即上升了 1.4 万亿韩元。文化创意产业带来的不仅是文化的社会效益，更重要的作用是带来直接的经济利益。这也是韩国政府不遗余力出台各项政策保护和扶持文化创意产业的重要原因。

（六）韩流带动家电、汽车、手机、电脑等 IT 产品的热销

因为“韩流”在世界范围内大受欢迎，大幅度带动了汽车和电子产品，包括三星手机的销售。影视剧没赚到的钱，恰恰通过这些领域赚到了。电子、汽车和信息产业等领域的企业纷纷表示，受韩流影响，企业在海外的贸易额有了明显的提高。

在亚洲地区，电视剧、娱乐节目的出口对手机、电脑等 IT 产品贡献突出。在韩剧《来自星星的你》中，三星产品从手机、笔记本电脑、智能手表到多门电冰箱，可以说三星产品无处不在，2012 年三星 S3 一举超越美国苹果 4S，一度成为全球销量最高的手机。

二、韩流文化隐含的非经济效益

如果说上述由韩流文化创意产品间接产生的经济效益总还是可以触摸到的话，那么韩流产品的波及效益中还隐含着一种更无形的政治、文化效益，而这是不容易感觉到的。

在三四十年前，韩国在世人看来还是个比较封闭的以农耕文化为主的岛国，甚至被称为“隐士国家”。人们总会把韩国与国土分裂、政治军事依附美国、经济不算发达、观念保守、街头行动频繁、劳资对抗激烈、国民性格内向且倔强等一些比较负面的特征联系起来。通过几十年的经济发展，尤其是近 10 年来变成 IT 强国后，人们对韩国印象改变了不少。但韩国人认为，IT 产业的成就代表韩国的实力，“韩流文化”则代表韩国的魅力。柔性的魅力对提升一个国家、一个民族的形象来说有更加重要的作用。这也可以举两个例子加以说明。

20 世纪上半叶，韩国曾被日本奴役了长达 35 年。历史的宿怨和独岛的领土归属问题，使韩国和日本成为一对宿敌。但这并没妨碍近年来韩流文化大举登陆日本。韩流头号男明星裴勇俊拥有以百万计的日本粉丝，而且是以女性为主，日本家庭主妇为裴勇俊起了专门的尊称“勇样”。有一年，时任首相的小泉访问韩国，国事活动之余，想见“勇样”一面竟未能遂愿，勇俊的回答巧妙且智慧：我对政治不感兴趣。然而他这种怠慢日本首相的做法并没使他在日本“粉丝”中造成多大负面影响。倒是几次他接受采访时，呼吁改善韩日关系、两国国民要友善相处的讲话，一定程度上

弥合了两国国民之间的怨恨。有一幅日本漫画，一群日本中年妇女到国会里警告议员们不要制造对韩国的紧张关系，说“惹恼了勇样可怎么办”。漫画虽有夸张成分，但任何日本政治家为了选票，多少也得掂量一下勇样“粉丝”的分量。

韩国文化的输出另一重效益是在全球特别是在亚洲的韩流文化盛行的国家和地区兴起了学习韩语热。韩国语使用仅名列世界全部语种的第 11 ~ 12 位，在文化市场上无疑是边缘性语种。但是在韩国影视、游戏产品的引领下，全球学韩国语的人数增长得较快。自 1997 年开始有“韩语托福”（外国人韩国语能力考试）考试以来，每年参试人数稳步上升。

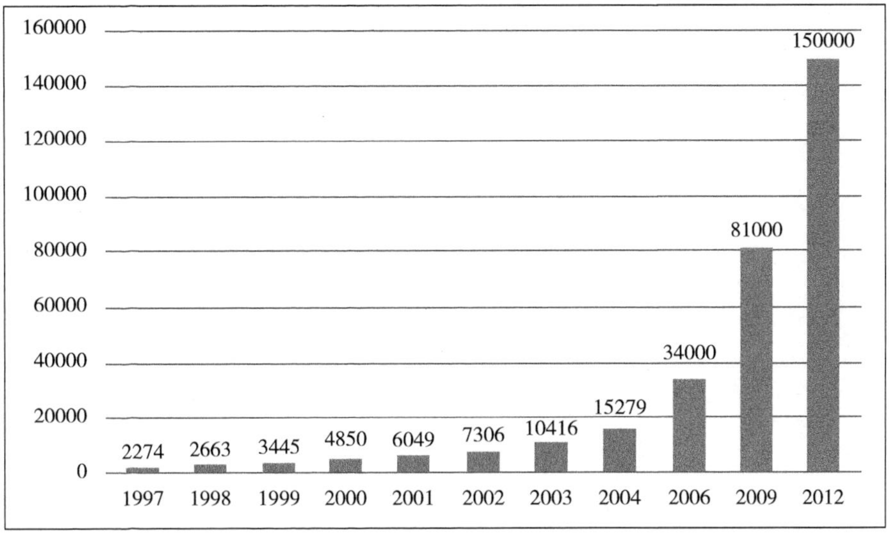

图 6–3　“韩语托福”考试人数

“韩语托福”开考 25 年来，参考人数累计超过 100 万人次。不仅如此，参加考试国家也由 1997 年的 4 个国家到 2012 年的近 30 个国家。需要特别指出的是，“韩语托福”的中国考生增加幅度最大。近几年，均有三分之一的考生为中国人。中国已经有 100 多所大学有韩语系。当然，每年全球参加“汉语托福”的考试人数中一大半则是韩国考生。

2007 年，韩国政府就提出在各国设立“世宗学院”（世宗为朝鲜半岛历史上最贤明的皇帝，在他主持下创制了韩国文字），面向当地普通民众，免费教授韩国文字和传播韩国文化。到 2012 年 6 月，韩国已经在 35

个国家开设了76所世宗学院，学生人数达到1.4万人。韩国提出，到2016年，世宗学院要增设至200所。

韩国人期望韩流文化所带来的不仅仅是经济的发展，对国家认知度和国家魅力的提升作用更是韩国人赋予韩流文化的深层次意义。

第七章　韩国文化创意产业的国际化发展战略

韩国是一个国土面积狭小（9.93 万平方公里）、人口较少（4700 万）、市场规模小的中等发达国家。韩国政府清楚地认识到本国的国情，深知文化创意产业要进一步发展离不开广阔的国际市场，而这也是传播韩国传统文化的重要方式。因此，韩国因地制宜，制定相应的国际市场策略，将与韩国文化相近的中国和日本等东亚国家作为拓宽市场的重点，走向亚洲其他地区，而后跨入世界文化创意产业舞台，力争在国内收回成本，在海外获得利润；开展跨国生产合作，打造国际名牌，获取市场效应。

第一节　韩国文化创意产业国际化现状

一、韩流的发展过程

（一）韩流的发展阶段

“韩流”最早出现于围棋界，原意为韩国流。因为 20 世纪 90 年代至 21 世纪前 5 年，韩国围棋盛行一时，在国际大赛上频频夺冠，因此被当时的围棋界称“韩流”，之后又被引用到足球和音乐、娱乐领域。进入 21 世纪以来，韩国媒体及学界也相继借用“韩流”一词形容本国文化输出的盛况，后来该词又延伸至西方，使得英语中增加了新词汇“Hallyu”。

韩国最近的研究中，将韩流的发展过程分为 3 个阶段：

（1）1997 年至 2000 年中期，这个时期是韩流的胎动时期，这个时期以电视剧在亚洲的扩散为特征，逐渐的韩国的流行文化从儒家文化圈传播至东南亚，被称为“韩流 1.0”时代。

（2）2000 年中期至 2010 年初期，《蓝色生死恋》、《大长今》等电视剧，HOT、东方神起等组合强势进入中国及其他亚洲国家，掀起一波又一波的“韩流旋风”。

2002 年夏天，MBC 以 18 万美元向日本 TV 朝日出口了电视剧《夏娃的一切》，敲开了亚洲最难敲的一扇大门。

2003 年初，韩国音乐文化内容的输出产业化有了巨大的成果。在法国戛纳举办的“MIDEM 2003”，签订了 2250 万美元的音乐海外输出合同。在美国举办的“NATPE2003”，引进资金和输出音乐成果达 820 万美元。

2004 年，文化产业已成为仅次于汽车的韩国第二大出口创汇产业，韩国也成为世界第五大文化产业强国。在制造业上让韩国失去了优势的中国，尽管与韩国历来存在贸易赤字，但是在文化产业上的赤字比工业产品超出 10 倍。

随着韩流爆发式的成长，韩流热风已经不再仅仅局限于亚洲，以 K-Pop 为新一轮生力军的韩流开始冲出亚洲，走向欧洲、中东、南美、非洲等地区，被称为“韩流 2.0”时代。

（3）2013 年韩国文化观光部将 2010 年初期以后面向全世界的韩流热风称为“韩流 3.0”时代。

2013 年，文化产业占韩国 GDP 的 15%，达到了这样的高比例，而中国是不到 4%。

表 7-1　韩流的发展过程

区分	韩流 1.0	韩流 2.0	韩流 3.0
时间	1997 年至 2000 年中期	2000 年中期至 2010 年初期	2010 年初期以后
特征	韩流胎动 （以影像内容为中心）	韩流扩散 （以偶像明星为中心）	韩流多样化
核心领域	电视剧	K-Pop	K-Culture
地区	亚洲	亚洲、欧洲、非洲、中东、中南美、美国	全世界
消费者	少数粉丝	10～20 岁受众群体	世界观众
渠道	电视、网络	SNS、YouTube	所有媒体

由表 7-1 可见，“韩流 3.0”已经不仅仅是电视剧、音乐等文化产品的

扩散，而是包含这些文化产品在内的整个韩国文化（K-Culture）在世界内的传播和扩散。

（二）韩流低潮期

韩国文化创意产业发展并非一帆风顺，而是在波折中前进。卢武铉政府时期，经历了韩国文化创意产业的低潮阶段。20世纪90年代，从“韩流”初起，到2004年《冬季恋歌》、2005年《大长今》的热播为代表，在国际上掀起了第一波韩流高潮。然而在这段时间，韩流文化创意产品一度出现过降温苗头，表现在：韩国电影出口规模下降；在韩国国内电影市场上，韩国产电影的观众占有率跌至50%以下；韩国电视节目在国外遇“寒流”，从2006年起，韩国国内影视产业的无序竞争，以及包括中国在内的亚洲国家文化创意产业政策的变化甚至抵制，“韩流”核心构成即电视剧的出口额仅达到8589万美元，比2005年减少了15.5%；电影出口208部，出口额仅达到2451万美元，比2005年减少68%。影视明星减薪；韩流明星在国内外演唱会观众人数下降；其他文化创意产品出口也出现了颓势。

韩国媒体认为，韩国文化创意产业在国际市场尤其是东亚地区由风靡一时的“韩流”遭遇“寒流”有诸多原因，但主要归咎于：

（1）东亚国家和地区盛行“文化民族主义”、“经济民族主义”，出现“嫌韩流”、“反韩流”、“抗韩流”倾向。如2005年7月，日本出版了一部《嫌韩流》漫画，一个月就售出10万册，一年后售出近30万册。在日本，反韩流网站和博客多达数百个。2005年7月，台湾对韩国电视剧征收20%的进口关税。2006年起，中国对韩国电视剧进口开始限制。当然，有韩国学者清醒地指出，东亚地区兴起“反韩流”与韩国文化界某种程度的张扬、狂妄自大、“我们最好”的文化优越主义、“文化南伐”、“北伐”、单向输出的“韩流霸权主义”不无关系。

（2）过度看重明星效应，过分商业化运作。批量生产内容雷同、表现手法简单的搞笑喜剧片、言情片，倒了观众胃口，等等。

尽管近几年韩流再次受到欢迎，但居安思危的韩国人看到了文化产业繁荣发展背后的隐忧。韩国文化体育观光部对2011年至2012年文化产业发展情况进行的调查统计资料显示，韩国游戏产业的海外出口以24.7亿美元的总额占据了总出口额的50.8%，而与此同时，出版方面的出口额则以

3.4 亿美元的总额仅占 7% 的市场份额。在出口的国家方面，日本市场占据了 30.1%，中国市场占据 27%，而广大的欧洲市场却只占有 8% 的份额。从产业类别和出口地区而言，文化产业输出的“偏食”现象严重。此外，一大批韩国文化企业仍未摆脱小作坊式的运营模式，盗版行为的频发以及自由创作受到限制等问题，也导致韩国文化产业出口受阻。

韩国文化界人士认为，面对出现的“韩流危机”，倘若不进行战略性调整，将会重蹈香港、台湾电影产业的覆辙，即 20 世纪八九十年代一度辉煌，但现在已经式微，被边缘化。韩流短则两三年，长则 5 年内热潮就会结束。为了延续“韩流”，他们建议政府采取如下对策：

（1）面对韩流文化单向输出的批评，必须有意识地向东亚国家和地区开放韩国文化市场。应当认识到，文化创意产品不仅是交易，更是交流，必须是双向的，既然有“韩流”，就会有“华流”、“日流”、“港台流”，甚至“越流”。

（2）为防止进口国家对韩流文化创意产品输入的限制，犹如制造业在外国投资建厂一样，韩国政府鼓励其文化创意产业部门到韩流文化创意产品输出地去实行本地化战略，由韩国出钱、出人、出思路，与东道国合作拍影视片，培养影视明星。

韩国政府不仅坚持文化立国的政策，也认真听取文化创意企业的意见，政府和企业共同努力，竭力使向国际输出的韩流保持长盛不衰的状态。尽管韩流也遭遇过“寒流”，但是总体上保持了强大的国际化势头。

二、韩国文化创意产品出口状况

截至 1996 年，韩国文化内容产业的海外收入为零。1997 年文化创意产业首次出口，仅为 500 万美元。

在 1998 年之后，韩国十分注重开拓海外国际市场，韩国政府为了支持和促进文化创意产业及产品的出口，采取了一些补助和减免措施，对开拓国际市场展开了强大的攻势。经过不断的努力，韩国文化创意产业的出口迅速增长，2000 年韩国的文化产业出口达到 5 亿美元。2002 ~ 2005 年期间翻了一番，文化创意产品贸易已经从逆差国变成顺差国，为韩国赚取了大笔外汇。

表 7-2 韩国文化创意产业出口额 单位：千美元

年份 / 产业	2004	2005	2006	2007	2008	2009	2010	2011	年均增长率（%）
出版	1.8	191346	184867	213100	260010	250764	357881	283439	6.8
漫画	0	3268	3917	3986	4135	4209	8153	17213	31.9
音乐	34.22	22278	16666	13885	16468	31269	83262	196113	43.7
游戏	0	564660	671994	781004	1093865	1240856	1606102	2378078	27.1
电影	58.26	75995	24515	24396	21037	14122	13583	15829	-23.0
动漫画	61.77	78429	66834	72770	80583	89651	96827	115941	6.7
广播	70.31	121763	133917	150953	171348	184577	184700	222372	10.6
广告	0	9359	75981	93859	14212	93152	75554	102224	49.0
卡通形象	120000	163666	189451	202889	228250	236521	276328	392266	15.7
总计		1230764	1368142	1556842	1889908	2145121	2702390	3723475	20.3
亿美元	9.39	12.3	13.7	15.6	18.9	21.5	27.0	37.2	

数据来源：韩国文化体育观光部，统计资料库（www.mcst.go.kr）

2003 年，韩国影视、音乐、手机及电子游戏 4 个产业都有 2 位数的增长，文化创意产品出口总额达 6.3 亿美元，只占文化创意产业销售额的 1.7%，但首次超过钢铁，增长极快。韩国自称已跻身世界文化创意产业五大国之列。当年世界第三大钢铁企业——韩国浦项制铁株式会社大门上的标语是“资源有限，创意无限”。

2004 年，据韩国贸易协会在一份关于“韩流”的经济影响的报告中称，韩国文化创意产业在世界文化市场中已经占到了 5%，成为仅次于汽车制造的第二大出口创汇产业，也是当时世界第五大文化强国，提前一年实现了文化创意产业发展的 5 年计划目标。仅对中国大陆、日本、泰国、中国香港和台湾地区的与“韩流”相关的商品出口，就达 9.18 亿美元，占韩国对上述 5 个经济体出口总额的 7.2%。

从 2004 年文化创意产业进出口情况来看，出口额为 9.4 亿美元，进口额为 16.3 亿美元，进口额比出口额多了 6.9 亿。其中，出版产业 1.8 亿美元，卡通形象产业 1.2 亿美元，广播电视 7.031 万美元，动画产业 6.177 万美元，电影产业 5.829 万美元，音乐产业 3.422 万美元等，文化创意产业主要领域比前一年增加 45.7%。

韩国文化产业出口额在韩国出口总额中所占的比重逐年上升。2005 年只占到整体的 0.46%，到 2012 年，这一比重已经增加到了 0.88%。

2006 年 4 月 25 日，韩国文化观光部发表了“2005 文化创意产业统计”。据统计，2005 年韩国文化创意产业出口额与 2004 年相比又增长了 45.7%，其中游戏产业所占出口比重最高，为 2.614 亿美元，出口额比上一年增加 19.2%。在所有文化创意产业行业中，广告中音乐产业的出口年均增长率最高，分别达到了 49.0% 和 43.7%，对文化创意产业的出口做出了极大贡献。其次是漫画产业和游戏，年均增长率为 31.9% 和 27.1%。另外，广播和卡通形象产业的出口增长趋势也很明显，年均增长率为 10.6% 和 15.7%。其中，卡通形象产业的出口增长速度越来越快。电影产业的出口额呈下降趋势，年均增长率为 –23.0%。究其原因，是由于韩国电影的弱势产业结构、作品质量的下降、不合理的产业常规、银幕限额的减少等因素，使得电影产业遇到观影人数下降、海外出口减少和附加市场停滞的整体危机。但从 2011 年起，影片的制作片数有所增加，出口额开始增长。

2010 年，韩国的文化产业出口额达到了 32 亿美元；而在 2013 年，出口总额是 50 亿美元，合人民币 300 亿元左右。

据韩国文化体育观光部日前发布的 2012 年韩国文化产业统计结果显示，2008 年至 2011 年间，韩国文化产业出口规模以每年 22.5% 的速度增长。2008 年，韩国文化创意产业贸易额 3.5 亿美元。2011 年，韩国文化内容产业出口额约 37.2 亿美元，进口 16.9 亿美元，实现顺差 12.5 亿美元。1997 ~ 2011 年 14 年间，韩国文化内容产业出口增长了近 160 倍。2011 年，韩国游戏产品出口超过 23 亿美元，占韩国文化创意产品出口的比重为 50% 以上，占据韩国文化创意产品出口的半壁江山。2011 年，韩国电影、电视剧、唱片出口额占文化创意产品出口比重近五分之一，达 7.94 亿美元。

2012 年，韩国文化产业出口额比 2011 年增加 7.2%，达 48 亿美元。除出版、漫画、动漫、广告外，所有领域都呈现增长态势，音乐（19.9%）、游戏（11%）为增长幅度最大的领域。相反，进口额却比 2011 年减少 9.4%，达 6.7379 亿美元。贸易顺差达 29.3772 亿美元。

2013年，韩国的文化产业出口总额是50亿美元，合人民币300亿元左右。

2013年9月12日，在韩国首都首尔举行的第137次对外经济相关长官会议上，韩国文化体育观光部和韩国未来创造科学部联合发表了《韩国文化产业对外输出促进方案》，旨在大力推动韩国文化产业在全球范围内的出口和传播。根据这一方案，韩国文化产业对外出口额将在2017年达到100亿美元，力争到2020年，将文化内容出口额提高到224亿美元，要将韩国在文化内容产业的出口从2010年全球排名第9位提高到2020年第5位，以此使韩国再次成为世界第五大文化强国。

三、韩国文化创意产品出口市场分布

在东南亚地区，韩国文化创意产品有着广阔的市场和强烈的认同度，刮起了一阵阵“韩流”旋风。按照韩国文化观光部的划分，韩流文化盛行国家和地区是：中国大陆、中国台湾、中国香港、日本、新加坡、越南，即主要是在汉字文化圈内。

2010年，韩国文化内容产业的出口在全球排名第9位（占2.2%的出口市场份额）。

韩国文化部表示，力争到2020年将文化内容出口额提高到224亿美元，世界排名要提高到第5位（占5%的出口市场份额），届时韩国将成为世界第五大文化创意产业强国。

表7–3　韩国文化创意产业出口各国的年度情况 单位：千美元

区域 \ 年份	2009	2010	2011	年均增长率（%）
中国	362584	696715	1062300	71.2
日本	368752	621490	1027588	66.9
东南亚	355137	487250	572937	61.3
北美	406250	379951	440933	8.5
欧洲	183369	247786	299931	63.6
其他	122176	136002	164133	34.4
合计	1798268	2569194	3567822	98.4

数据来源：韩国文化体育观光部，统计资料库（www.mcst.go.kr）

目前，韩国流行音乐已伴随社交媒体和视频网站走向世界。韩国电视剧和动漫产品近年来在国外也创造了良好的成绩，出口的国家和地区数量早已过百。

第二节 “韩流”公共外交

国家品牌形象的属性首先具有泛指性特征。泛指性特征是说，韩国一系列产品来自于具体的产品却高于具体的产品。国家品牌形象泛指性特征是非常重要的，一旦形成好的国家品牌形象，不好的产品也能卖个好价钱，而一旦形成不良的国家品牌形象，好产品也可能受到拖累，韩国以及韩国企业无时无刻不在全球开展文化营销。

在韩国《2015 年内容产业振兴实施计划》中，文化创意产业对提升国家形象所起到的作用进一步得到重视。根据计划，韩国政府在 2015 年将继续通过双向交流活动，巩固韩国与他国之间的友好关系，推动内容产业在该国的影响力，从而提升韩国国家形象。计划称，政府将通过对韩国电影节的举办和电视剧在海外的放映提供支援，构建韩国在海外的友好形象。此外，还将继续为发展中国家提供援助，如东盟国家大学网络教学支援、海外小型图书馆建设等文化援助项目。

韩国重视通过公共外交建立良好的国家品牌形象。公共外交是政府主导下的系统工程，需要全方位、立体化、多层次的布局，政府、企业与民间团体力量共同参与。韩国对中国公共外交的形式主要有政府主导、政府指导企业和政府引导民间三种形式。

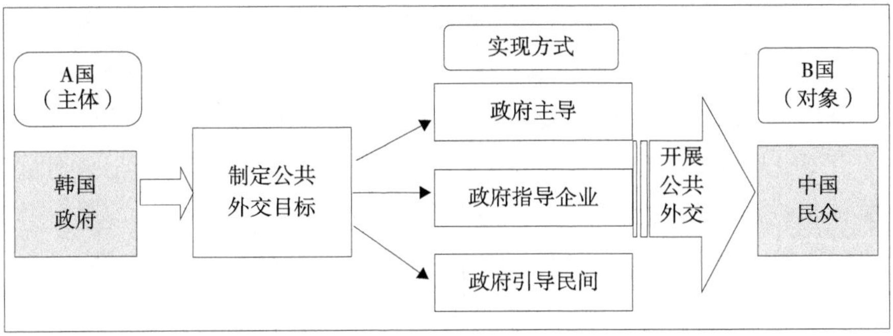

图 7–1 韩国政府对中国开展“韩流”公共外交的方式

以下以中国为例，介绍韩国的公共外交。

一、韩国政府主导的“韩流”公共外交

中韩建交以来的20年时间里，韩国政府一直高度重视与中国的文化交流，以文化为媒介的公共外交在韩国对华关系中占据重要地位。韩国政府的对华公共外交拉近了中韩两国人民之间的距离，为“韩流”在中国的风行营造了良好的政治氛围。

早在1994年3月金泳三总统访华时，两国政府就签署了《中韩文化合作协定》，并成立了共同委员会作为落实协议精神的主要组织机构。1995年，中韩两国教育部签署了《韩中教育部1995—1997教育交流与合作协议》，1998年签署了《韩中教育部1998—2000教育交流与合作协议》和《关于青年交流的谅解备忘录》。截至2001年底，中韩两国共召开了4次文化共同委员会会议。

为了活跃中韩企业间的交流合作，韩国文化产业振兴院从2002年起，每年在北京召开“中韩文化产业研讨会”。

除了政策性的指导外，韩国政府还主导开展了一系列对华“韩流”公共外交活动。

（一）主办“韩中演唱会”等“韩流”文化交流活动

“韩中演唱会”是韩国政府为纪念两国建交而与中国合作举办的影响最大也最广泛的文化活动。在政府的支持下，政府下属机构与韩国广播公司（KBS）等多个新闻媒体集团及文化机构都参与了这项活动。1999年11月30日，首届“韩中演唱会”在中国中央电视台成功举办，在中韩两国都引起了较大反响。此后，由中韩两国轮流每年举办一届，至2013年共举办了15届。中韩两国歌手们以流行音乐为媒介，用歌声来表达两国人民的友谊，他们的演出不仅吸引了大量歌迷，也加深了中国人对韩国的好感。

值得一提的是，2013年6月韩国总统朴槿惠首次访华期间，在北京国家奥林匹克中心体育馆举行了“韩中友谊演唱会”。朴槿惠总统亲临现场观看中韩明星的合作演出，成为中韩两国民众关注的焦点。

（二）举办展览会和文化节等活动

在中国举办展览会和文化节也是韩国政府推广韩国文化的重要途径。

展览会一般由韩国政府主办，而文化节则由设在中国各地的韩国世宗学堂举办。

2007 年 3 月，由驻北京与上海韩国文化院主办、韩国文化产业振兴院主管的“北京与上海 Korea Center 展览会”，通过电影、动漫等“韩流”大众文化产品向中国大众传播韩国文化。在 2013 年 6 月举办的北京国际旅游博览会（简称“BITE”）上，韩国旅游发展局联合包括正在举办世界园艺博览会的全罗南道在内的 5 个地方政府共同参展。韩国展台的 PSY 骑马舞大会、韩服试穿体验、韩国美妆秀、韩国观光有奖问答，以及为中国游客写韩文名字等参与性极强的活动，吸引了许多中国人的目光。

与政府主办的展览会相比，韩国世宗学堂举办的文化节活动更具规律性和长期性。例如，2008 年在山东大学成立的韩国威海世宗学堂，每年通过“韩中文化节”来展示韩国文化。文化节上有韩国传统的四物游戏表演与跆拳道表演、韩语歌曲演唱会、韩语比赛、韩国饮食制作与品尝（泡菜、糕点）等。这些活动增进了中国学生对韩国的了解，也促进了中韩两国学生之间的友谊。

（三）任命“韩流”明星做宣传大使

“韩流”的风行提高了韩国明星在中国的知名度，他们所参加的各种活动都会引起社会和媒体的较大关注。韩国政府积极支持与引导韩国明星作为宣传大使参加各种公益活动，通过他们的行动来为韩国树立良好的国家形象。

例如，2012 年，韩国人气女子组合 KARA 与演员张瑞希被韩国政府农林水产食品部委任为 K-FOOD 宣传大使并参加宣传活动。她们通过各种活动，积极向世界各国消费者宣传韩国出口的农产品，通过各种视频网站与全世界的 K-FOOD 消费者见面。

二、政府指导企业开展的“韩流”公共外交

中韩两国建交后，两国的友好关系为韩国企业提供了与中国合作的绝佳机会。韩国政府通过具体规划、财政支持、与韩国企业签订谅解备忘录等措施，支持中韩两国企业间的合作，支持韩国媒体、旅游公司及大企业对中国开展文化公益活动，共同为推广韩国文化和树立韩国在中国的良好

形象而努力。

（一）韩国政府与媒体合作开展的文化活动

文化是公共外交的主要资源，而媒体是文化的主要载体。因此，韩国政府对华“韩流”公共外交离不开与韩国媒体的密切合作。除了上文提到的“韩中演唱会”之外，韩国政府还支持韩国其他媒体机构和影视明星在中国开展文化交流和公益活动，为中韩两国关系的和谐发展铺设道路。

在韩国政府的支持下，韩国综合性生活文化企业——CJ 集团在中国的影响力越来越大。CJ 集团为中国农民工子弟学校建立了学习歌曲和舞蹈的“音乐教室”，举办了韩中电影节，为中国青少年举办了“多多电影教室”活动，参与了百老汇经典音乐剧中文版的制作。例如，2011 年 8 月，中国少先队青少年事业发展中心、CJ CGV 星星国际影城（北京奥体店）、韩国文化体育观光部和韩国文化艺术教育振兴院携手在北京举办了韩中文化交流社会公益活动——“2011 多多的电影教室”，由来自韩国的电影人士及中韩两国学生分组拍摄纪录片及动画电影。集中韩两国人气于一身的导演郭在容、明星丁一宇等作为特别嘉宾和颁奖嘉宾也参与了本次活动。

这项活动不仅通过电影制作激发了两国学生当演员的梦想，同时也增进了两国学生对彼此文化的理解。

（二）韩国政府与韩国旅游公司合作开展“韩流”观光项目

韩国的旅游业是由“韩流”带动起来的一个颇受欢迎的文化产业。韩国政府鼓励与支持旅游业推出各种“韩流”观光项目。中国旅游团在韩国观光行程中都包含以“韩流”为主题的项目。

21 世纪初，韩国男演员安在旭主演的《星梦奇缘》受到了中国观众的热烈欢迎，成为最早进入中国观众视野的韩国明星之一。这一时期，韩国政府与旅游公司合作，推出了“安在旭中国影迷会”等中国游客赴韩旅游项目。《秋天的童话》、《冬季恋歌》、《大长今》、《来自星星的你》等韩剧的热播，把“韩流”在中国的影响力推上了巅峰，这些电视剧的拍摄现场成为热门观光地，宋承宪、宋慧乔、裴勇俊、李英爱、李敏镐、金秀贤、全智贤等当红“韩流”艺人也成为“韩流”观光产品的招牌。韩国旅游公司借机组织了“跟随韩星旅游团”，吸引中国的“粉丝”们到韩国观光旅游，与明星们亲密接触。2006 年 11 月 29 日至 2007 年 3 月 10 日，韩国在济洲岛举办了首届“亚洲韩流博览会”，“韩流明星”展览和演出吸引了日本和中国及东南亚观光客45000多人次，韩国国内游客36000多人次，旅游收入达到679亿韩元。博览会大获成功后，又于2007年7月在日本东京举办第二届“亚洲韩流博览会”。

此外，韩国政府在中国推行的集旅游与娱乐于一体的“韩流”活动也受到了中国游客的欢迎。2007年，为迎接“中韩友好交流年”及庆祝中韩建交15周年，韩国观光公社在中国烟台至韩国仁川航线推出了“韩流观光船”。

韩国观光公社先在烟台举办了有1200名烟台市民参加的演出。演出结束后，满载390多名中国游客的“香雪兰”号客轮从烟台起航前往韩国仁川。途中，韩国观光公社为中国游客举办了韩国传统文艺演出、韩国旅游图片展，并提供各类韩国食品。

（三）韩国政府与企业开展的文化教育和公益活动

中韩建交以来，一批韩国的知名企业和大财团（三星、现代、LG、SK、大韩航空等）纷纷来到中国投资建厂。韩国政府通过与企业合作，协助、指导其在中国开展各种社会文化活动。例如，大韩航空邀请地震灾区的青少年赴济州岛观光，LG和三星集团在中国开展公益、教育、支援农村、社会福利和环境保护活动等。这些活动不仅提高了公司自身的声誉，而且也提升了韩国的国家形象。

SK集团是最早进入中国市场的一家韩国集团。通过资助旨在提高中国学生素质的“SK状元榜”节目，SK集团赢得了中国民众的好评，树立了良好的企业形象。此外，SK集团下属的“韩国高等教育财团”（ISEF）通过国际学术交流和研究合作来增进中韩两国的学术发展和相互理解。自2000年起，财团在亚洲地区每年资助50名学者到韩国进行为期一年的研究活动，使他们亲身感受韩国文化。财团还支持包括北京大学、清华大学、中国人民大学、中国传媒大学及蒙古国立大学、越南国立大学、老挝国立大学等在内的7个国家的14所著名大学成立了“亚洲研究中心”。值得一提的是，由财团支持而举办的以学术著称的“北京论坛”和以经济著称的“上海论坛”及其他国际学术会议在亚洲都有非常深远的影响。

三、政府引导民间开展的“韩流”公共外交

中韩两国建交后，韩国政府一直支持和引导韩国的民间团体开展各种类型的文化交流活动，以增进两国人民之间的相互了解，提升中国民众对韩国的认同度和好感度。韩国的诸多民间团体为韩国对华的公共外交做出了重大贡献。

其中，“韩中文化协会”、“韩中亲善协会”、“韩中女性交流协会”、“韩中文化青少年协会（未来林）”等非营利性民间团体在中国开展的各种文化交流活动尤其引人注目。这些民间团体对中国开展的公共外交活动主要有以下几种形式。

（一）推动中韩青少年间的交流活动

青少年是国家的未来，中韩青少年之间的交流关乎中韩两国关系的未来发展。为了使中韩关系向更加稳固、友好的方向发展，韩国各类民间团体都非常重视开展针对中国青少年的活动。例如，“韩中友好协会”等团体在中国定期举办“中国大学生韩语比赛”、“韩中大学生论坛”等活动，邀请优秀的中国大学生赴韩国进行交流访问，资助中国学生到韩国亲自体验韩国文化，以此增进中国青少年对韩国的好感。

（二）促进中韩两国高层人士的交流

韩国公共外交的宗旨是促使中国的社会舆论向着有利于韩国的方向发展。

由于中国的高层知识分子、专家、学者在中国的政治、社会和媒体中起着重要作用，韩国政府特别重视与他们的交流。在韩国政府的幕后推动和帮助下，韩国民间团体经常代表政府邀请和接待中国学界、政界人士访问韩国，与他们交流看法。中韩两国高层人士广泛而密切的交流对中韩关系的发展一直发挥着极其重要的作用，而在此过程中，韩国的民间团体提供了许多便利。

（三）以文化艺术活动来增进中国民众对韩国的好感

“韩流”传入中国后，一直深受中国民众的喜爱。与韩流相关的文化产品，如服装、化妆品、韩国饮食也成为年轻人的一种时尚。韩国民间团体通过举办各种文化艺术活动来帮助中国民众进一步了解、体验和接受韩

国文化。例如，韩国民间团体经常在中国举办“韩中建交纪念演唱会”、“韩中音乐演奏会”、“韩国乐团音乐会”、“韩中美术展示会”、“韩国美食试尝会”等文化活动。

（四）在中国开展赞助形式的社会活动

韩国民间团体为中国青少年提供了赴韩国旅游和留学的机会，设立了各种赴韩交流项目，并提供多项奖学金。此外，还在中国开展慈善活动，为中国的重病患者提供医疗服务，为灾区或贫困地区的群众提供生活物资等。这些社会活动树立了韩国良好的国际形象，增进了两国民众间的亲密感与信任度，为韩国对华公共外交增添光彩。

第三节 韩国文化创意产业国际化策略

应当看到的是，“韩流”背后的最大推手正是韩国政府，韩国文化产业的骄人成绩与其文化艺术政策的支持息息相关。文化产业不仅是韩国经济中的支柱产业，还肩负着输出国家软实力的职能。

一、政府制定支持性政策

韩国政府实施文化创意产品（服务）“走出去”的“前沿据点”文化战略，并制定了一系列政策。

（一）政府补贴

为使韩国文化产业在竞争中占有优势，政府对在海外推广韩国文化的组织给予数百万美元的政府补贴，在影视产业的亚洲市场扩张方面成效卓著。

1999 年 1 月，韩国广播文化交流财团设立“影像制品出口支援中心”，为每年生产 1000 部以上出口影像制品提供资金支持。

韩国政府为促进游戏、影视等文化创意产品的出口，专门设立了影音分轨公司，以政府补贴之方式全额资助将出口产品由韩文翻译成外文。2001 年以后，为影视剧的出口支援翻译费、再综合编辑费、再制作费等，支援额是总制作费的 70% ~ 90%。

2002 年，文化创意产业振兴院选定 10 个出口唱片项目，各支持 3000

万韩元制作费和 2500 万韩元外文版制作费，签约时先提供 80%，制作完成检验合格后再提供 20%。

2005 年，韩国政府规定，在海外推广韩国文化的组织可以获得数百万美元的政府补贴。

为支持韩国文化产品出口，2013 年韩国文化体育观光部将相关资金支持从目前的 1.2 亿美元增长到 2.2 亿美元，增长率超过 80%。未来创造科学部也将建立全新的电子信息产业支援基金，金额达 1.2 亿美元。两部委还成立了种子基金，对韩国文化产业进军海外市场也起到了巨大的推动作用。与此同时，韩国进出口银行为支持韩国文化产业走出国门所提供的资金支援，也将从 1.8 亿美元增长到 2017 年的 2.5 亿美元。目前，韩国政府在文化传媒方面的预算约为 5.3 万亿韩元（合 52 亿美元），占政府支出的 1.4%，计划至 2017 年增至 7.8 万亿韩元，彼时占政府支出的 2%。

（二）专项基金

韩国政府设立了许多专项支持基金，如文化创意产业振兴基金、电影振兴基金、广播发展基金以及出版基金等。

表 7-4　韩国政府针对电视节目出口振兴支援项目简况

单位：亿韩元 / 美元

<table>
<tr><th rowspan="2">项目名</th><th rowspan="2">区分</th><th colspan="8">年度</th><th rowspan="2">实施主体</th></tr>
<tr><th>2001</th><th>2002</th><th>2003</th><th>2004</th><th>2005</th><th>2006</th><th>2007</th><th>2008</th></tr>
<tr><td rowspan="2">后期制作</td><td>预算</td><td>8/
619756</td><td>—</td><td>8/
671203</td><td>7.7/
672683</td><td>9.74/
950884</td><td>10/
1046562</td><td>12.6/
1356005</td><td>9.64/
874305</td><td rowspan="2">韩国放送映像产业振兴院（KBI）</td></tr>
<tr><td>内容</td><td colspan="8">●支援内容：对有出口可能的优秀电视节目按照国际基准进行的再制作（post production）进行支援，以促进海外输出和市场营销；
●支援项目：综合编辑、翻译、字幕、配音等；
●支援规模：全部费用的 70% ~ 90%。</td></tr>
<tr><td rowspan="2">BCWW 举办支援</td><td>预算</td><td>13/
1007104</td><td>10/
799207</td><td>5/
419502</td><td>5/
136807</td><td>7/
683387</td><td>8/
837249</td><td>12.3/
1323719</td><td>10.5/
952303</td><td rowspan="2">韩国放送映像产业振兴院（KBI）</td></tr>
<tr><td>内容</td><td colspan="8">●支援内容：BCWW 是韩国举办的有关放送媒体经济的唯一国际会展，为韩国国内企业对国际市场动向的把握、扩大全球市场网络，提供有益的机会；
●支援项目：同时举办国际放送、映像的学术会议，提供专家讲学活动。</td></tr>
</table>

续表

项目名	区分	年度								实施主体
		2001	2002	2003	2004	2005	2006	2007	2008	
Show-case 举办支援	预算	—	—	—	—	0.8/78101	2/209312	2/215239	2/181391	韩国放送映通信委员会（KCC）
	内容	●支援内容：支援电视节目的广告活动以及贸易洽谈会的举办； ●支援项目：内容产品展馆的运营和海外机关的恳谈会的举办，加强政府间合作的网络的构建。								
新市场开拓支援	预算	—	—	—	—	—	2/209312	2/215239	2/195902	韩国放送映通信委员会（KCC）
	内容	●支援内容：以取得韩国电视剧的再制作版权，在“韩流”没有流行的地区（西亚、非洲、南美）播放为前提，无偿或者低价分发电视节目。								
国际联合制作	预算	—	—	—	—	—	—	29.5/3174774	29.7/2693658	韩国放送映通信委员会（KCC）
	内容	●目的是持续扩大“韩流”的影响，改善“韩流”流行地区有厌韩感悟受众对韩剧的认识，增进相互理解。2007 年与中国等 5 个国家联合制作了 21 集电视剧，2008 年与乌兹别克斯坦等 4 个国家联合制作。								

2013 年的《韩国文化产业对外输出促进方案》指出，为支持韩国文化产品出口，2013 年政府的相关资金支持将从目前的 1200 亿韩元增长到 2200 亿韩元，增长率超过 80%。创造科学部也将在 2013 年建立全新的电子信息产业支援基金，金额达 1200 亿韩元。相关负责人表示，两部委成立的种子基金，将会对韩国文化产业进军海外市场起到巨大的推动作用。与此同时，韩国进出口银行为支持韩国文化产业走出国门所提供的资金支援，也将从 2013 年的 1800 亿韩元增长到 2017 年的 2500 亿韩元。

中国的文化市场是世界最大的文化市场。韩国媒体称，作为亚洲的文化领袖国家，2015 年中韩两国政府可能将联合推出融资规模达 2000 亿韩元（约合人民币 11.99 亿元）的“韩中文化产业共同基金”，为两国企业共同参与制作的电影、电视剧、游戏等文化产业项目提供资金支持，以推进文化创意产业的新发展。中韩合作国际基金将由两国民间及政府机构各投资 1000 亿韩元（约合人民币 5.99 亿元），这基金预期在 2015 年发放拨款，获得该基金投资的文化内容产品将被认为两国合作的作品，在进出口和关税方面得到政策的优惠。

（三）出口奖励

韩国设立海外出口奖励机制，努力开拓国际文化创意产业市场，以此激励本国久负盛名、具有比较竞争优势的影视产业、游戏产业和高端文化服务产业参与国际市场竞争。

2002 年 4 月，由韩国文化观光部和文化创意产业振兴院设立“大韩民国文化创意产业出口奖”，奖金金额总计 1500 万韩元，主要奖励在过去一年的韩国文化创意产品和文化服务出口获得优异佳绩的企业和部门。奖项有“出口优秀奖”和“出口特别奖”10 项，奖励的范围包括文化创意、数字游戏、电视剧、电影、音乐、漫画、卡通形象、移动网络等。该奖项以该年度出口到外国的韩国文化创意产品中效益突出程度为评判标准，韩国政府希望藉此奖表扬当年度从事文化、内容产业者对于出口、国家印象、产业发展、新领域开发、海外宣传等有功的人士。

2002 年，游戏《Lineage》获第一届“大韩民国文化创意产业出口大奖”，奖金 1000 万韩元。电视剧、电影、音乐、漫画、动画、卡通形象、移动网络各有一项产品获“出口优秀奖”，奖金各 500 万韩元。两项“出口特别奖”分别授予生产电视剧《蓝色生死恋》的韩国广播公司和出口游戏业绩突出的 Ncsoft 公司，奖金各 250 万韩元。除奖金外，国家还为获奖单位提供国内外经营出口的多种优惠。

（四）税收优惠

优秀的文化创意产品（服务）出口，除获得政府奖励外，还可享受出口退税、税收饶让、税收抵免、进出口关税免征等多种直接和间接的税收优惠政策待遇。例如：

• 本土文化制作企业每年生产 1000 部以上的出口影像制品，除政府提供财政资助外，还可按照国内征收税率的 100% 全额给予出口退税优惠；

• 对于文化创意产品收益的国外所得来源，若在国外享受减免税的，在税收协定允许的范围内，实行税收饶让抵免的优惠待遇；

• 本国文化企业在境外缴纳的公司所得税准予在韩国全额税收抵免；

• 文化创意产品和文化劳务出口适用零关税优惠税率；

• 进口国内缺乏且不能生产并用于文化、教育方面的仪器设备可免征进口关税等。

（五）赠送传播

韩剧在亚洲形成“韩流”后，后来在中东地区的“登陆”经过，一定程度上可以说明政府行为在其中的作用。2005 年，《冬季恋歌》在中东地区“登陆”，当年韩政府还购买《情定大饭店》等韩剧版权，免费向数十家阿拉伯电视台提供播放，希望以此加强与阿拉伯世界的联系。后来韩国国际广播电台阿拉伯语广播组收到来自埃及、阿尔及利亚、也门、叙利亚、摩洛哥、伊朗、土耳其等国家观众的电子邮件数量剧增，希望得到韩剧明星的电话和电子邮箱。到了 2007 年，《大长今》在伊朗收视率高达 86%。

不过，所向披靡的韩剧在欧美折了戟，让亚洲观众为之疯狂的《来自星星的你》在欧美地区反应冷淡。北美媒体普遍认为，巨大的文化差异造成了“星星”在西方遇冷的窘境。相对于“星你”这样的纯爱戏，欧美观众更爱带有黑暗面的故事。

二、政府对文化创意产业国际化提供支援和服务

（一）设置公共外交政府机构

为了开拓国际市场，韩国政府积极构建文化出口战略地区的服务网络。

1. 文化创意产业振兴院海外办事处

2001 年，韩国政府为了进一步推进文创产业向纵深发展，设立韩国“文化内容产业振兴院”（KOCCA），成为管理韩国文创产业的最高管理机构。该机构把“资助合作创业”、“鼓励创意开发”、“保持经营革新”、“强化创意人才”和“扩大海外市场”作为 5 五大推进目标。其业务范围包括：文创产业政策与制度的研究和企划，市场调查与各项统计工作，专门人才的培养与教育，相关技术开发与管理，创业、经营与海外进军支持，国内外文创资料的归集与保存，文创商品使用者权益保护等，统筹一切与文创产业相关的工作，对文化产业整体发展进行系统化管理。

韩国在重要国家设立文化创意产业振兴院海外办事处，针对不同的地区出品不同的文化创意产品。2001 年，文化创意产业振兴院已在北京、东京设立办事处，下一步将在美洲、欧洲选点增设。通过这些“前沿据

点”，联合相关部门在与出口相关的市场、法律、人力资源和海外创业等方面，为企业提供对口服务。加强市场调研和开发，开展市场宣传、组织和支持一些有关活动。

表 7-5　KOCCA 海外办事处市场调查和商务洽谈业绩变化表

办事处	设立日期	2008 年（个）	2009 年（个）	增加值（个）	增长率（%）
日本	2001.05.02	162	212	50	30.86
中国	2001.10.09	248	293	45	18.15
美国	2003.07.01	212	292	80	37.74
欧洲（伦敦）	2004.03.25	168	185	17	10.12

2. 外交通商部

韩国外交通商部和韩国文化体育观光部是负责韩国公共外交最为重要的两个政府部门。韩国外交通商部的主要任务是促进法律与制度的建立与完善，为文化活动提供财政支持，指导与管理地方政府的文化活动，推动政府下属机关、企业与民间团体等其他部门的各种文化活动。文化体育观光部则以“建设韩国文化与完善国家品牌和国家形象”为目标，通过培养专门人才、开发各类“韩流”项目、促进各种文化交流活动来扩大“韩流”在全球的影响力和竞争力。

作为公共外交的主体，外交通商部主要发挥策划、组织和指导作用，统筹媒体、智库、民间组织、学术机构、工商企业、知名人士、普通民众等非官方主体在各领域发挥各自优势，为提升韩国的国际形象这一共同目标而努力。例如，在对华公共外交上，外交通商部把韩国在中国的良好形象定为最重要的课题，并以韩国经济的快速增长模式、韩国影视剧、韩国流行音乐（K-Pop）等“韩流”形式、体育强国的形象等作为对华公共外交的核心战略。与此同时，外交通商部还积极支持韩国民间的公共外交工作，通过韩国国会议员和地方议会议员、优秀青年等社会各界人士担任民间公共外交使节，对中国宣传与传播韩国文化。

（1）韩国国家交流财团

外交通商部下属的“韩国国家交流财团”（Korea Foundation，KF）是韩国政府对华开展公共外交的最活跃的机构，在对华传播韩国文化方面起着主导作用，是韩国对华公共外交的重要平台。其主要事业包括传播韩国学，促进各类教育文化和学术交流活动，促进各界人士的交流等。

2008年，中国经济周刊记者随同一个名为“海外新闻及文化界记者交流会”前往韩国，该交流会由韩国文化创意产业领域大名鼎鼎的“国际文化创意产业交流财团”组织、资助和举办，自2005年起每年举办一次，邀请不同国家和地区的新闻媒体到韩国参观访问，这次的邀请对象全部来自中国大陆的近10家主流媒体。

韩国文化交流财团接待记者的一个负责人介绍说，交流会的主要目的是“为了加强对韩国文化创意产业的认识和扩大宣传”。为了让访问者尽可能多地了解和认识韩国文化，在韩国首都首尔的4天时间里，他们安排的参观和采访活动多达十几个，参观访问的对象和机构几乎囊括了韩国文化创意产业链的每一环节：影视振兴委员会、韩国文化创意产业振兴院、韩国情报通讯部、韩国国立中央博物馆、MBC电视台、大长今主题公园、首尔艺术大学等，观看了为外国游客量身定做的、以介绍和宣传韩国传统文化为宗旨的两个“文化观光商品”：歌剧“NANTA”和歌剧“JUMP”，专访韩剧明星等。

（2）驻华韩国大使馆

外交通商部下属的“驻华韩国大使馆”作为韩国政府的核心海外机关，更是竭尽全力为中韩两国建立良好关系创造条件。除了为在华韩国国民提供服务外，使馆也从公共外交的角度为中国国民提供服务。例如，随着全球新媒体的风行而设立了新浪微博与官方博客，为中国网友提供有关韩国的文化活动、文化公演、电影播放等方面的最新消息，还提供去韩国旅游、购买韩国产品、韩国饮食方面的信息。2012年11月，在韩国驻华大使官邸举办了“韩国大使馆微博名人开放日”活动。2013年7月，韩国总统朴槿惠访华，韩国大使馆和腾讯微博举办了“2013中国微博名人韩国文化之旅”活动，邀请中国两岸三地的经济、文化、体育等各界名人到韩国访问，并给予高规格的接待。“微博”外交加深了两国的相互了解和信任，为两国民众的交往搭建了友谊之桥。

3. 文化体育观光部

2001年，文化观光部制定了《培育韩流文化方案》，包括：在汉城建立“韩流发祥园地”；在北京、上海等地建设“韩流体验馆”；由民间专家学者组建“亚洲文化交流协会”，对出口的文化内容质量把关，防止因出口劣质文化创意产品而降低外界对“韩流”文化创意产品的信任度；对“韩流”文化盛行的国家和地区的使、领馆加派文化官员；在韩国多个城市举办过多届“韩流商品博览会”。

作为公共外交的另一个重要政府机构，文化体育观光部主要通过其下属的“驻华韩国文化院”和“世宗学堂”在华开展“韩流”公共外交。

（1）驻华韩国文化院

“驻华韩国文化院”于 2007 年 3 月在北京成立，其传播对象是中国的普通民众，与中国民众直接接触，是韩国在中国开展公共外交的基层机构。文化院的室内设计独特新颖，用各种高端 IT 产品向中国参观者展现韩国的科技与文化，使参观者体验真实的韩国传统习俗。文化院还面向中国民众开设韩语教室、韩国料理、韩国音乐、跆拳道等课程，并举办各种展示会，每周播放韩国电影及卡通片。

表 7–6 驻华韩国文化院（北京、上海）运营现状（2012 年）

地区	访问者（名）	公演（次）	展示（次）	电影（次）	韩语课程（次）	文化课程（次）
北京	62083	11880	1438	3197	15209	3160
上海	51047	20441	1567	26	13437	1484

（2）世宗学堂

韩国文化观光部设立的“世宗学堂”也发挥了公共外交的作用。“世宗学堂”是韩国政府设立的海外培训机构，为对韩语有兴趣的外国人和在海外侨居的韩国人提供韩语和韩国文化课程。截止到 2013 年 7 月，韩国共在 51 个国家设立了 111 家学堂。中国是世界上设立世宗学堂最多的国家。目前，北京、上海、西安、扬州、延边、威海、济南、天津、青岛、哈尔滨、呼和浩特等城市都设立了世宗学堂，一共有 20 多个，新的世宗学堂还在建设之中。世宗学堂一般在中国各地设有韩语专业的大学中挑选合适的合作对象，在中国大学内开设有关的韩语课程，聘请这些大学的韩国语专业教授担任世宗学堂的教授或直接从韩国委派韩语老师。虽然与中国的孔子学院相比，韩国政府在世界各国通过世宗学堂推广韩语与韩国文化的历史较短，但是在韩国大众文化风行全球的背景下，世宗学堂等韩语教育与韩国文化在世界上有着越来越广泛的影响。

4. 其他海外机构

2007 年 3 月，韩国在中国设立了一个韩国文化园，它是独立的一栋楼，里面设立了跟它有关的几个机构和奖金资助项目，韩国著作权委员会北京办事处也设于此。

2009 年，韩国政府在上海成立了游戏援助中心，目标在于将韩国游戏更为便利地、更为广泛地出口到大陆地区。入驻上海游戏援助中心的韩国企业，将可得到韩国政府提供的一系列的优惠，如入驻企业只需负担一定的场地管理费用，就能完全免费使用场地，享受韩国政府提供的各种法律咨询、广宣等服务。

韩国积极建立海外市场服务中心，现已在硅谷、波士顿、北京、上海、东京、大阪、伦敦、新加坡成立了海外 IT 支援中心，对韩国公司具体项目的海外运作进行帮助。

为了实现 2017 年 100 亿美元、2020 年 224 亿美元的经济目标，韩国政府动员各部委联动，参与到推动文化产品出口的事业中来。据介绍，政府下属各部委间将成立名为“海外出口协议会”的机构，共同对海外市场信息进行调查和分享。在海外，则将以韩国文化产业振兴院为中心，联合相关部门在与出口相关的市场、法律、人力资源和海外创业等方面，为企业提供具体的对口服务。

（二）分析市场，制定战略

韩国政府决定分阶段、战略性地开拓全球市场，将“韩流”市场分为“深化”（中国和日本）、“扩散”（东南亚）和“潜在”（中东和中南美）三个等级，分阶段推进。

第一，针对不同地区的特点，利用政府机构和企业办事处进行产品调研，针对地区特点，开发不同产品，开发出适销的文化创意产品。比如在欧美国家，先将动漫产品、游戏打入市场；在亚洲国家，前几年将影视剧和音乐作为主打，近年来推出动漫和游戏产品。

韩国文化体育观光部和未来创造科学部对不同国家和地区的市场情况进行了分析、梳理，制定了适合不同目标市场的发展战略。对于南美、中东、非洲等新兴市场，作为今后韩国文化产业输出的重点市场，政府将会通过搭建平台，为韩国企业提供更多的机会，如 2013 年 11 月组织参与韩国－阿根廷展销会、墨西哥瓜达拉哈拉国际图书展等活动；对于亚洲地区这类成熟的市场，则作为走向世界的突破口，将其作为文化创意产业走向世界的重要跳板，强调合作，重点推动在电影和动漫方面的联合制作，如通过亚太广播电视联盟等机构，推动以亚洲文化、历史为素材的节目联合制作等；对于美国和欧洲市场，则要强化商业网络的运作和分工合作。另外，把中美两国作为扩大市场的关键。

2014 年底颁布的《2015 年内容产业振兴实施计划》为企业制定更具针对性的输出策略。为了让韩国内容产业更加有效地占领海外市场，韩国政府从 2015 年起将根据企业所属市场类别（如新兴、传统等）、内容产业领域（广播、电视、音乐等）以及国家和地区的差别（亚洲地区、欧盟国家等）等标准，为企业制定更具针对性的进军策略。政府还将着力改善海外市场的环境，如通过韩国海外进出协会构建政府各部门间的协调机制；针对中国等主要海外市场，利用好韩国常驻当地的机构，为进军该国铺垫良好的业态环境；通过交流协商等方式，着力消除海外内容产业市场存在的各种障碍。

（三）举办、参加国际性展销洽谈活动

为拓展游戏海外市场，政府积极组织各种商贸洽谈会，鼓励投资等。

2002 年，韩国政府拿出 17.1 亿韩元支持企业参加在中、日、美、法、德、芬兰等国举办的 12 项有关音乐、动画、漫画、游戏、数字化文化创意产品的展销活动。在西班牙等 6 国举办 7 次文化创意产业投资洽谈会，进行招商引资。在本国，仅 2002 年 11 月，文化观光部在汉城举办的“数字化文化暨广播影像展览会”就有美国 CBS、日本 NHK、英国 BBC、中国 CCTV 等 24 国 250 个单位 6000 余人参展，共签约 1200 万美元。

釜山国际电影节是韩国文化隆盛委员会委员长金东虎于 1996 年创办的，号称“亚洲第二大国际电影节”，仅次于日本的东京国际电影节。当时人们听说要在釜山这样一个只是喝喝啤酒没有多少电影文化的地方办电影节，都认为是痴人说梦。“电影节要以电影人为本，于是我们就聚集大量的电影人来釜山拍摄，并给他们各方面的积极支持。越来越多的电影人来此拍摄，关于釜山和韩国的电影越来越多，就这样釜山电影节就搞起来了！”金东虎说。釜山电影节这是一个非竞争性国际电影节，为影迷呈现多类型电影是其主要目的。其经费来源由三部分构成：三分之一由釜山市政府资助，三分之一由电影节主办单位向社会集资，三分之一由票房收入中支付。电影节的目的是促进韩国同世界各国的友好往来，以展示亚洲的电影成就，提拔亚洲电影新秀为主旨，把电影节办成亚洲电影盛会。

韩国政府的支持表现在很多方面。有资金支持——好莱坞大片《复仇者联盟 2》因为在釜山拍摄，获得了韩方 40 亿韩元的补贴（约合 2438 万元人民币）；有服务支持——派专人专车陪同导演在釜山选景，当确定投资后，免费或收取极少的费用提供场地，并协助办理翻译、许可等相关事项，且全部免费。当一部电影在釜山拍摄时间超过 15 天，50% 的拍摄食宿费用由韩国政府埋单；拍摄成本超过 1 亿韩元（约合人民币 60.9 万元）以上的作品，可以得到最多 30% 的现金补贴。电影振兴委员会委员长金义石表示：“我们希望通过电影吸引更多游客来到韩国。”

韩国网游发展的重中之重是海外扩展。产品出口，占领海外市场，一直是韩国网游产业的雄心壮志。他们通过国家现有的出口渠道，以不同方式出口韩国网游产品。韩国政府积极鼓励并支持本国游戏企业参展世界知名的电子娱乐展览会、东京电玩展及德国莱比锡游戏展等。同时，向包括欧美、日本、东南亚等国家的世界各个角落派送市场开创团队，设置出口咨询会及投资说明会以扩大出口。为加强对游戏产业进军海外市场的支持，从 1999 年开始，韩国政府对国内 280 多家游戏企业在参与 E3（美国）、ECTS（英国）、TGS 东京电玩展（日本）、IAAPA 展（美国）世界四大游戏展示会方面给予帮助，最终获得了 11 亿美元的合作意向，签署了总额为 4100 万美元的合同，在开拓海外市场和进行信息交流方面取得了巨大成果。2001 年开始，韩国举办世界电子竞技大赛以来，每年都有 50 ~ 60 个国家和地区的 2 万多人参加，它也被确立为世界性的游戏庆典。作为东道主，韩国由此提升了国际影响。从 2004 年开始，运行韩国国际游戏会议 KGC；2005 年开始，每年 11 月召开韩国国际游戏展示会，邀请海外买家参加投资出口咨询会，鼓励韩国游戏出口。

三、文化创意产业国际化措施

（一）注重“韩流”的本地化

在文化传播和推广中，很容易产生文化帝国主义。“韩流”在向国外推广的过程中也很容易引起外国民众的逆反心理和对中国文化受到侵蚀的担忧。为了防止出现“嫌韩流”、“反韩流”、“抗韩流”浪潮，韩国政府在推行“韩流”时特别注重“韩流”的本地化，以及韩国文化与外国文化的结合与互动，将外国文化置于与韩国文化平等的地位，而不是把韩国文化凌驾于外国文化之上，力图与外国建立公共外交的伙伴关系。例如，韩国与中国联合举办“韩中演唱会”，并在两国轮流举办；与中国高校合作成立世宗学堂，并聘请中国教师讲授韩语；任命中国明星为韩国形象大使，通过中国明星来吸引中国民众对韩国文化的关注等。

有韩国媒体认为，韩国要想继续在中国市场生存，营造双赢局面可谓势在必行。2015 年初，韩国文化体育观光部发表了专门面向中国市场的文化产业发展综合对策，针对帮助韩国企业克服中国市场障碍、提升韩国本土文化企业竞争力、实现韩中合作及双赢局面等制定了具体详实的策略。针对本国企业，韩国政府将通过资金、政策、信息等方面的支持，提升其竞争力，构筑坚实的产业基础。针对中国市场，韩国政府将根据不同产业领域和不同的文化产品特征，结合中国各个省份的市场特点和产业政策，为企业提供详实的指导方案，帮助其更快更好地适应中国市场。在合作方面，韩国政府将着力构建专门针对中国市场的机制性帮扶机构，为进军中国市场的“韩流”企业提供专业化支援，还将为中韩两国政府间的多样化交流打造平台。其中，韩国政府特别希望能够推动韩国文化体育观光部、未来创造部及放送通信委员会与中国文化部、国家新闻出版广电总局之间联合协商机制的建立。

（二）通过因特网传播文化创意产品

前三波“韩流”的基本播出平台是电视，以录像机、录像带、光盘、个人电脑等为主要传播载体，时间、空间上的限制性比较大，观众以被动观看为主。新“韩流”基本的传播环境是视频网站和社交媒体，减少了时空限制，受众观看的自由度、灵活性大大增强。

为了把“韩流”做好，2004 年，韩国的文化体育观光部将原来的文化产业局分成了文化产业局和文化媒体局，就是专门把文化媒体的作用放到一个和文化产业等同的位置上。因为他们确实享受到了新媒体机遇的果实，意识到新媒体的重要作用，然后才在政府职能上做出了相应调整。韩国政府很有远见地在 2011 年通过在华的韩国文化振兴院和 PPTV 网络电视达成了战略合作协议，计划从 2012 年开始，PPTV 网络电视推出由韩剧、韩星、韩乐及韩粉 4 四大版块构成的“韩流”综合平台，第一时间独家提供 MBC、KBS 的全部新剧；同时与 SBS 展开深度合作，实现韩国影视剧的大面积覆盖，而且该平台还拟容纳几乎所有韩国优质音乐资源。此次合作是韩剧、韩国综艺节目等有史以来最正式也是规模最大的网络推广项目。2011 年的时候，PPTV 还算是行业领头羊，虽然现在已经不温不火了，但新一波移动互联网流媒体视频网站的大规模涌现，不妨碍得出结论：就是韩国在新媒体问题上是非常自觉的，每一个发展周期能给他们带来丰厚回报的新媒体，他们都是提前布局的。这也能理解为什么《继承者们》和《来自星星的你》能迅速在国内热播，因为再好的内容没有渠道也无济于事，而他们之所以能提前做好，是因为这个工作只能由政府来做，企业没有这么大的实力做这些事情。

（三）以“电影等级制度”代替“电影剪阅制度”

如果说政策法规支持体现了韩国政府发挥政府职能爆发国家能量，那么“松绑”则是通过政府赋权以释放市场能量。在 1998 年之前，韩国实行“电影剪阅制度”，当时美国好莱坞影片占据了韩国七八成的市场份额，韩国民众不大喜欢本土电影。而自 1998 年以“电影等级制度”代替“电影剪阅制度”后，本土电影成为韩国电影市场的主流，并对亚洲市场形成输出态势。

当我们与 2014 年获得戛纳电影节“一种关注”的影片《道熙呀》的导演郑朱莉交流时，她反复强调：“我们各类题材都可以拍摄，色情、恐怖、政治等题材都不受限制。我是女性，因此关注女性问题多一些。”

韩国文化隆盛委员会委员长金东虎认为，韩国电影业的繁荣在于电影人能够自由创作，多元化的题材与市场的竞争使得优胜劣汰。

韩国有 1170 多家电影公司，但每年出产的影片不过 70 多部，残酷的市场竞争使得电影人在现实操作层面上自我审查在先，以更精心的态度、更精良的制作来应对多变的观众口味。韩国电影根据内容分为 5 个等级，由电影振兴委员会评级，各类题材都会 100% 通过；游戏产业也推行“多媒体分级制度”。

由于以分级替代审查，韩国电影与游戏产业瞬间松绑，于是有了 10 多年来的高速发展。文化产业无疑蕴含着极高的附加值，一个好的文化创意产品创造的价值远高于传统的工业制品。

第八章　中国文化创意产业国际化发展战略

第一节　日韩文化创意产业国际化发展经验

一、日本创意产业国际化发展的经验

日本高度重视创意产业，喊出了“独创力关系到国家兴亡”的口号，索尼员工的座右铭就是“日日创新”。日本素有“动漫王国”之称，是世界上最大的动漫制作和输出国，目前全球播放的动漫作品中有六成以上出自日本，在欧洲这个比例最高，达到八成以上。在日本各种各样的文化产业当中，在电影院、电视台播放的各类动漫节目格外引人注目，各种动漫的人物形象充斥街头，早已超越了杂志和电视的范畴，渗透到日本社会的各个角落。广义的动漫产业实际上已占日本 GDP 的 10 多个百分点，已经成为超过汽车工业的赚钱产业。日本培养了一批国际顶尖级的漫画大师和动漫导演以及大量的动画绘制者。电视和网络传媒的普及和发展，传播手段的不断完善，为日本动漫市场的发展和壮大奠定了良好的基础。快速扩张和高附加值使卡通产业成为推进资产增值的“资本孵化器”。

（一）政府积极支持创意产业发展

1995 年 7 月，日本文化厅长官的咨询机构 / 文化政策促进会议提交了新的文化立国目标，当前振兴文化的重点和对策的报告提出文化立国的初步战略构想。1996 年，文化厅正式提出世纪文化立国方案，标志着日本文化立国的战略正式启动。2001 年，日本政府全力打造知识产权立国战略，明确提出 10 年内把日本建成世界第一知识产权国。

日本政府制定了具有较强灵活性的政府指导体制，避免采取强硬的

法律约束，使政府和企业之间建立互相信任的关系。政府通过提供各种信息、制定相关扶持政策来引导和协助企业的发展，扮演企业的领航员、仲裁者、银行家及保护人的角色，给创意产业注入了巨大的活力。

（二）完善的法律法规

近年来，日本政府先后制定了一系列完善的法律法规，为创意产业有序健康发展提供良好的环境。2001 年，日本国会提出了振兴文化艺术基本法，使日本文化艺术在法律上得到正式的保护，其法律明确涉及电影、漫画以及动画的知识产权问题。同年，政府为了引导公民公正合法使用文化创意成果，有效维护著作者的权利，对 1970 年颁布的《著作权法》进行修改，并更名为《著作权管理法》；2003 年，知识财产战略本部先后制定了《知识财产推进计划》、《e-Janpan 重点计划》；2004 年制定《关于促进创造、保护及应用文化产业的法律案》（即《内容促进法》）以及《文化产品创造、保护及活用促进基本法》，该法规定了国家、地方政府、公共团体都有义务积极推动扶持创意产业的发展；2005 年制定了《知识财产推进计划》，该计划体现了政府对创意产业的发展的大力支持。

（三）多元化的投资主体

日本政府不仅在资金上大力支持创意产业的发展，同时也鼓励多元投资机制，支持非文化企业和境外资金投入创意产业。1990 年，日本先后成立了“振兴文化艺术基金”和“企业艺术文化后援协议会”，用来支援各种艺术文化活动。基金由政府和民间共同出资，其中政府出资 500 亿日元，民间赞助 112 亿日元。在创意产业的壮大过程中，民间企业投资的作用越来越明显，其所出资比例逐年增大。在日本，许多大型文化活动大多依赖企业、公司的投资与赞助。

（四）重视创意人才培养

日本很重视创意产业人才的培养，日本知识产权战略本部在 2005 年 6 月公布的《知识产权推进计划》中，确认创意人才的培养就是一项很重要的课题。近年来，各大学府和职业学校都开始开设有关创意产业的专门学科。此外，日本政府还举办各种评奖活动，奖励和表彰创意人才。2001 年 12 月，本文化厅等部门参与协办了“第五届日本文化厅媒体艺术节”。由知识财富战略本部设立的“文化产业调查会”于 2004 年提出了“文化产业的商务振兴政策——软件力量时代的国家战略”，其中就提到了表彰积极创意人才，开展具有社会导向意义的商务活动和奖励创意产业的先进者。这些公开的评奖活动大大调动了创意工作者的积极性，推动创意产业的发展。

（五）科学技术水平发达

随着文化业态、商业模式和竞争格局发生深刻变化，以数字技术、信息技术为代表的高新科技将成为文化创意产业国际化发展的“点金术”。高新科技不仅使创意人的奇思妙想成为可能，大大提高了文化要素的附加值，而且还通过技术投入使文化创意产品市场化，获得巨大的创利前景。日本的动漫生产商将数字技术、电脑技术与影视制作技术相结合，使其产品不仅生动活泼，有极强的视觉冲击力，同时大大降低了生产成本，具有强大的国际竞争力。押井守的《攻壳机动队：无罪》、渡边信一郎的《星际牛仔》、大友克洋的《阿基拉》、野村哲也的《最终幻想 4》等动画作品热衷于把对哲学的思考和人性的拷问寓于前卫的科技表现之中。3D 技术和电脑特效能帮助我们以最好的方式讲述故事。如今，建筑节能、新能源汽车、4G 移动通信、电子标签、智能交通等新技术与文化创意产业的耦合随处可见。2010 年上海世博会上，日本馆的未来“生活墙”不但能与现实中的人进行互动，还能演绎 2020 年人类居家出行信息沟通等新型生活样态。科技与文化交融的杰作，让观众不仅感受到了工业文明的震撼，也加深了对创意文化的感知，进而激发出对未来生活的向往。

（六）知识产权保护有力

日本学者梅田久指出：“20 世纪是专利的时代，21 世纪是版权的时代。”版权是全部文化创意产业的基核。文化创意产业的各个环节，从构思、开发、制作、销售到最终被消费者接受，都与知识产权密切相关。许多国家从国家战略的层面认识知识产权保护的重要性，全面推进各种保护知识产权的法律法规。为增强国际贸易中知识产权保护的强制性，最大限度维护日本的知识产权利益，日本的《21 世纪文化立国方略》明确提出要将日本建成世界第一知识产权国家，并把文化创意产业作为其重点发展战略。与此相应，日本国会通过了《高度情报通信网络社会形成基本法》、《知识产权基本法》以及旨在明确振兴文化艺术的基本理念和方向的《文化艺术振兴基本法》等多部法律，以顺应文化创意产业发展的新趋势。

（七）文化输出能力超群

文化是一个国家的核心竞争力，亦是终极竞争力，文化输出表征着一个国家的“软实力”。“软实力”是源于文化、政治价值观及外交政策等非物质因素产生的吸引力和同化力。从本质上说，“发展文化创意产业就是要促进文化内容和形式的创新力，扩大文化价值观的影响力，增强文化对产业的辐射力，提高文化传播的吸引力，提升全民族的文化素质，以推动文化强国的建设。”从世界范围看，目前美国文化创意产品的出口数量遥遥领先，位居其后的分别是日本和德国。日本实行产、学、政一体化的独特模式，学、政机构为企业有效地提供国外市场的背景资料、发展前景和产业预测，以便他们能够更精确地掌握他国文化的特性，源源不断地把文化创意产品输往亚洲和世界。

（八）产业集聚特色鲜明

地理特征和地方文化创意公司集群的相互影响而产生的产业氛围是集聚地产业发展的特征之一，特定的地理位置具有提高文化创意产业集群内企业创新行为的功能和作用。“动漫之都”东京凭借 4 000 多家出版机构、200 多家动漫出版商以及一大批自由职业的卡通画室的资源及区位优势，创造了一种多重交互性产业网络模式。

（九）制定产业国际化发展战略

“酷日本战略”（Cool Japan Fund）是日本为推动日本文化走出去而实施的一项重大举措。日本“酷日本战略”带动文化“软实力”输出。2011 年，日本经济产业针对中国、印度、东南亚、美国及巴西等不同国家，制定“酷日本”（Cool Japan）出口战略的 10 个重点项目，通过在世界各地设立临时展销窗口，促进日本的动漫、流行音乐、电玩游戏、家电产品、时装和美食出口。他们认为：“优质的日本产品会使海外产生对日本的敬意。”在马来西亚，“酷日本”机构与三越伊势丹合作，广泛销售日本的大众美食、凯蒂猫（Hello Kitty）等动漫人物商品以及最新的家电等商品，有望将日本商品所占的比重从目前的不到 10% 提升至 90% 以上。在中国宁波，“酷日本”机构将与 H2O Retailing Corporation 携手投资约 510 亿日元，建设日本境外最大的日系百货店。该机构还计划未来 3 年向通过互联网向海外销售漫画和模型的东京御宅风尚（Tokyo Otaku Mode）投资近15亿日元。2013年，日本首相安倍晋三开始正式推进“酷日本战略”，将其定位为经济增长的原动力，新设相关阁僚并增加了预算。日本经济产业省媒介内容课的横仓千人曾向澎湃新闻阐述了实施这一战略的三个关键发展阶段：第一阶段是以动漫、时尚、饮食文化等为拳头产品向海外展示日本文化的魅力；第二阶段是让本国企业走出国门，进行海外动漫、时尚等关联产业的开发并因此获利；第三阶段是吸引更多的海外游客赴日旅游观光，带动文化消费的增长。日本政府希望通过向全球展现日本的“软实力”来提升对外形象，帮助“重拾日本人的骄傲和自信”。因为“本国文化得到世界认同的话，会令国民产生自信。有必要让其与重振经济齐头并进”。对于安倍政府力推“酷日本战略”的终极目标，日本数字好莱坞大学校长杉山知之一言以蔽之：引领日本迈向文化大国之路。

（十）国力强健

一个国家的经济社会发展水平是文化创意产业国际化发展的根本要素和内生动源。依据经济学原理，一个国家或地区的食品支出总额占个人消费支出总额的比重（即恩格尔系数）如果降至50%以下，亦即人均GDP超过3 000美元，意味着其文化支出总额将会超过消费总量的30%～40%，文化创意产业就有可能获得较大的市场空间，并成为新的经济增长点。高水平的经济发展不仅可以为文化创意产业国际化发展创造广阔的市场空间，还可以提供诸如技术、资金和优秀人才投入等物质保障。自2014年至2016年，日本人均GDP数额保持稳定，近三年人均GDP达到34660.56美元。环顾世界文化创意产业发达的国家，像欧洲的英国、德国、法国、瑞典、芬兰、荷兰，北美的美国、加拿大，亚洲的日本、韩国、新加坡，澳洲的澳大利亚、新西兰等，无一不是以其强大的经济实力为助推器，把自己的创意产品和文化价值观推向世界的。

二、韩国文化创意产业国际化发展经验

1998年，韩国也正式提出了“文化立国”的战略口号，将文化产业作为21世纪发展韩国国家经济的战略性支柱产业来培育。这些想法和思路在1998年就都提出来了，比英国在1999年提出通过文化来重振帝国的政

策还要早。所以，在 1998 年之后，韩国的文化产业确实发展得比较好，最近 10 年来更是爆发式成长。2000 年，韩国的文化产业出口只有 5 亿美元；到 2004 年，文化产业就已经成为仅次于汽车制造的第二大出口创汇产业；2010 年，达到了 32 亿美元；而在 2013 年，韩国的文化产业出口总额是 50 亿美元，合人民币 300 亿元左右。同样是在 2013 年，文化产业占韩国 GDP 的 15%，达到了这样的高比例，而中国是不到 4%。

（一）政府长期筹划制度设计

从 1998 年开始，韩国就陆续推出了《国民政府的新文化政策》、《文化产业发展五年计划》、《文化产业发展推进计划》、《21 世纪文化产业的设想》等纲领性文件，也颁布了《文化产业振兴基本法》等多部法律，这些都是有力的保障。韩国 2001 年还专门成立了系统支持文化产业发展的专门机构，叫文化振兴院。也就是说，从 1998 年起的 10 多年时间，韩国政府在各个层面都在有计划、有步骤、有举措地精心构造支撑“韩流”大肆流行的、坚硬的举国体制。2013 年，韩国文化体育观光部和未来创造科学部联合发表了《韩国文化产业对外输出促进方案》，旨在大力推动韩国文化产业在全球范围内的出口和传播，力争到 2020 年，将文化内容出口额提高到 224 亿美元，要将韩国在文化内容产业的出口从 2010 年全球排名第九位提高到 2020 年第五位，以此使韩国成为世界第五大文化强国。

（二）投资融资渠道多元

文化创意产业的国际化发展有赖于多元的投融资渠道和有效地利用国际文化资本。对韩国来说，政府直接投入是文化创意企业资金的最主要来源。韩国政府专门设立“文化产业基金”，对文化创意产业的投资增至国家预算的 1%。与政府投入相得益彰的是银行贷款、债券融资、股票融资等多种金融手段的灵活运用。

（三）产业集聚特色鲜明

日本和韩国之所能够形成各具特色的国际文化创意中心，一条成功的经验是这两个国家都充分发挥了文化创意产业集群优胜劣汰机制的重要作用。韩国“自 2001 ~ 2010 年的 10 年间，在全国建设 10 多个文化创意产业园区，10 个传统文化产业园区，一至两个综合文化创意产业园区，形成全国的文化创意产业链……提升研发生产能力和文化创意产业的整体实力”。

（四）依托产业整合发展模式

韩国政府在1997年开始对创意产业进行扶助性介入，尤其注重向电子游戏、音乐及电子网络等新产业倾斜。在亚洲国家中，韩国的“跨界整合模式”最卓有成效，采用“跨界整合模式”拉长国际产业链。以电视剧为主要渠道，韩国从电视剧《大长今》的成功开始，即有计划、有系统地推动文化创意产业发展。在文化产业振兴院主导下，影视产业除创造产业价值之外，还发挥了龙头作用，为观光、医疗美容、餐饮、服装、时尚、消费性电子商品等产业的国际化奠定了基础。韩国在亚洲多国掀起了一股“韩流”，成为公认的文化出口新兴国家。韩国最大的游戏公司——天堂游戏公司，其年生产收入和利润率比韩国最大的企业三星电子还要多；韩国网络游戏大举进军中国市场，市场份额超过56%；其他的韩国文化创意产品，如影视、唱片等，也占据了至少10%的中国文化商品市场份额。韩剧《来自星星的你》（以下简称《星》）在华热播，不仅延展了产业链，而且使“炸鸡和啤酒”成为流行语，被列为“2014中国文化创意产业最受关注十大热点事件”之首。数据显示，《星》的网站点播率仅爱奇艺一家即创下3.5亿次的纪录，“百度贴吧”有关《星》剧的评论跟帖点击率突破373万。在“星星效应”的带动下，其相关周边产品也受到追捧。中英文版本的小说《爱德华的奇妙之旅》因都敏俊教授爱看的缘故而在图书网站上很快售罄；剧中的服饰装扮成为时尚热点；同款唇膏告罄；看剧尚不过瘾的《星》剧迷，更是扎堆报名韩国游，千里迢迢远赴《星》剧拍摄景点追寻和体验都教授与千女神的爱的传奇。精明的商家则敏锐地捕捉住“星你”的趋势，决定开发一款手机游戏。

（五）国家经济实力稳步发展

文化创意产业国际化发展，其实质是本国文化与他国文化在世界范围内的同场竞争，其力量强弱既反映外部世界对本国文化的了解认知，也彰显本国文化的精神价值。但是，文化创意产业的国际竞争力归根结底有赖于社会经济发展水平的提升。这就是说，文化创意产业是由生产力大幅提高引起的一种经济形态更替。自2014年至2016年，韩国人均GDP数额保持稳定，近三年人均GDP达到26788.84美元，意味着韩国的文化支出总额将会超过消费总量的30%～40%，文化创意产业就有可能获得较大的市场空间，并成为新的经济增长点。

第二节　中国文化创意产业国际化发展存在问题

目前，文化创意产业经济在我国逐渐崭露头角，但与国外尤其是与发达国家相比，我国的文化创意产业国际化发展还处于发展初期，起步晚，很多方面还存在许多不足。我国文化创意产业国际化发展存在的主要问题有：

一、对发展创意产业缺乏深度理解

（一）对发展创意产业的重要性认识不足

我国长期以来文化体制上政企不分，文化企业缺乏竞争，没有有效发挥市场的作用。同时，受文化应该高雅、严肃等观念的影响，在文化产业化、文化商业化方面阻碍重重。而企业在创新的过程中，对创意的重视不够，仍停留在制造工业的层次上。与美国多元文化、思想开放、不怕失败、敢于尝试、包容失败等文化特征相比，我国则显得思想保守、不愿冒险、害怕失败，这种文化特征使得人们往往安于现状，不愿冒风险去改变现状。

目前，我国创意产业发展的首要问题，是全社会特别是各级决策层必须加强和提高对创意产业发展的重要性、前沿性和未来发展态势的理解、认识与认同。创意产业是一个全球产业发展中后发的新兴产业，其理念与传统的制造业发展理念、思维路径和管理经验有着很大的不同。因此，发展我国文化创意产业需要各级决策层进一步解放思想，转变观念，学习和掌握世界各国创意产业发展的理论、战略、策略、成果、经验、方法和措施，并结合本地经济和社会发展现实实践，实事求是地开拓跨越式发展的新途径。

（二）缺乏切合我国实际的理论来指导我国创意产业发展建设

当前我国创意产业的理论研究已有相当的基础，一批全国及各地的文化产业发展的蓝皮书出版，一批西方文化创意产业的报告和著作发表，一批文化创意产业的案例研究也已发布，成果是显著的。但与飞速发展的现实特别是对其发展战略的研究还很不够，对国外创意产业发展的理论基础、政策制定、产业布局、人才战略的研究还十分肤浅。对美国、英国及欧盟其他国家、日本、韩国、澳大利亚创意产业的各自特色与取向还缺乏深入细致的探讨。因此，我国创意产业的发展仍然需要一个更加富有开拓性的理论先导，需要与全世界创意产业专家共同探讨它的发展、危机和困境，共同寻找未来发展的道路。在先进理论支持下，我国文化创意产业迫切需要建立一个国家总体规划，确定未来若干年发展的政策导向，完善和优化创意产业发展的内部与外部的环境。在这里，高瞻远瞩的总体规划、合理优惠的政策支持和引导、良好的创意环境都是至关重要的。

（三）在开发中国传统文化、民俗产品等方面上有很大空白

以旅游纪念品为例，目前我国各地的旅游纪念品大多设计落伍、工艺落后，还有不少粗制滥造，真正具有地方特色、民族特色的精品几乎是凤毛麟角。而众所周知，随着现代经济的不断发展，如果能将时尚创意、现代科技制造传播手段与民族特色结合起来，将会大有作为。

二、文化创意产业发展法规制度不健全

（一）政策法规不完善

创意产业是朝阳产业，但也是一种产业链尚未完善的风险产业，因此它的发展亟须良好稳定的创业环境。虽然各地已为创意产业提供了较为优惠的税收制度和宽松的发展空间，但是政策的力度稍显不足。反观世界上其他各国，基本都针对创意产业制定了国家级的规章政策，大部分国家都已经通过了相关立法，但我国在这方面仍为空白。

（二）产权保护体系仍待完善

在知识产权保护方面，虽然我国加入 WTO 以后在知识产权保护方面已经取得了一定的成绩，但是由于受到多种因素的影响，在总体上我国的知识产权保护仍有许多不尽人意之处，而创意产业的发展则有需要通过对知识产权的保护来提供外在的法制环境。如果不能实现法律上强有力的保障，我国创意产业的发展将举步维艰。

三、创意阶层尚未完全成型

（一）人才与产业的结合不够紧密

随着创意产业的日益发展壮大，创意人阶层的崛起将成为产业发展的必然。但是，目前我国创意产业的继续发展缺乏稳定智力推动和支持。以北京为例，虽然坐拥丰富的智力资源和人才队伍，但是所谓的“文化人群”，如出版人、设计师、广告人等尚未完成自身角色的转型，专业化的程度仍显不够。北京有 2 万多家设计公司，联想、方正等高科技企业也建立了独立的设计机构，但这些资源各自为阵，远未达到创意产业的发展要求。而企业在创新的过程中，对创意的重视不够，仍停留在制造工业的层次上，无论对创意人才的引进还是对创意人才的培养上，都没有引起应有的重视。与发达国家相比，我国的创意产业起步较晚，虽然发展势头较猛，但是受到传统教育体制和当前激烈竞争等因素的影响，创意人才严重匮乏，这极大地阻碍了创意产业的发展，构成了产业发展的瓶颈。另外，创意人才的匮乏也会间接导致国际上的文化渗透。在影视领域，由于缺少具有竞争力的原创作品，国外的作品充斥着人们的头脑，长此以往，会造成本土文化资源的浪费以及文化资源信息的流失。在会展业，自 20 世纪 90 年代初期起，由于国内缺乏高素质的策展人才，国外策展人一次又一次地进入中国，以他们的视角选择中国的艺术家和艺术风格，成功地策划出展览，组织评论，有效地在海内外进行宣传推广，渐渐夺取了中国批评家的话语权，也改变了某些评论家的权威判断。这虽然为我国策展业带来了先进的理念和经营，但也会在创意产品的选择和推介方面产生一定的导向作用，进而主导我们的文化观点和审美取向。因此，要加强对国外创意产业发展状况的研究和宣传，加大创意人才聚集和培养的力度。可以考虑通过在高等院校设立针对创意产业发展所需的专业，鼓励由企业投资，利用高校智力资源在院校设立研发中心，鼓励开发创意产业及服务的自主创业，鼓励中小企业的自主创新等措施，促进创意人才的集聚和创意社群的形成，提升创意产业发展的软环境水平。

（二）产业趋同明显，同质化竞争严重

在国家大力鼓励发展文化创意产业的各种优惠条件下，各地不顾自身

的特色和实际情况，盲目发展，最终必然导致各地区的创意产业结构严重趋同和恶性竞争。如许多内陆城市在制定产业发展规划时，往往以东部沿海城市为参照，也将动漫、游戏、设计等作为主导创意产业，盲目跟风，不注重挖掘自身比较优势和特色。很多城市存在大量的急功近利的不合理工程，建设文化创意产业园区不顾当地的经济发展水平，严重脱离生产实际，重复建设，同质化竞争，资源浪费，对创意产业的发展造成了很多不良影响。

（三）产业规模不完整，各自为政

成熟的创意产业应该形成相对完整的产业链。以日本为例，动漫产业是其最主要的创意产业，也是其最重要的出口产业之一。日本动漫有着整套的产业模式，其基础是漫画，整个产业的运转如同一个有序链条，一环紧扣一环，众多单元组成了一个合理、完整的产业链。首先是漫画原创作品的出现，紧接着是平面出版物的出版，再接下来就是电视动画片拍摄播出、相关电影出现，最后是动漫衍生产品的推出，以及品牌授权和服务。仅以 1979 年开始在日本播出的动画片《机甲战士》为例，片中机器人形象的玩具热销至今。除了卡通商品，动画片还涉及电影、电视、音乐、出版甚至主题公园、网站资源，等等，作品、商品、服务千头万绪，而这些依附在动画片的其他市场的繁荣，反过来又会提高动画作品本身的知名度，这样一来就形成了一个有机共荣、有序合理的产业链条。因此，在今后要注意加强各行业之间的合作和联动，拓展产业开发思路，把握群众的需求及社会潮流，大胆构思，尝试多角度多手段地发展创意产业。

四、尚未形成有效的资源共享

（一）缺乏创意产业的交流平台

事实上，创意产业的根本观念就是通过“越界”促成不同行业、不同领域的重组与合作，寻找新的增长点，推动文化发展和经济发展，而信息交流的匮乏将限制创意产业的高效发展。因此，建议可由政府牵头组建相关的机构和网站，提高业内交流频率，促进创意产业发展并带动第三产业的结构优化和升级。

（二）尚未形成适合创意产业发展的人文环境和投资环境

由于目前中国还是发展中国家，制造型产业发展得较为充分，而且投资见效快，因此不论是创业人群还是闲置资本均乐于投入其中。而创意产业本身就风险较大，且我国创意产业处于起步阶段，更需要资本的强力注入、政府的有效引导以及社会的大力支持。

世界经济的发展表明，当人均 GDP 在 1000 ~ 5000 美元时，拉动城市经济增长的主要动力是制造、加工和传统服务业；当人均 GDP 在 5000 ~ 10000 美元时，拉动城市经济增长的主要动力是科技创新、创意产业、高科技产业和服务业。我国目前还处于人均 GDP 在 1000 ~ 3000 美元的阶段，产业结构升级缓慢，支撑创意产业快速发展的经济基础在大部分地区尚未形成或不够成熟。在创意产业中，动漫、网游产业发展最为欠缺的基础是数据服务；研发设计产业在市场交易渠道方面基础较为薄弱；而工艺产业以及其他产业发展急需政府政策、资金等多方面的支撑和支持。

（三）创意产业园区发展不健全

现在中国的大部分创意产业园区多由政府出面建设或者是由废旧的工厂转变而来，创园之际由于政府出台优惠政策发展得很好，但是政策的力度稍显不足，对于后期园区的发展模式、经营手段等明显准备不足，虎头蛇尾，极大地影响了创意产业的发展。

大部分园区蓬勃发展，但是缺乏整体规划，出现了政府规划的园区和自发形成的园区各自发展的局面，造成重复建设和资源浪费。我国各大城市在创意产业发展的大潮中，都纷纷建立了自己的创意产业或文化产业园区。但问题是，即使在北京、上海这样的大型城市，创意园区自身的特色定位也并不强，尤其是与自身所在城市的特点联系不够密切，多集中在动漫行业上，有重复设立之嫌。虽然动漫产业有着广阔前景和市场，但是创意产业的范围绝不仅仅限于此。而民间自发形成的一些创意产业集散地，却因为得不到政府的承认和有效支持，面临着种种危机。因此，在发展创意产业的过程中，一方面应该吸纳民间已经形成的创意产业集散地，对园区进行全面的远景规划；另一方面应该结合本地特点进行规划，在条件允许的前提下，大力发展影视业、艺术及艺术品交易业、出版业、软件业等相关产业，避免单一发展、跟风而上。

（四）缺乏有深度的创意产品和营销包装策略

目前中国的文化创意产业正处于微笑曲线的不利位置，具体表现为两头弱，中间大而不强。两头弱是指产业链两端盈利空间较大的产品研发和营销环节薄弱；中间的生产大而不强是由于缺乏使创意成为创意产品和服务的中间环节，导致创意无法成为产品。

（五）缺乏专业性组织和专业性服务队伍

在推动创意产业发展的过程中，专业性力量的作用十分重要。以伦敦为例，创意产业之所以能在伦敦蓬勃发展，除了政府的高度重视外，相关机构提供的具体支持服务也起了重要作用，伦敦因而成立了文化产业发展推介中心，为文化创意产业提供全方位的基本服务。因此，建议由政府建立或推动民间类似服务组织，为创意型企业的发展提供咨询、中介乃至技术支持等方面的服务。

（六）尚未建立与跟踪产业发展及研究相适应的统计指标体系

目前，由于没有权威的行业分类界定和统计数据，对于创意产业的现状还无法进行客观准确地把握，无法对其未来的趋势做科学的预测，从而影响了政府的科学决策和对产业发展的支持力度。因此，尽快建立全国统一的创意产业分类指标，与现行行业指标分类对接，并针对创意产业的产值贡献、产业布局、增长速度、发展焦点等方面进行统计分析，全面把握创意产业在我国的发展态势，是我们迫切需要解决的问题。

第三节　中国文化创意产业国际化发展建议

作为一种高附加值的新兴智慧型经济形态，文化创意产业对一个国家或地区经济社会发展的强劲推动和突出贡献显而易见。探究世界主要发达国家文化创意产业国际化发展的前提条件、强盛动因和战略选择，意在更加自觉地立足中国实际，理性地借鉴与分享“他者”的先进经验和创新模式，活化文化资源，提升文化价值，延伸产业链条，扩大消费市场，保护创意品牌。正所谓“各美其美，美人之美，美美与共，天下大同”。中国文化创意产业国际化发展若是能在统一性与多样性之间形成融合创新的张力，则有可能使人类文化精神在一个新层次上实现超越。

在中国，文化创意产业要想得到充分的发展，必须克服上述不利因素，在观念上来一场思想大解放，制定措施，因势利导，趋利避害，使我国的文化创意产业对相关产业的提升和拉动作用日趋明显，推进我国产业结构调整更加和谐完善，促进文化创意产业发展。

中国是世界上的文化资源大国，却还不能称为文化创意产业大国，为了尽快实现文化创意产业的国际化发展，可以从以下方面加强：

一、政府方面

（一）转变政府职能，深化文化体制改革

日韩创意产业的发展实践说明，政府的引导与推动是创意产业健康有序发展的根本保证。我国创意产业尚处于初期阶段，要形成国家竞争优势还需要很长时间。在这段时间内，政府一定要对文化创意产业的发展给予持续支持。政府应积极重视创意产业，并制定具有针对性的产业政策和发展战略，引导其持续、快速、健康发展。建议加大政策力度，尽快在国家层面上制定相关法律法规，在各地自身原有规章制度体系的基础上，尽快制定扶持创意产业发展的行政法规及专门性的产业政策。

同时，抓紧制定科学合理的文化创意产业发展战略，确定文化创意产业发展目标，探索适合中国文化创意产业国际化发展之路。同时发挥市场在资源配置中的作用，创造适合文化创意产业发展的环境。

政府部门必须在继续巩固传统服务业发展的基础上，花大力气重点扶持文化产业及创意产业，必须制定宏观、具体的发展规划以及非常具有吸引力的优惠扶持政策，吸引更多的从事创意产业的公司和个人，因为具有丰富文化底蕴的中国在该领域有着巨大的商机，创意产业必将成为中国服务产业今后发展的新亮点。

（二）资金支持，确保经费

资金投入是促进创意产业发展的重要环节。目前我国创意产业投资主体相对单一，政府需要转变投融资观念，降低市场进入门槛，进一步改善投融资环境，提高企业、民间对创意产业投资的积极性，积极引进发达国家创意产业投资，实现投资主体的多元化。此外，政府要制定相关的辅助政策，在融资、税收、进出口等方面给予创意产业适当的优惠和支持。政府要重视和鼓励科技投入和文化创作的前期投入，一方面要加强对文化创意产业的投资力度，另一方面需要进一步拓宽其他融资渠道。鼓励社会各界资本对文化创意产业进行投资经营，实现投资来源的多样化，投资方式多元化，投资主体社会化。建立专项发展基金，并制定与产业导向相匹配的基金使用方法，引入投资风险机制。

（三）联合机构，专项管理

建立专项管理部门成为政府工作的重中之重。一个专业的拥有管理职责的联合机构对创意产业事业进行专项管理，为更多的从事创意产业的公司和个人创造一个进行交流与合作的发展平台，沟通外界企业促成其与创产企业的合作；提供政府最新的体制革新和政策动向，推动创意消费和创意生产的社会结合；支持本国商品进入国际市场，在推动本国产品国际化发展上发挥重要作用，从而为我国形成成熟的创意产业链做出贡献。

（四）加强知识产权保护，积极应对盗版问题

知识产权是创意产业的核心，保护知识产权是发展创意产业当务之急。首先是完善知识产权法律体系，高度重视知识产权保护，提高国民保护知识产权的意识。在全社会形成尊重知识产权的良好氛围，加强知识产权人才培养，并采取有力措施严厉打击侵权、盗版等行为。同时，不断加强与国际组织、知识产权发达国家的合作，积极参加相关国际法律法规的立法，参与到保护知识产权的国际框架中来，为文化创意产业的发展创造良好的国内外环境。

二、产业方面

（一）积极培养创意人才，培育国际化的创意城市

我国创意产业人才相对匮乏，培养大量的创意人才是创意产业发展的根本保障。跟日本相比，我国的创意教育相对落后，学科体制较为僵化，束缚了创意教育的发展。因此，在人才培养方面，首先应加强素质教育，提高全民族的创新意识和创新能力；其次要设立针对性的教育培训机构，建立完善成熟的管理培养机制，积极培养创意产业专门人才。政府要有意加强院校专门创意人才的培养，创造新的培育机制，利用网络及其他教育机构对创意工作者进行专业资格培训，培养大批量创意人才，并加强与外

国的人才交流与合作。

（二）加快完整的文化创意产业链的建立

充分发挥产业关联效应，通过产业之间和产业内部各部门的合作，开发各种衍生商品和服务，对创意进行有效利用。注重品牌的培养，找准市场定位，打造中国自主品牌。

（三）用文化包容力养育“酷中国”

中国有五千年的历史，具有丰富的文化资源。要保证对文化的包容力，确保文化的多样性、表现自由。政府应该引入市场机制，引导民间力量参与竞争。同时做好调研，制定有效连贯的产业政策。

参考文献

[1] 李大武."韩流"的成因及其发展趋势—兼谈韩国影视文化产业[J].剧作家，2007（4）：159~160

[2] 周笑冰.韩国政府的游戏产业扶持政策及启示[J].特区实践与理论，2012,（6）：60~65

[3] 吴绍阶.创新：韩国文化创意产业的动力[N].重庆日报，2008-02-02（6）

[4] 初晓.从"韩流"现象看韩国文化产业崛起之路[N].中国信息报，2006-07-19（8）

[5] 胡郑丽.从《江南 style》走红背后看韩国文化产业的发展[J].神州，2013,（15）：37

[6] 赵晓晨.从韩国音像业看韩国文化产业的发展[J].潍坊学院学报，2009，9（5）：159~160

[7] 缪其浩，陈超.从经济破产到文化拯救——[N].中国文化报，2003-03-12（2）

[8] 陈玉凤，黄先蓉.韩国数字出版法律制度的现状与趋势[J].出版科学，2013，21（1）：94~97

[9] 刘元发.韩国扶持新兴业态文化产业经验对我国的启示——财税政策的视角[J].东方企业文化，2014,（5）：101~102

[10] 杨眉.韩国文化产业为何这么火[J].中国经济周刊，2008,（7）：58~59

[11] 崔炯准.韩国游戏产业政策研究[D].杭州：浙江大学，2012.5

[12] 李大武.韩国影视文化产业动态与市场调查[C].龙江春秋——黑水文化论集之三，2005.7

[13] 熊梦莹，张理，韩学颖，刘亚文，陈潇珺.韩国影视文化产业对中国的影响和启示[J].新西部，2012,（23-24）：248~249

[14] 国内资本扫荡韩国影视文化产业 仅下半年投资就近 900 亿韩元[OL]. http://www.qianzhan.com/qzdata/detail/149/141124-33f8a5f7.html

[15] 朴哲弘.韩国政府如何推动文化产业版权出口[J].出版参考，2007,（5 上旬刊）：30

[16] 贺婕.浅谈韩国文化产业的营销之道[J].新闻传播，2011,（12）：129

[17] 韩国游戏产业首现衰退迹象 年度白皮书出炉[OL]. http://game.feng.com/game/infoDetail/2014-11-02/The_South_Korea_game_industry_is_the_first_signs_of_

recession_annual_white_paper_released_83705.shtml
[18] 韩剧二十年深层社会学分析：国家精心策划的产物？ [OL]. http：//www.time-weekly.com/story/2014-02-27/132352.html
[19] 追忆韩剧 20 年中国路：经历冷淡期走向大热 [OL]. http：//ent.sina.com.cn/v/j/k/2014-03-18/17144113363.shtml
[20] 卞商道. 韩国文化创意产业新发展——以韩国文化荣盛委员会的文化创意发展战略为例 [J]. 上海经济，2014，(9)：66 ~ 67
[21] 李丽，朴贤美. 韩国文化产业的战略及经验 [J]. 沈阳师范大学学报（社会科学版），2014，38 (2)：1 ~ 4
[22] 邹亮，赵熙哲，马扬. 韩国文化产业发展及对中国的启示 [J]. 商业经济，2014，(1)：56 ~ 57
[23] 陈瑜. 韩国文化产业发展微探 [J]. 视听纵横，2014，(2)：128：129
[24] 李太福，于慧中. 韩国文化产业发展及其对我国的启示 [J]. 学术交流，2014，(2)：201 ~ 204
[25] 韩国文化产业呈全面增长势头 [OL]. http：//www.ccdy.cn/wenhuabao/jb/201402/t20140207_862547.htm
[26] 詹小洪. 韩国力推文化产业 [J]. 领导文萃，2013，(11 下)：7 ~ 22
[27] 宋佳烜. 2017 年韩文化产业出口额破百亿美元 [N]. 中国文化报，2013-10-01 (10)
[28] 杨京钟. 文化产业财税政策：韩国的经验与启示 [J]. 学习与实践，2013，(8)：123 ~ 129
[29] 边铀铀. 韩国文化产业发展经验对河南省的借鉴意义 [J]. 郑州轻工业学院学报（社会科学版），2013，14 (2)：26 ~ 31
[30] 王山. 韩国文化产业发展及运作对中国的启示 [J]. 辽东学院学报（社会科学版），2013，15 (2)：26 ~ 32
[31] 郭兰谊. 试析韩国文化产业发展中政府的作用及启示 [J]. 重庆科技学院学报（社会科学版），2013，(3)：174 ~ 176
[32] 张燚. 韩围文化产业概念界定及历史渊源 [J]. 今传媒，2013，(1)：68 ~ 69
[33] 李丹. 浅析韩国文化产业发展带来的经济效益及非经济效益 [J]. 长沙铁道学院学报（社会科学版），2012，3 (2)：40 ~ 41
[34] 韩国文化创意产业研究综述（一）[OL]. http：//wenku.baidu.com/view/3d8054ee4afe04a1b071deca.html
[35] 韩国文化创意产业发展 [OL]. http：//chuangyi.chda.net/show.aspx?id=456&cid=110
[36] 王英斌. 韩国电影观众连续两年超亿人次 [J]. 世界文化，2014，(1)：55
[37] 朴希晟. 韩国电影产业 2013 [J]. 电影艺术，2014，(2)：39 ~ 44
[38] 潘洪莲. 韩剧走强的内在因素 [J]. 当代电视，2013，(10)：23 ~ 24

[39] 李泽. 90年代以来韩国电视剧的发展模式 [J]. 2014,(7): 218
[40] 张志宇. 韩国政府对韩国电视剧产业国际化经营的支持 [J]. 中国海洋大学学院(社会科学版), 2014,(5): 45～55
[41] 邱洋洋. 韩国流行音乐的发展现状研究 [D]. 哈尔滨: 哈尔滨师范大学, 2014.6
[42] 程佳. 韩国主要音乐企业出口创新高 [J]. 中国文化报, 2013-09-19(10)
[43] 陈新梅. ACG时代的韩国动漫产业 [J]. 东岳论丛, 2011, 32(10): 113～118
[44] 58主宾国. 韩国: 出版小国迈向输出大国 [N]. 中国新闻出版报, 2012-08-29(15)
[45] 61穆宝江. 韩国文化产业结构演进的政策指向解读 [J]. 经济视角(中旬), 2012,(2): 72～74
[46] 张乃禹. 韩国文化创意产业政策及其启示 [J]. 重庆科技学院学报(社会科学版), 2014,(12): 64～67
[47] 张焱. 韩国游戏产业政策的经验及对中国的启示 [J]. 中国商贸, 2013,(11): 159～160
[48] 小夕. 关于法国、韩国电影产业环境及扶持政策研究 [J]. 上海艺术家, 2014,(5): 19～22
[49] 宋佳烜. 韩国五大政策振兴内容产业 目标直指6000亿元 [N]. 中国文化报, 2015-01-19(3)
[50] 韩慧敬, 景晓萌. 让文化成为生活必需品——解读韩国文化艺术政策 [N]. 中国文化报, 2012-12-22(4)
[51] 宋佳烜. "韩流"本土化 欲吃透中国市场 [N]. 中国文化报, 2015-01-15(4)
[52] 吴宝秀, 苏锋. 从韩剧看"韩流"的成功要因 [J]. 当代电视, 2014,(12): 29～30
[53] 邢悦, 李智珩. "韩流": 韩国政府对华公共外交论析 [J]. 外交评论, 2014,(6): 125～139
[54] 栾轶玫. "韩流"升级启示录: 从文化制造到文化创造 [J]. 世界文化, 2014,(10): 9～12
[55] 王洪波. 文化的力量——从"韩流"逆袭所想到的 [J]. 普洱, 2014,(3): 3
[56] 张振亭. 新韩剧, 新受众, 新传播, 解读新 [J]. 电视研究, 2014,(9): 76～78
[57] 孙佳山. "韩流"起源初探 [J]. 长江文艺, 2014,(12): 150～152
[58] 约翰·霍金斯. 创意经济——如何点石成金 [M]. 上海三联出版社, 2003
[59] 理查德·E. 凯福斯. 创意产业经济学 [M]. 孙菲, 等, 译. 新华出版社, 2004
[60] 佟贺丰. 英国文化创意产业发展概况及启示 [J]. 科技与管理, 2005(1)
[61] 吴存东, 吴琼. 文化创意产业概论 [M]. 北京: 中国经济出版社, 2010.1: 6-7
[62] 姚东旭. 文化创意产业的界定及其意义 [J]. 商业时代, 2007(8)
[63] 蒋三庚, 张杰, 王晓红. 文化创意产业集群研究 [M]. 北京: 首都经济贸易大学

出版社，2010.12：：48
[64] 厉无畏. 发展文化创意产业的全局意义［ N ］. 解放日报，2012-7-1（ 008 ）
[65]“文创”产业受到全球性关注［ OL ］.http：//www.pcpop.com/doc/2/2434/2434665.shtml
[66] 厉无畏. 发展文化创意产业的全局意义［ N ］. 解放日报，2012-7-1（ 008 ）
[67] 赵凌云. 武汉城市圈率先探索内生型发展模式［ J ］. 学习月刊，2008，(12)
[68] 白素霞，蒋同明. 大力发展文化创意产业［ J ］. 产业与科技论坛，2008，(6)
[69] 魏鹏举. 文化创意产业导论［ M ］. 中国人民大学出版社，2010.6：106-112
[70] 傅才武，江海全. 文化创意产业在“两型社会”建设中的功能作用与价值定位［ J ］. 中国地质大学学报，2009.7
[71] 刘汉文，陆佳佳.2014 年中国电影产业发展分析报告［ J ］. 当代电影，2015.3.1：17-24
[72] 隋岩. 文化创意产业的历史背景及深层内涵［ J ］. 理论前沿，2008，(11)
[73] 魏鹏举. 文化创意产业导论［ M ］. 中国人民大学出版社，2010.6：40-44
[74] 徐进. 略论欧盟的文化政策及文化创意产业的发展［ J ］. 中国社会科学院研究生院学报，2011.11，(6)：130-134
[75] 李冬. 文化创意产业及其政策探析［ D ］. 辽宁：东北大学，2007
[76] 范小舰. 美国文化创意产业培育与启示［ J ］. 求索，2012.7：84-85
[77] 王曦. 澳大利亚文化创意产业发展对我国的启示——以“昆士兰模式”为例［ J ］. 中央财经大学学报，2013（ 1 ）
[78] http：//www.qstheory.cn/wh/whcy/201202/t20120210_138047.htm
[79] 魏鹏举. 文化创意产业导论［ M ］. 北京：中国人民大学出版社，2010.6：53-54
[80] 张乃禹. 韩国文化创意产业政策及其启示［ J ］. 重庆科技学院学报（ 社会科学版 ），2014（ 12 ）
[81] 万里程，孙健. 新加坡文化创意产业的构建及对我国的启示［ J ］. 东南亚纵横，2006.5
[82] 张京成，沈晓平，张彦军. 中外文化创意产业政策研究［ M ］. 北京：科学出版社，2013：58-59
[83] 于青. 日本聚合多方力量打造流行文化［ N ］. 人民日报，2012-3-21
[84] 张胜冰，徐向昱，马树华. 世界文化产业导论［ M ］. 北京：北京大学出版社，2014.7：186-189
[85] http：//www.199it.com/archives/tag/%E6%97%A5%E6%9C%AC%E7%BB%8F%E6%B5%8E%E4%BA%A7%E4%B8%9A%E7%9C%81
[86] 経済産業省商務情報政策局メディア・コンテンツ課，『コンテンツ産業の現状と今後の発展の方向性』2010 年 11 月
[87] 刘露寒. 21 世纪日本文化创意产业政策研究［ D ］. 对外经济贸易大学，2013.3

［88］韩骏伟，胡晓明．文化产业概论［M］．广州：中山大学出版社，2009.9：53

［89］张胜冰，徐向昱，马树华．世界文化产业导论［M］．北京：北京大学出版社，2014.7：193

［90］姜毅然，张婉如，王海澜．以市场为导向的日本文化创意产业［M］．北京：人民出版社，2009.10：81–82

［91］http：//finance.qq.com/a/20060512/000566.htm

［92］李季．世界文化创业地图［M］．北京：中国建筑工业出版社，2014.6：177

［93］庄蓉．浅析日本文化创意产业［J］．理论广角，2014.2：290–291

［94］刘露寒．21 世纪日本文化创意产业政策研究［D］．对外经济贸易大学，2013.3

［95］吕宇翔．日本推行文化立国战略 政府不“包办”内容产业［N］．人民日报，2012–3

［96］安宇，沈山．日本和韩国的“文化立国”战略及其对我国的借鉴［J］．世界经济与政治论坛，2005（4）：114–117

［97］青崎智行．传媒新技术对日本内容产业的影响——未来展望和促进政策

［98］李海霞．日本文化产业的主要特点探析［J］．天府新论，2010.8，（6）：114–119

［99］庄蓉．浅析日本文化创意产业［J］．理论广角，2014.2：290–291

［100］21 世紀に向けた文化政策の推進について，http：//www.bunka.go.jp/bunka_gyousei/kako/suisin_kaigi.html

［101］新しい文化立国をめざして—文化振興のための当面の重点方策について—

［102］文化振興マスタープラン—文化立国の実現に向けて—

［103］申险峰，梁培娥，李成浩．世界大国（地区）文化外交 · 日本卷［M］．世界知识出版社，2013.10：116–157

［104］安宇，沈山．日本和韩国的“文化立国”战略及其对我国的借鉴［J］．世界经济与政治论坛，2005（4）：114–117

［105］高度情報通信ネットワーク社会形成基本法，2000 年

［106］文化芸術振興基本法』，2001 年

［107］申险峰，梁培娥，李成浩．世界大国（地区）文化外交 · 日本卷［M］．世界知识出版社，2013.10：118–119

［108］孙国庆．日本内容产业发展分析［J］．经济研究，2006（1）：53–56

［109］知的財産戦略本部コンテンツ専門調査会，『コンテンツビジネス振興政策—ソフトパワー時代の国家戦略』，2004 年 4 月

［110］于素秋．日本内容产业市场现状及其发展预测［J］．现代日本经济，2005，（6）：36–41

［111］陈红梅．从内容产业振兴到内容振兴［J］．国际视野，2008，（6）：117–124

［112］李东华，包海波，徐竹青．日本知识产权战略及其启示［J］．中国软科学，2003，（12）：85–94

［113］陈晴，王宇．日本知识产权战略及对我国的启示［J］．中国科技产业，2008.1：

82–87
[114]『知的財産基本法』. 2002 年
[115] 陈晴，王宇. 日本知识产权战略及对我国的启示 [J]. 中国科技产业，2008.1：82–87
[116] 黄葆春，梁心新. 日本知识产权推进计划试析 [J]. 知识产权，2011，(3)：101–104
[117] 陶云峰. 中日著作权法律制度比较研究 [D]. 中南民族大学，2010.5
[118]『映画の盗撮の防止に関する法律』，2007 年
[119] 许然，卢莉. 日本观光立国战略的由来与发展 [J]. 安阳师范学院学报，2009，(3)：44–47
[120] 石美玉. 日本“观光立国战略”的效果评价及启示 [J]. 东北亚论坛，2009.11，(6)：70–75
[121] 金春梅，凌强. 日本观光立国战略模式及启示 [J]. 日本问题研究，2012，(1)：20–25
[122] 金春梅，凌强. 当前日本实施观光立国战略的研究 [J]. 日本问题研究，2014，(2)：1–7
[123] 姜毅然，张婉如，王海澜. 以市场为导向的日本文化创意产业 [M]. 北京：人民出版社，2009.10：78
[124] 李季. 世界文化创业地图 [M]. 北京：中国建筑工业出版社，2014.6：169–170
[125] 孙国庆. 日本内容产业发展分析 [J]. 日本研究，2006，(1)
[126] 厉无畏. 创意产业导论 [M]. 上海：学林出版社，2006：7
[127] 日本経済産業省商務情報政策局監修. デジタルコンテンツ白書 2007 [J]. 財団法人デジタルコンテンツ協会，2007 (8)：96–98
[128] 日本经济产业省：2014 年数字内容白皮书 http：//www.199it.com/archives/271316.html
[129] 于素秋. 日本内容产业的市场结构变化与波动 [J]. 现代日本经济，2009，(3)：30
[130] 张胜冰，徐向昱，马树华. 世界文化产业导论 [M]. 北京：北京大学出版社，2014.7：190–191
[131] 徐渭. 关于日本动漫的一种文化考察 [J]. 日本学刊，2006，(5)：129–141
[132] 李季. 世界文化创业地图 [M]. 北京：中国建筑工业出版社，2014.6：178–179
[133] 姜毅然，张婉如，王海澜. 以市场为导向的日本文化创意产业 [M]. 北京：人民出版社，2009.10：189–190
[134] 金春梅，凌强. 当前日本实施观光立国战略的研究 [J]. 日本问题研究，2014，(2)：1–7
[135] 凌强. 日本观光立国战略的新发展及其问题 [J]. 现代日本经济，2008.6，(6)：

52–57

[136] 娄孝钦. 日本图书出版走出去资助基金体系 [J]. 出版发行研究，2011，(4)：71–74

[137] 黄翠，胡兵. 樱花之都扬帆起航——日本信息安全战略浅析 [J]. 中国信息安全，2012，(7)

[138] 卢佳英，吕欣.《日本网络安全战略》简析 [J]. 中国信息安全，2014.4.15

[139] 王舒毅. 日本网络安全战略：发展、特点及借鉴 [J]. 中国行政管理，2015.1.27，(1)：152–156

[140] 姚林青. 繁荣与威胁：日本动漫产业的现状分析，http：//media.people.com.cn/GB/40628/5700078.html

[141] 诸葛蔚东. 日本漫画走向海外的途径分析 [J]. 对外传播，2014：61–61

[142] Commerce and Information Policy Bureau，Ministry of Economy，Trade and Industry. Contents Global Strategy Final Report，July 2007